JN427564

한국어로 내려온
New Bible

새로운 성경

제28권

2부 | 총10부

하얀마음

하나님 말씀 중에서

1. 사랑의 하나님

- 세상을 창조하신 하나님은 모두를 사랑하신다. 인간만 특별히 더 사랑하지 않고, 우주 만물을 다 똑같이 사랑하신다. 그러니 하나님이 창조하신 천지 만물과 화친하고, 미물까지도 소중히 대하라.

- 하나님은 특정 종파나 민족만을 더 사랑하지 않으신다. 자기 자신만 구원받겠다는 욕심을 버리고, 자기 종파만 구원받는다는 편협한 교리에서 벗어나야 한다. 종파를 초월해서, 모두를 사랑하라.

- 원수까지 사랑하라 했으니, 이 세상에 사랑하지 못할 자가 누가 있겠는가? 종파가 다르다고 해서 부모 형제와 원수처럼 지내는 자는 인간의 근본을 모르는 자다. 가장 가까운 가족부터 사랑할 때 남도 진심으로 사랑할 수 있다.

- 한 사람을 원수같이 생각하던 마음에서 사랑하는 마음으로 돌리면, 자기 자신의 마음이 가장 기쁘고 행복하다. 하나님께서는 인간의 마음속에 무거움이 없이 기쁘고 행복한 삶을 살기를 바라신다.

- 이웃을 "내 몸처럼" 사랑하라 했으니, 마지막 한 장 남은 천국의 티켓도 이웃에게 양보하라. 자기 중심적인 신앙에서 벗어나서 남을 위해 살아야 한다.

- 독초도, 약초도, 이단도 사탄도 천사도 다 필요하기에 존재한다. 독초일지라도 극소량을 사용해서 생명을 살릴 수 있고, 약초라 하더라도 남용하면 생명을 잃을 수 있다.

- 세상 모든 것을 명약으로 활용하는 것은 인간의 지혜에 달렸다. 어떤 것이든 어떤 사람이든 적재적소에 꼭 필요한 명약으로 승화시키라.

- 사탄도 이단도 천사도 모두 하나님의 주관하에 존재한다. 진정한 하나님의 백성은 사탄과 마귀까지도 감화시켜서 천사로 거듭나게 한다.

2. 기도

- 하나님은 인간의 생각까지 모두를 다 알고 계신다. 우리의 소원도 이미 알고 계시기에, 소원의 기도를 할 필요가 없다. 우리가 받을 자격이 되면 내려 주신다.

- 죄를 짓고 아무리 회개를 해도 용서받지 못한다. 도둑질한 자는 용서해 달라고 기도하고, 도둑맞은 자는 도둑을 잡게 해 달라고 기도하면, 공의의 하나님은 누구의 편에 서시겠는가?

- 자기가 잘못한 것은 그 사람에게 직접 갚고 용서를 구하라. 그가 용서하면 하나님도 용서하신다. 땅에서 매면 하늘에서도 매이고, 땅에서 풀리면 하늘에서도 풀리는 이치다.

- "회당에서 기도하지 말고 골방에서 기도하라" 했다. 눈에 보이는 골방이 아니라, 골방과 같이 고요한 마음이다. 잡념을 버리고 하나님을 향해 마음을 집중하며, 사랑하고 용서하는 아름다운 생각만 나오도록 하라.

- "두드리면 열릴 것이다." 하는 것은 육의 소원을 위해 두드리라는 것이 아니라, 진리의 깨달음을 얻기 위해 두드리라는 것이다.

- 기도하는 방법: 생활 속에서 수시로 기도하는 삶을 살아야 한다.

- "저의 죄를 용서하여 주옵소서." 하는 회개의 기도를 하라.
- 범사에 "하나님! 감사합니다." 하라. 현재 가진 것에 감사하며, 과욕하지 말라. 자기 노력 이상의 것을 더 갖고자 기도하는 것은 도둑놈심보다. 공의의 하나님은 각자 노력한 만큼 주신다.
- "하나님 뜻대로 살아가겠나이다." 하며 마음의 각오를 다지라.

- 기도는 하나님의 말씀을 받아서 "행하는 것"이다. 하나님이 계심을 굳건히 믿고, 하늘을 향하여 한 점 부끄럼 없이 사는 삶 자체가 가장 위대한 기도이며, 삶이 곧 예배다.

3. 지도자

- 똑같이 사랑한다는 말을 해도, 순수하게 하는 말은 천사의 말이지만, 사기 쳐서 재산을 가로채려고 하는 말은 사탄의 말이다.

- 종교 지도자가 아무리 훌륭한 설교를 해도, 신도의 재물을 거둬서 더 큰 교회를 짓고 자기의 부귀영화를 바라며 설교하면 사탄의 가르침이 된다.

- "저희 교회는 만원사례요, 믿음은 다 같으니 이웃의 개척 교회에 가서 예배를 드리시오." 하며, 이웃 교회의 부흥을 먼저 생각하여 제 신도를 보내는 종교 지도자가 있다면 그를 따르라. 그가 하나님의 사랑을 실천하는 자다.

- "부자가 천국에 들어가는 것은 낙타가 바늘구멍을 통과하는 것보다 더 힘들다" 하였거늘, 지금의 교회에서는 부자가 되기만을 기도하고 소원하니, 이는 곧 천국을 포기하고 지옥 행 열차의 티켓을 사는 것과 같다.

- 예수는 빈손이었다. 종교 지도자가 예수보다 더 호화롭고 편안하게 살아간다면 잘못된 것이다. 부귀영화와 명예를 바라는 자는 절대로 갈 수 없는 좁고 협착한 길이 종교 지도자의 길이다.

- 종교 지도자는 유리로 비춰 봐 한 점의 부끄러움이 없이 살아야 한다. 의식주도 직접 일해서 해결하고, 예수의 가르침과 행함을 그대로 따라야 한다.

- 종말은 없다. 지금의 잘못 가는 종교 집단에게만 종말이 있다. 보이지 않는 하나님은 보이는 육의 종말은 관여하지 않으신다. 환경 파괴로 인간이 스스로 멸망을 자초하는 것이다. 종파끼리 싸우기 전에, 무너진 인성을 바로잡고 지구의 몸살을 해결하는 데 뜻을 모으는 게 급선무다.

4. 성전이란

- 이 세상 자체가 하나님께서 만드신 성전이다. 자연보다 더 아름다운 성전이 있는가? 보이는 건물이 성전이 아니라, 성스러운 마음가짐이 성전이다.

- 반석 위에 교회를 지으라 했다. 지상의 단단한 돌은 인간이 쪼갤 수 있으나, 마음속의 굳은 결의는 세상 무엇으로도 쪼갤 수 없다. 바르고 굳건한 믿음으로 성경의 가르침을 실천하는 것이 마음의 반석 위에 교회를 짓는 것이다.

- 손으로 지은 건물의 교회에 모여서 복음을 전하는 것이 아니라, 교회를 개인과 가정에 심어 주어야 한다. 무너지고 부서지는 건물을 짓지 말고, 마음속에 영원히 불변하는 참진리의 교회를 지으라.

5. 십계명

- 십계명은 인간이 죽어서 반드시 통과해야만 하는 열 개의 관문이다.

- 부모를 공경하지 아니한 자는 "네 부모를 공경하라." 하는 제5계명의 관문이 열리지 않으니 구원받을 수 없다.
- 살인, 간음, 거짓, 우상 등의 나머지 계명도 마찬가지다.

- 십계명은 하나님의 친필이다. 모기소리만 한 하나님의 음성이라도 들어 보겠다고 여기저기 찾아 헤매지 말고, 십계명부터 암송하고 지키라.

- 십계명은 영혼을 구원하는 양식이며, 십계명을 지키는 것이 구원을 받는 길이다. 인간이기에 지키고자 노력하고 또 노력한다면 지킬 수 있다.

- 십계명을 지키고 천사처럼 아름답게 살아가는 그 마음 하나면 세상에 이루어지지 않는 것이 없다.

6. 보물

- 하나님은 재물이 아니라 우리의 마음을 받으신다. 사랑을 실천하며 천사처럼 변하는 마음이 하나님께 바치는 보물이다.

- 보이지 않는 하나님께 재물을 바치려 하지 말고, 너희를 길러 준 부모에게 용돈 드리고, 찾아뵙고, 효성을 다하라. 그것이 하나님께 효도하는 것이다.

- 하늘에는 선과 악의 창고가 있다. 자기 창고에 선이 많으면 천국으로 구원을 받고, 악이 많으면 심판받아 지옥으로 간다. 그것이 바로 "선한 일을 행한 자는 생명의 부활로, 악한 일을 행한 자는 심판의 부활로" 나오는 것이다.

- "선악과를 따먹지 말라"는 것은 양심을 지키라는 것이다. 선과 악을 구분할 수 있는 양심을 최초에 인간에게 주셨다. 선한 열매는 취하고, 악한 열매는 버리며, 양심에 비추어 부끄럼 없는 삶을 살아가라.

- 가장 작은 거짓말을 하지 않고, 가장 작은 죄를 짓지 않으며, 가장 작은 선행을 하고, 가장 작은 악행을 멀리하는 것이 율법의 일점 일획도 빠뜨리지 말고 다 지키는 삶을 사는 것이다.

7. 우상

- 박물관에 있는 불상은 하나의 예술품이다. 그 조각품에 대고 제 소원을 빌 때 우상숭배가 된다. 십자가라 하여도 그 앞에서 소원을 빈다면 우상숭배하는 것이며, 하나님께 소원을 빈다면 하나님을 우상으로 전락시키는 것이다.

- 지금 기복신앙에 젖어 있는 모든 사람이 우상 앞에 절을 하고 있다. 조각품을 우상이라며 파괴하지 말고, 네 마음속에 있는 욕심의 우상을 무너트리라.

- 생수를 약초가 먹으면 약을 만들고 독사가 먹으면 독을 만든다. 같은 성경을 봐도 선한 지도자는 신도를 천사로 만드는 데 활용한다. 그러나 욕심이 가득한 지도자는 재물을 거두어들여 제가 부귀영화를 누리는 데 악용한다. 그가 바로 성경을 우상숭배의 도구로 전락시키는 거짓 선지자다.

- 성경을 한 획도 빼거나 더하지 말라는 것은, 그 가르침을 빠트리지 말고 온전히 지키라는 것이다. 성경 속에서 자기에게 유리한 구절만 보는 것은, 자기에게 불리한 구절들을 빼 버리는 것이다. 믿음이 제일이요, 행함은 구원과는 관계없다는 것은 자신에게 유리한 쪽으로 성경을 악용하는 것이다.

- 진정한 종교 지도자는 종파에 관계없이 어떤 종파든 어떤 책이든 접하고 보고 깨우쳐 견문을 넓히도록 인도한다. 참진리를 모르고 자신이 없는 자가 남을 이단이라며 배척하고, 신도들의 눈과 귀를 가린다.

8. 예수

- 예수의 재림은 없다. 예수가 다시 온다 해도, 과연 누가 그를 예수라고 믿겠는가? 예수와 같은 삶의 행함이 곧 예수의 재림이다. 각자 모두가 "재림 예수"가 되는, 차원 높은 믿음으로 가야 한다.

- 예수는 "주여 주여 하지 말고, 아버지의 뜻대로 행하라"고 했다. 예수가 전한 하나님의 뜻이 곧 "길이요, 진리요, 생명"이며, 그 가르침이 예수의 보혈처럼 소중한 것이다. 예수를 믿는 것은, 예수의 가르침을 믿고 따르는 것이다.

- 예수는 낮은 자로서 만백성을 섬기고자 했다. 만나는 모든 사람을 다 하나님이라 생각하라. 돈을 벌수록 겸손하고, 높은 지위를 얻을수록 낮아지라.

▪ 예수는 종파를 만들지 않았다. 인간이 만든 종교와 인간의 교리를 따르지 말고, 예수를 통해 전한 하나님의 참진리를 연구하고 따르라.

▪ 예수가 2천 년 전에 만백성을 위해 죽었으니, 지금 이 땅에는 예수의 가르침대로 사는 천사만 존재해야 한다. 예수가 죽어 가면서 바란 것은 만백성이 천사가 되어 예수의 자리를 채워 주는 것이지, 지금과 같이 재물을 바치면서 중언부언 제 소원만을 비는 백성들을 바란 것이 아니다.

9. 구원

▪ 천사가 사는 천국에는 천사만 갈 수 있으니, 천사 같은 마음을 길러야 한다.

- "천국 열쇠를 네게 주리니 땅에서 무엇이든지 매면 하늘에서도 매일 것이라" 했다. 땅에서 천사같이 사는 자가 하늘에서도 천사가 되어 천국에 들어간다. 모든 사람에게 천사같다는 말을 듣는 삶을 살아야 한다.

▪ 천사의 곱고 아름다운 마음은 부모를 공경하고 어른을 어른으로 대접하는 데에서 출발한다. 효도하는 자는 형제와 화목하게 지내기에 가정이 화목해지고, 이웃과 화목해지고, 국가가 화목해지고, 온 인류가 화목해진다.

- 그러므로 지상의 아름다운 소왕국은 가정에서부터 이루어야 한다.

▪ 선택된 14만 명만 구원받는 것이 아니라, 천사처럼 변하고자 하는 14만 명을 기초로 온 인류가 천사처럼 거듭나는 영적인 개혁이 시작되는 것이다.

▪ 천 년에 걸쳐서 하늘에서 이루어진 것같이 이 세상을 낙원으로 만들어, 만백성이 지상의 천국에서 살다가 죽어서 그대로 하늘의 천국으로 들어가는, 영원한 지상 낙원을 건설하는 것이 하나님의 계획이다.

- **이것이 구약과 신약에 이어 "새로운 성경"으로 역사하시는 하나님의 창조의 완성이다.**

▪ 지금의 믿음으로 구원받을 수 있다면 그 길을 가라. 그러나 자신이 없다면 하나님께서 직접 내리신 160권의 "새로운 성경"을 읽고 구원의 길을 보라!

하나님 머리말씀

이 새로운 성경을 읽는 너희 모두는
이 율법에 따라 행하면 영원히 구원받을 것이니라.

너희 인간이 수년, 수십 년, 평생
성서를 공부하고 기도하는 것은
하늘나라 나의 곁으로 오고 싶은 소망일진대,

몇천 년 전의 너희 인성과 생각이
지금의 너희와는 판이하게 다르니,

꺾여 가고 병들어 가는 너희를 고칠 수 있는 길은,
오늘 내가 선지자에게 내리는 새로운 성경과 같이
너희가 변화되는 것뿐이니라.

나의 예수가 태어난 것처럼
내가 아들 선지자를 선택하여
나의 새로운 성경을 온 세계에 전하고자 하니,

묵은 것은 버리고 새로운 것은 취하여,
너희 모두는
'여호와 하나님! 저의 죄를 용서하여 주옵소서.'
하는 기도문으로 기도하고, 죄를 뉘우치라.

이 새로운 성경은
수천 년간 내려온 성서를 요약한 것이니,
너희는 이 책을 정독하여 쉽게 깨달음을 얻고,
이대로 실천하여 하늘에 오르라.

대역자 머리말

■ 하나님의 율법을 지키는 선지자로 선택을 받도다.

저는 남들처럼 그저 열심히 살아온 평범한 사람이었습니다. 그러나 50대 중반에 사업에 실패하여 많은 부채에 시달렸으며, 건강도 악화되어 눈이 잘 안 보이고, 걷기도 어렵고, 두통이 심해서 잠을 이룰 수 없는 고통의 나날을 보냈습니다. 그때 제가 선택할 수 있는 것은 육의 삶을 끝내는 길뿐이었습니다.

죽기 직전에 그동안에 죄를 지은 이들에게 용서를 빌고 인생을 끝내기로 작정하였습니다. 어려서부터 지은 죄를 빌고 빌다 보니 끝이 없었고, 죽음으로도 그 많은 죄를 용서받을 길이 없다는 생각에 하염없이 눈물이 흘렀습니다. 그 순간 '재래식 화장실의 구더기는 죄를 짓지 않는데, 나는 인간으로서 구더기만도 못한 삶을 살았구나.' 하는 생각이 들면서 괴로움에 몸부림칠 때, 갑자기 하나님의 음성이 들렸습니다.

"나는 여호와 하나님이니라. 너는 십계명을 암송하고 내가 내려 주는 메시지를 받아 책으로 만들어 만백성을 구하라." 하시며, 제 눈을 손으로 문지르게 하시고, 아픈 머리와 다리를 손으로 두드리게 하셨습니다. 그러고 나니 눈도 잘 보이고 걸을 수 있었으며 머리의 통증도 말끔히 낫게 되었습니다. 그때부터 십계명을 암송하고 나면 들려주시는 말씀을 기록하였고, 1999년 8월부터 2004년 7월까지 권당 288쪽, 총 160권을 받아서 "새로운 성경"이라는 책으로 펴내게 되었습니다.

그러한 저에게 죽기보다도 힘든 길이 시작되었습니다. 모든 교인들이 저에게 사탄이요, 이단이요, 악마요, 마지막 시대에 온 거짓 선지자라 하면서 공격하였고, 저를 짐승을 보듯이 대하는가 하면, 편협한 종교 지도자들의 선동으로 신도들이 이 책을 직접 읽어보고 평가할 기회마저 막아 버렸습니다. 그래서 하나님의 말씀을 세상에 내는 데 많은 어려움을 겪으며, 피를 토하는 심정으로 책을 전하고 있습니다.

그러나 아무리 인간의 힘으로 막으려 해도, 하나님의 뜻이 세상에 전해지는 위대한 역사는 계속될 것입니다. 책으로 전해지는 "하나님의 말씀"은 세상 끝날까지 항상 우리와 함께하실 것입니다. 사람은 죽어도, 책에 기록된 말씀은 영원히 남으니까요.

■ 따뜻한 실천

하나님께서는 어려운 사람들에게 삶의 터전을 마련해 주고, 미래를 열어 주는 것을 기뻐하십니다. 어려운 이웃이 스스로 자립할 수 있도록 이끌어 주는 것이 진정으로 이웃을 돕는 것이라고 말씀하셨습니다. 그래서 일자리가 없는 제자들에게 작은 사업장을 만들어 주는 "달란트 사업"을 하고 있습니다. 식당, 반찬 가게 등을 차려 주고, 기존의 어려운 사업장이 자립할 수 있도록 돕고 있습니다(커피숍, 미용실, 의상실 등).

하나님께서는 교회에 나와서 모든 시간과 재물을 쏟기를 원하지 않으시고, 그 시간과 재물을 교육에 투자하여 스스로 미래를 열어 가기를 원하십니다. 그래서 제때 공부하지 못한 제자들에게 학업을 이어 가도록 하였습니다. 중화요리 주방장을 하며 초등학교 검정고시부터 공부하여 2012년에 방통대를 졸업한 36세 남성, 만학도들의 2년제 중학교에 입학해서 2007년에 명지대학을 졸업한 38세 여성, 중학교 검정고시를 시작으로 숭의여자대학을 졸업한 47세 여성 등이 있습니다. 그밖에도 많은 제자들에게 나이를 초월하여 배우고 깨우쳐서 사회 속의 당당한 일원이 되도록 인도하고 있습니다.

학자금 대출로 힘겨워하는 젊은이들을 위해 "따뜻한 바람 장학회"를 발족하여(2016년 12월) 대출받은 학자금 전액을 매월 갚아 주고 있습니다. 또한, 다문화 가정을 위해 "다문화 가족 랜드"를 조성하여, 각종 시설을 무료로 활용하도록 하고 있습니다.

이러한 따뜻한 실천이 아직은 미약합니다. 그러나 책의 수입이 늘고, 저와 뜻을 같이하는 분들이 늘어나면 계속 확대할 것입니다. 지도자로서 신도의 재물을 헌금으로 거둬들여 착복하는 것이 아니라, 하나님께서 기뻐하시는 일에 사용하도록 중매 역할만 하며 살아가고자 합니다. 이런 제가 과연 사탄이고 이단인가요? 하나님께서 기뻐하시는 일이라면, 저에게 사탄이라 하든 거짓 선지자라 하든 굽히지 않고 실천해 나갈 것입니다.

끝으로, 일상의 삶 속에서 "지금 내가 하는 행동이 과연 하나님께서 기뻐하실까, 슬퍼하실까?" 생각하고, 매사에 하나님께서 기뻐하시는 길을 택하기 바랍니다. 교회에 모여서 집단적으로 예배 드리는 것이 아니라, 개인이나 가정 단위로 새로운 성경을 읽어 스스로 깨우치고 그대로 행하면 충분합니다. 그것이 마음속에 성전을 짓고, 신령과 진정으로 예배 드리는 길입니다. 그러면 천국의 문에 들어서게 됩니다.

2017.2.1.

하나님 말씀 대역자 김용철

차 례

십 계 명

이 책은 십계명을 암송하고 나면 내려 주시는 "하나님의 음성"을 듣고 그대로 받아쓴 기록입니다. 하나님께서 십계명을 모세에게 내려 주셨지만, 그것은 만백성에게 내려 주신 것입니다. 마찬가지로 이 책의 모든 말씀도 저에게 내려 주셨지만, 만백성 각자에게 들려주시는 말씀입니다. 여러분도 이 책을 접할 때마다 십계명을 암송하고 나서 정독해 주시기 바랍니다.

제일은, 너는 나 외에는 다른 신들을 네게 있게 말지니라.

제이는, 너를 위하여 새긴 우상을 만들지 말고, 또 위로 하늘에 있는 것이나, 아래로 땅에 있는 것이나, 땅 아래 물 속에 있는 것의 아무 형상이든지 만들지 말며, 그것들에게 절하지 말며, 그것들을 섬기지 말라.

제삼은, 너는 너의 하나님 여호와의 이름을 망령되이 일컫지 말라.

제사는, 안식일을 기억하여 거룩히 지키라.

제오는, 네 부모를 공경하라.

제육은, 살인하지 말지니라.

제칠은, 간음하지 말지니라.

제팔은, 도적질하지 말지니라.

제구는, 네 이웃에 대하여 거짓 증거하지 말지니라.

제십은, 네 이웃의 집을 탐내지 말지니라.

나 여호와가 존재함을 믿는 그 자체가 구원의 길에 들어서는 기본이요, 근본이며, 나의 새로운 성경을 가슴에 안고 정독하는 자, 반석 위에 서서 하늘에 오르는 찬란한 빛을 보게 되는 영광을 얻게 됨이니라. 진정 나를 따르고 믿는 자는 감히 사탄이나 마귀도 근접하지 못하느니라.

〈하나님 말씀〉

2002년 3월

2,111 번째 하나님 말씀

2002년 3월 27일 15시 20분

1 사랑하는 선지자야!
2 "네, 여호와 하나님! 말씀하옵소서."
3 지금까지 너희들이 믿고 따라온 믿음의 그 길과 지금 내가 제3의 시대에 너희들이 더 사악한 모습으로 전락하는 것을 볼 수 없어
4 나의 성령을 너희들에게 내려보내어 법전이라 하여 이를 읽고 깨우치는 자와 깨우치지 못하는 자를 구분하여 심판하고자 이를 내려보냈음이니,
5 이를 보고 너희들은 어찌 생각하는가?
6 지금의 너희들 세상에서 살아가면서 물에 기름을 탄들 물과 기름이 하나가 될 수 있다고 생각하는가?
7 물과 기름은 정녕 하나로 이루어질 수가 없으며 하나로 갈 수 없는 것이니, 그와 같은 형국이니라.
8 지금 나의 성령을 내려보내어 너로 하여금 법전이라 하여 기록하는 것은 나의 피조물 만백성을 구하는 깨끗한 생수임을 네가 알아야 될 것이니라.
9 그러나 수천 년 동안에 흘러오면서 잘못된 종교 지도자들의 가르침 속에서 살아온 나의 피조물 만백성이 하늘에 오르는 길이라 매달리며 그를 경배하며 그 길만이 저희들이 영원히 사는 나의 나라에 올 것이라 하여 지금 맹종하며 광신적으로 믿고 가며,
10 어떠한 것도 들으려 하지 아니하고 어떠한 말씀도 그는 다 사탄이요, 이단이라며 들으려 하지 아니함이니,
11 이와 같은 기름이 어찌 물과 합류될 수 있다고 생각하는가?
12 결코 물과 기름은 하나가 될 수 없음이니라.
13 그러니 너희들이 어찌 가야 할 것인가를 너희 스스로 깨달아야 할 것이니라.
14 정녕 너희들은 생수로서, 깨끗한 그 생수만이 보급되어 나의 피조물 만백성을 구하는 역사를 천 년에 걸쳐서 이루어야 될 것이며, 이 혼탁한 기름이 너희 속에 들어와서는 아니 됨이니,
15 그리하여 기름과 물은 정녕 하나가 될 수 없기에 너희들과 지금의 믿음의 길을 가는 자들과는 항상 대립된 상태에서 그들이 뿌리를 내려가는 것을 막으며, 그들은 또 너희들이 내려가는 그 생수를 막으려 할 것이니,
16 극에서 극으로 가는 이 양대 싸움이 천 년에 걸쳐 이루어지며 행하여진다 하였음이니, 지금 너희들이 얼마나 어렵고 힘든 길을 가고 있는가?
17 그리하여 기름이 물 속에 와서 어울릴 수 없으며 하나가 될 수 없으니, 너의 제자들 또한 기름이 되는 그쪽으로 흘러가는 자가 있어서는 아니 될 것이니라.
18 지금 너의 제자들이 너를 따라가는 길이 너무도 힘들어 생수의 길을 버리고 혼탁한 기름 속으로 흘러가는 자들이 있다 하면 이는 도저히 감내할 수

없는 역행의 구도가 이루어짐이니라.
19 이를 너는 너의 제자들에게 일깨워 줘
야 될 것이니라.
20 오로지 나의 성령으로써 세상에 내려
보내는 나의 이 법전만이 너희들을 구
원할 수 있는 생수요, 지금까지 믿어
온 잘못된 그들이 다 썩어져 가는 기
름이니,
21 그 기름에 빠져드는 자가 없어야 할
것이며, 그 기름이 또한 너희들 속에
뛰어든다 하면 너희들의 생수마저 먹
지 못하게 됨이니,
22 너희들이 얼마나 자신을 잘 관리하고
통제해야 되는 것인가를 너희들 스스
로 깨우쳐야 할 것이니라.
23 이제는 시작되었음이니라.
24 영원히 물과 기름이 하나가 될 수 없
듯이, 지금의 믿음의 종교 지도자들이
너희들을 보고 따라와 하나가 될 수
없으며 또한 너희들이 생수로서 나의
피조물 만백성을 구하기 위해서 너희
들 자신을 버릴 수 없는 것이니,
25 이와 같이 양대 산맥이 이루어진 형국
이 되어 있느니라.
26 오로지 너희들이 굳건한 마음으로, 나
를 향하여 가는 진정한 그 믿음으로
잠시도 너희 가슴에서 나를 지우지 않
는 그와 같은 믿음이요, 나의 계명을
지키고 살아가고자 몸부림치는 너희
들의 생활의 형태만이 영원히 더럽고
추한 그 기름이 너희들에게 접근할 수
없으며 그리 뛰어들 수 없다는 것을
알아야 할 것이니라.
27 이제 선지자 너는 너의 제자들에게 일
깨워 줘야 될 것이니라.
28 영영 썩어진 그 기름과 생수는 하나가
될 수 없으니 양대 극으로 가고 감이
니, 이는 누가 자세를 바르게 갈 수 있
느냐에 따름이니,
29 썩어져 가는 그 기름 속에 허덕이는
나의 백성들이 너희들에게 구원을 받
아 구원의 손을 요구할 때가 빨리 오
고 빨리 오지 못함은 너희들이 깨닫고
못 깨달음에 있으며, 너희들이 행하고
못 행함에 있으며, 너희들이 나의 법
전을 세상에 전하고 못 전하는 그와
같은 너희들의 능력 여하에 달렸으니
이를 깊이 깨우쳐 행해야 될 것이니라.
30 너의 제자들에게 이르라.
31 나의 성전을 그득히 채우는 역사를 이
루라 하였음이니, 이를 게을리하지 말
도록 너의 제자들에게 네가 각별히 주
의를 줘야 될 것이며,
32 그들이 정신 자세의 마음을 가다듬을
수 있도록 그리 훈련하고 또 훈련하지
아니하면, 나의 뜻이 이루어져 천 년
에 걸쳐 나의 피조물 만백성이 사는
아름다운 이 지상을 만들 수 있는 역
사가 이루어지지 못한다는 것을 알아
야 할 것이니라.

2,112 번째 하나님 말씀

2002년 3월 27일 17시 30분

1 사랑하는 선지자야!
2 "네, 여호와 하나님! 말씀하옵소서."
3 내가 너에게 이르기를, 알고 짓는 그
죄악은 너희들이 손에서 피가 나도록
빌고 빌어도 용서받을 수 없다고 말하
였음이니라.

4 이는 무엇이더냐?
5 너희들이 죄를 짓고 도적질할 때 그것
은 상대성이 있으니, 상대방의 그 피
해를 보상하지 아니하는 너희들의 편
의주의인 그와 같은 뷁으로써 모든 용
서를 받는다는 생각을 하지 말라.
6 그리고 추하고 더럽게 번 너희들의 재
물을 너희들이 성전이라는 곳에 바치
면서 그를 나에게 바친 양, 그리고 너
희들이 그를 바침으로써 죄를 사함 받
는 양, 그를 바침으로 너희들이 나에
게 위대한 경배의 뜻을 나타내며 나
여호와를 공경하고 존경하며 따른다
는 그와 같은 행위를 절대로 하지 말
라.
7 내가 너희들에게 이르지 아니하였는
가?
8 나의 피조물 만백성이 수천 년에 걸쳐
서 지금의 종교 지도자들이 가르쳐 온
그 길이 정녕 잘못된 길이라 하면,
9 나의 피조물 만백성이 지금까지 잘못
살아온 그들의 입은 그 피해의 보상은
과연 누가 해야 할 것이며 어떤 종교
지도자가 그를 갚아야 할 것인가?
10 지금 수천 년 동안 흘러온 종교의 믿
음이 하늘에 오르며 구원을 받는다 하
여 너희들이 갖은 수단과 방법을 가리
지 않고 금화와 은화를 착취하여 긁어
모았으며,
11 그리하여 너희들은 나의 가르침을 깨
우치기 전에 너희들의 손으로 만든 그
크나큰 성전의 웅대함과 궁궐 같은 곳
을 짓기에 급급하였으며 나의 피조물
만백성에게 재물을 거둬들이기에 정
신이 없는 그와 같은 믿음의 길을 왔
음이니,
12 이것이 정녕 나의 뜻과는 관계없는 길
로써 나의 피조물 만백성을 그리 지옥
불로 인도하고 이끌어 온 것이라면 그
보상은 과연 누가 할 것이며 그 치유
를 누가 할 것인가?
13 나의 피조물 만백성이 그리 다친 상처
의 아픔을 누가 다 보상해야 될 것인
가?
14 지금 너희들은 어느 것이 하늘에 오르
는 진정한 길이며, 나의 뜻이며, 내가
원하는 것이며, 나의 성령의 뜻이 무
엇인가를 나의 법전을 읽는 이 순간에
깨우쳐 행하여야 될 것이니라.
15 지금 너희들이 가고 있고 깨우치며 가
르치는 그 종교 지도자의 방법이, 그
리고 하늘에 오르고자 하는 그 길이
잘못된 길이며 나 여호와와는 아무런
관계가 없는 길이라 하면,
16 너희들이 믿음의 길을 가는 그 방법이
나의 뜻과는 전혀 관계도 없는 방법으
로써 너희들이 나의 사랑하는 피조물
만백성을 그리 이끌어 오고 있다 하
면,
17 너희들이 정녕 이끄는 것이 잘못되었
다면, 나의 피조물 만백성의 그 상처
요, 그들이 잘못 가는 그 아픔의 세월
을, 그들이 나에게 올라올 수 없으며
영원히 지옥 불에서 살아야 하는,
18 그리고 죄의 대가를 치르면서 그들이
그 고통의 세월을 견뎌야 하는 그 보
상은 과연 누가 해야 될 것인가?
19 그 보상을 반드시 해야 할 것이며 그
보상의 대가를 치르는 자가 있어야 될
것이니라.

20 사랑하는 나의 피조물 만백성, 그리고
나의 백성을 하늘로 이끌어 올린다는
종교 지도자 너희들은 나의 법전을 접
하는 이 순간에 가슴에 안고 깨우치고
뉘우치는 것이 있어야 될 것이니라.
21 정녕 나의 뜻이 아니요, 나로부터 메
시지를 받은 적이 없으며 나로부터 선
택된 자가 아닌 너희들이 성서를 가지
고 잘못 일깨우고 가르치고 있다 하면,
22 너희들은 반드시 나의 피조물 만백성
을 지옥의 길로 인도한 그 보상을 하
고 그 대가를 너희들 스스로 치러야
된다는 그 무서운 현실을 잊지 말아야
될 것이니라.
23 종교 지도자 너희들이 나의 피조물 만
백성을 고통의 지옥 속으로 잘못 인도
한 그 대가를 너희들은 그저 지나갈
것이며 그냥 넘어갈 것이며,
24 너희들이 대가를 치르며 '남들이 치르
는 그 대가를 나라고 못 치르랴?' 하
는 그와 같은 너희들의 배짱 섞인 마
음으로 지금 이대로 이끌고 간다 하
면, 너희들은 나의 사랑하는 피조물
만백성을 지옥으로 이끌어 그들이 영
원히 지옥 불에서 허덕이는 고통의 그
죄의 대가를 너희들이 다 받아야 될
것이니,
25 이 무서운 현실이 너희들 앞에 기다리
고 있음이니, 그 세월이 머지않았음을
깨달아야 할 것이니라.
26 지금이라도 나의 법전을 읽고 이를 깨
달아 나의 피조물 만백성을 인도하는
길을 바로 하며, 너희들이 깨달아 하
늘에 오르는 길을 바로 인도한다면 너
희들은 나로부터 구원을 받을 것이니
라.
27 그렇다 하면 정녕 너희들은 누가 진정
여호와 하나님으로부터 선택된 자이
며 무엇이 여호와 하나님의 말씀인가
를 구분하지 못할 것이니,
28 내가 지금 나의 선지자를 통하여 내리
는 나의 법전을 너희들이 읽고 깨우쳐
너희들이 편협한 생각으로써 그를 보
지 말며, 말세에 이르는 사악한 무리
의 그와 같은 종말에 나타나는 거짓
선지자의 행위라 그리 보지 말며,
29 너희 스스로 살아가는 생활과 너희가
하루를 지탱하며 1년을 지탱해 가며
나의 피조물 만백성 앞에서 종교 지도
자라 하여 살아가는 너희들의 생활이
과연 한 점의 부끄러움이 없으며 나의
계명을 지키고 사는가 그것을 먼저 두
드려 보고 너희들이 점수를 매긴 다음
에
30 나의 선지자가 살아가는 생활의 방법
과 그가 행하며 그가 전하는 말뜻과
그 행동하는 것을 채점표로써 점수를
매겨 너희 점수와 그의 점수를 견주어
보도록 그리하라.
31 그리하면 너희들이 1차로 깨우침이
있을 것이니라.
32 그리고 너희들이 성령을 알면 얼마나
알며 얼마나 깨우쳤으며 얼마나 나 여
호와의 깊이에 따라서 나의 뜻을 가르
치는가?
33 너희들이 가르치는 설교의 내용과 너
희들이 나의 피조물 만백성에게 그저
'주십시오, 내려 주십시오, 베풀어 주
십시오' 하며 그들을 광란의 소굴로
이끌어 가는 '달라'는 그 기도 소리와

나의 선지자가 기도하는 그 기도 소리
를 들어 보며
34 그가 어찌하여 너희들과 다르며 같은
점이 있는가, 또 너희들과 차별화가
되어 있는가, 이런 것 하나하나를 점
수를 매겨 보면 그 점수가 나올 것이
거늘, 어찌하여 너희들은 그것 하나도
하지 않으려 하는가?
35 그리고 내가 선지자를 통하여 내리는
그 성령의 뜻과 나의 음성의 점수를
한번 매겨 보라.
36 그것이 나의 피조물 만백성을 잘못 가
라 하는 것이 있으며, 그들이 잘못 시
행하여 부끄러운 행위를 할 수 있는
내용이 거기 있으며, 인간으로서 도리
를 다하는 데 한 점의 부끄러움이 있
는가를 보며,
37 거기에 나 여호와의 뜻대로 지키고 따
라왔을 때 나 여호와에게 한 점의 부
끄러움이 있는 내용이 있는가, 이를
너희들이 분석해 보면 옳고 그름을 알
수 있거늘, 어찌하여 너희들은 이 자
체도 들여다보지 아니하려 하는가?
38 내가 다시 이르나니, 이 법전의 나의
뜻이 기록되어 세상에 나간 다음에 너
희들이 너희 자신의 점수를 스스로 매
겨 보라.
39 그리고 너희들 스스로 성령의 그 믿음
의 길의 점수를 너희 자신이 한번 조
용한 밤에 매겨 보라.
40 남들에게 물어볼 것도 없음이니라. 남
이 알 수 없음이니라.
41 너희가 과연 얼마나 깨끗하며 나의 십
계명을 지키고 살아가는 종교 지도자
인가를 너희 스스로 점검하고 점수를
매겨 보며, 너희가 나를 향하여 오는
그 마음과 너희 몸 속에 나의 성령이
과연 얼마나 차지하였는가,
42 너희가 거울로 비춰 봐 너희 신도들에
게 추하고 더러운 모습이 하나라도 보
인다면 너희 가슴속에 나의 성령이 하
나도 임하지 아니하였음을 알 것이며,
43 그와 같은 생각이 있다면 사탄이요,
사악한 것으로써 너희 가슴과 너희 머
릿속에 그득히 차 있음을 알라.
44 그리하여 내가 명하여 말하는 것이니
라.
45 종교 지도자는 유리로 비추어 봐서 한
점의 부끄러운 행위가 있어서는 안 된
다 함이 거기에 있음이니라.
46 한 점의 부끄러운 행위가 있으면, 너
희 신도들 앞에 거짓 하며 너희를 따
르는 나의 피조물 만백성을 속이며 그
들에게 부끄러운 행위가 하나라도 있
다 하면,
47 너희들이 하루에 한두 가지를 거짓으
로 실행하며 그리 넘어가고 살아간다
면 너희들은 사탄으로서 너희 가슴과
너희 머리에 그득히 차 있음이니,
48 하루에 한 번의 실수도 용납할 수 없
으며 너희들이 알고 짓는 죄를 행해서
는 아니 되는 것이 나의 종교 지도자
요, 나의 성령이요, 나의 가르침이요,
나의 말을 받아 기록하는 자며, 가르
치는 자며, 나의 뜻에 따라서 이끌어
하늘에 오르도록 인도하는 자임을 알
아야 할 것이니라.
49 이 부분을 너희들이 확실히 짚고 넘어
가 분석해 보라.
50 나의 선지자의 살아가는 행동과 그 행

하는 것과 그가 나의 피조물 만백성을
가르치기 위하여 설교하는 그 내용을
너희들이 하나하나 점검해서 들어 봐
서 너희들이 이끌어 가는 방법보다 그
가 잘못하면 그는 사탄이요, 사악한
무리이나,
51 그가 말하고 행동하는 것이며 나에게
행하여 그들이 제자들에게 일깨워 가
르치는 것이 법도에 어긋나지 아니하
며, 인간사의 질서에 어긋나지 아니하
며, 하늘을 향하여 한 점의 부끄러움
이 없는 그 뜻을 가르친다 하면,
52 너희들은 고개 숙여 그 앞에 너희들이
지금까지 살아온 죄의 용서를 빌며,
너희들이 깨우침을 얻어 또다시 돌아
서서 나의 피조물 만백성을 하늘에 오
르는 길로 인도하는 데 너희 모두를
다 바쳐야만 너희들이 구원의 길을 볼
수 있으며, 너희 스스로 구원을 받을
수 있으며,
53 지금까지 잘못 가르치고 잘못 인도하
여 수천수만의 나의 피조물 만백성이
지옥 불에서, 끓는 기름 가마 속에서,
또는 불바다 속에서, 바늘 방석에서,
가시 방석에서 시련을 겪고 있는 그들
에 대한 너희들의 죄를 사할 수 있는
길이며, 그들을 또한 너희들이 구할
수 있는 길이 여기에 있음을 알라.
54 내가 너희들에게 마지막으로 경고함
이며 하늘의 비밀을 말하여 이르나니,
55 너희들이 지금 나의 선지자의 가는 길
이 옳으며 나의 법전이 정녕 여호와
하나님의 뜻이라 하여 너희들이 가르
치는 그 모두를 접어두고 선지자 앞에
와 고개 숙여 선지자의 가르침을 받아
나가 너희들이 지은 그 성전에서 나의
법전을 전하며 전파하는 자는 그로 하
여금 그가 잘못 가르쳐 지옥 불로 인
도한 그 영혼까지도 내가 구원해 줄
것이니,
56 이를 너희들에게 마지막으로 경고함
이니, 이를 잊지 말고 너희들은 나의
법전을 깨닫고 내가 명한 대로 너희
손으로 이룩한 그 성전에서 나의 법전
을 전하는 그 역사의 전사로서 변하도
록 그리하라.
57 그자만이 너희들이 지옥으로 보낸 자
들의 죄를 사할 수 있으며, 또 지금 너
희들이 이끌고 가는 자들을 구원할 수
있는 길임을 명심하여 잊지 말라.
58 내가 너희들에게 마지막으로 경고함
이니라.
59 모든 종교 지도자 너희들은 여기서 깨
우침을 얻는 자만이 구원을 받을 수
있을 것이니라.

2,113 번째 하나님 말씀

2002년 3월 27일 17시 50분

1 사랑하는 선지자야!
2 "네, 여호와 하나님! 말씀하옵소서."
3 이 지구의 모두는 누가 창조하였으며
누가 이 세상을 다 만들어 동식물이며
이 우주 만물의 위대함을 누가 만들어
그와 같이 틀림이 없이 돌아가며 한
치의 오차가 없이 흘러가도록 만들었
다 너희들은 생각하는가?
4 이 지구상에 사는 모든 인류는 과연
누가 만들었는가?
5 너희들의 생명이요, 너희들의 영혼은

누구로부터 받았으며, 너희들은 어디
로부터 왔다 생각하는가?
6 그 속에서 사는 너희들은 나의 나라,
나의 속에서 살면서 어찌하여 너희들
이 믿는 종파만이 위대한 것이며 너희
들이 숭배하는 그 신만이 위대한 것이
며 너희들만이 위대한 종파 속에서 나
에게 구원을 받는 그와 같은 선택된
백성이라 그리 생각하는가?
7 나 여호와의 자식은 다 똑같이 나의
아들이요, 딸이며
8 어떠한 형태로 살아가든, 어떠한 방법
으로 살아가든, 그가 어떠한 환경에
처해 있든, 그가 어떠한 역경에서 시
련을 겪든, 그가 너희들이 세속에 말
하는 이름을 날리는 부귀와 영화를 누
리는 자이며 세상에 더할 것이 없는
아름다운 세상을 느끼며 권세와 영광
을 누리며 살아가는 자라 할지라도 그
가 다 누구의 자식인가?
9 그 모두는 똑같은 너희들의 형제며 나
의 자식이라는 것을 어찌하여 너희들
은 깨우치지 못하며,
10 그 속에서 너희들만이 위대한 것이며
너희들만이 진정한 하늘에 오르는 것
이요, 너희들만이 옳다 그리 생각하는
가?
11 이 세상의 모두를 창조한 것은 누구
며, 너희들은 내가 창조한 이 나라 속
에 살고 있음을 어찌하여 깨우치지 못
하는가?
12 너희 것만이 최고라는 생각을 버릴 수
는 없는가?
13 정녕 너희들만이 믿고 있고 너희들만
이 갖고 있으며 너희들만을 따르며 너
희들 것만이 이 세상에 가장 위대하
고 최고라는 그러한 생각을 너희들은
버릴 수 없겠는가?
14 사랑하는 선지자야! 너의 제자들에게
일러 말하라.
15 너희들이 아무리 깨달음이 높다 하여
도 내가 너희들에게 말한 60점이라는
그 점수의 한계를 넘지는 못함이니,
이것이 너희들의 한계라는 것을 깨우
쳐 주도록 그리하라.
16 사랑하는 선지자야!
17 아무리 방대한 믿음의 조직도, 아무리
방대한 나라의 힘도, 그리고 저희만이
하늘에 오를 수 있는 길이며 위하는
길이라 말하여도 그들은 다 내가 창조
한 나의 나라 속에 존재하며 그를 벗
어나 존재할 수 없다는 것을 너희들은
어찌 깨우치지 못하는가?
18 너희들은 정녕 나의 뜻이요, 내가 창
조한 나의 나라요, 내가 만든 나의 동
식물이요, 이 아름다운 세상의 낙원에
서 이를 벗어나서 과연 살 수 있고 존
재할 수 있다고 생각하는가?
19 내가 만든 이 지구 속에서 살아가는
너희들이 어찌하여 한 형제며 나로부
터 똑같은 아들딸이라는 것을 생각하
지 못하며, 거기에 너희 스스로 차등
을 두며 너희 스스로 위대하다 하며
너희들만이 나에게 선택된 자식이라
하는 그 어리석고 우매한 행동을 하는
가?
20 너희들만이 선택된 사람이라 함이니,
이 지상의 모든 너희들 백성은, 너희
들과 더불어 살아가는 모두는 똑같은
나의 아들이요, 나의 딸임을, 내 마음

을 너희들은 어찌하여 그리 깨우치지
못하는가?
21 앞으로 너희들이 살아가면서 너희들
만이 위대하며 너희들만이 최고며 너
희들만이 하늘에 오를 수 있는 백성으
로 선택되었다 그리 말하지 말며, 너
희들만이 구원의 길을 보고 있으며 너
희들만이 구원의 길을 가고 있다는 그
러한 생각조차도 너희들이 지금 이후
로 해서는 아니 됨을 알아야 될 것이
니라.
22 그 모두는 너희들의 오만함이며, 너희
들의 자만함이며, 너희들이 너무 자아
도취에 빠져 있는 그와 같은 삶을 사
는 자이니라.
23 정녕 나로부터 구원을 받았다고 말하
지 아니하며 나로부터 구원을 받을 수
있는 영광을 받지 아니하였으며 나로
부터 구원의 길을 감히 갈 수 없다고
생각하는 나의 피조물 만백성이 너희
들보다 더 위대하고 더 훌륭하며,
24 그들 속에서 나에게 구원을 받을 수
있는 나의 백성이요, 나의 피조물 만
백성이 나오고 그들이 더 앞으로 구원
을 받을 수 있는 자라는 것을 너희들
은 깨우쳐야 할 것이니라.
25 너희들은 너희 것이 최고라 하여 나의
성령이요, 나의 뜻을 내려보내는 나의
법전마저도 보지 아니하고 읽지 아니
함이니,
26 너희들은 영영 구원을 받을 수 없으며
구원의 길조차도 볼 수 없는 어리석고
우매한 세상을 살아가는 자라는 것을
깨우치게 될 것이니라.
27 저희들 것만이 최고며 저희들만이 구
원을 받았다고 말하는 그자들은 지금
말없이 살아가는 나의 피조물 만백성
만큼도 저희들이 구원받을 수 없음을
알아야 될 것이나,
28 저희들은 죄인이요, 저희들이 잘못 살
아온 그 죄 때문에 나 여호와에게 감
히 구원을 받았다는 생각도 못 하며
구원을 받을 것이라는 생각도 못 하고
고개 숙이며 살아가는 그 피조물 만백
성은 나의 성령으로 내려보내는 나의
법전을 읽고 깨우쳐 그들만은 구원을
받을 수 있다는 것을 너희들은 알아야
될 것이니라.
29 저희만이 옳은 것이며 저희만이 바른
길이며 저희만이 구원을 받았다 하며
구원을 받을 수 있다는 그 백성이 가
장 힘들고 어려운 그 죄의 대가를 치
러야 될 것이며, 그들은 하나도 구원
을 받지 못한다 함을 알라.
30 너희들이 어찌하여 감히 내가 구원하
는, 나 여호와의 고유의 권한이며 나
의 뜻에 의해 이루어지는 그것을 너희
들이 나 여호와가 된 양 너희 마음대
로 구원을 받았다 하며 구원의 길에
들어서 너희들이 나에게 향한다 그리
말하는가?
31 그와 같이 오만하며 자만하는 자는 영
원히 구원받을 수 없다는 것을 너희들
은 알아야 할 것이니라.
32 이제 너희들이 나의 법전을 읽고 깨우
쳐 이 뜻을 모른다 하면 너희들은 정
녕 영원히 구원을 받을 수 없음이니라.
33 너희들은 남의 것을 볼 줄 모르며 남
의 것을 들으려 하지 아니하며 정녕
너희들이 오만에 차 있기 때문이니라.

34 나 여호와를 향하는 백성이며 나에게
선택된 백성이요, 정녕 구원을 받는
백성은 '이 모두는 다 여호와 하나님
의 뜻'이라 하여 감사할 줄 알며 고마
운 줄 알며
35 정녕 그들은 모두가 나에 의하여 이루
어진 은총이요, 은혜 속에서 이루어진
것이라 하여 그들이 듣고 배워 깨우쳐
저희 것으로 만드는 그 너그럽고 유함
이 있으니 그들은 구원을 받을 수 있
으나, 너희는 구원을 받을 수 없음을
알라.
36 지금 구원을 받았다고 소리 지르며 제
가 구원을 받았다 하여 자만에 차 있
으며 저희들만이 구원을 받으며 최고
라고 생각하는 자는 하나도 구원의 길
에 들어설 수 없으며,
37 그들은 구원의 길이 어찌 생겼으며 어
찌 가는 것인가, 그 하늘에 오르는 빛
도 못 보고 지옥으로 죽어 가는 인생
이라는 것을 알라.
38 구원받음을 두려워하며 저 자신이 구
원받을 수 없는 자라 생각하며 감히
구원이라는 것을 생각지 못하는 나의
선하고 선량하며 유한 백성만이 나의
법전을 접하게 될 것이며, 나의 이 법
전을 읽고 깨우쳐 그들이 정녕 하늘에
오르는 길을 깨달을 것이니,
39 최고라 하는 자는 최고 무서운 지옥
불로 갈 것이며, 어리석고 우둔한 자
라 하는 자는 최고의 영광의 빛을 보
는, 영광이 엇갈리는 그와 같은 축복
을 얻게 됨을 너희들이 잊어서는 아니
될 것이니 그리 알라.

2,114 번째 하나님 말씀

2002년 3월 27일 18시 20분

1 사랑하는 선지자야!
2 "네, 여호와 하나님! 말씀하옵소서."
3 너희들이 나에게 오를 수 있는 길은
얼마만큼 나의 계명을 지키며 나의 뜻
에 살았느냐에 따라 너희들이 구원을
받고 못 받는다 하였음이니,
4 이는 너희들의 육신은 너희들의 명이
다하여 썩어 한 줌의 흙으로 돌아가며
너희들의 영혼은 나에게 와 심판을 받
음이라 하였음이니,
5 그러니 너희들이 죽어 갈 때 너희들이
영혼을 과연 얼마만큼 키워 놓았으며
너희 영혼이 얼마나 성장하였느냐에
따라서 너희들이 하늘에 오르고 못 오
르는 그 역사가 이루어진다 하면 너희
들은 어찌하겠는가?
6 너희들의 영혼의 양식은 무어라 하였
느냐?
7 육신이 살아갈 수 있는 그 모두는 내
가 너희들이 세상에 태어나기 전에,
너희들을 만들고자 할 때, 창세기에
그 모두를 다 주었다 하였음이니,
8 그리하여 너희들의 육이 살아가면서
너희들이 육으로써는 모든 부귀와 영
화를 누리며 살다 명이 다하여 한 줌
의 흙으로 돌아감이니, 그다음에 너희
들은 무엇으로써 심판을 받는다 하였
느냐?
9 너희들의 영혼이 심판을 받는다 하였
음이니라.
10 그러면 너희들의 영혼의 양식은 무어
라 말하였더냐?

11 내가 너희들에게 내린 십계명이라 하
였거늘, 너희들은 어찌하여 나의 이
계명을 지키지 아니하고 살려 하는가?
12 너희들의 육이 살다 한 줌의 흙으로
돌아가는 동안에 너희들이 나의 계명
을 얼마나 지키고 살았느냐에 따라서,
너희들의 그 영혼이 얼마나 성장했느
냐에 따라 그에 대한 대가를 너희들이
받는다 하면 너희들은 어찌해야 되겠
는가?
13 지금 시간이 없음이니라.
14 너희들이 육의 생활을 하면서 나의 십
계명을 얼마나 지키며 나의 계명에 따
라서 너희들이 얼마나 살았느냐에 따
라 너희 영혼의 성장의 척도를 그것으
로 비교하고 평가한다면,
15 너희들이 어찌 살았느냐에 따라서, 너
희들이 영을 얼마나 성장시켜 놓고 얼
마나 너희 영혼을 나에게 오를 수 있
도록 다듬어 가꾸어 놓고 육이 죽었
느냐에 따라서 너희 영혼이 심판을 받
는다 하면 너희들은 어찌하여야 하겠
는가?
16 영혼을 살리는 그 양식을 너희들은 잠
시도 떠나서는 아니 될 것이며, 항상
그를 암송해야 될 것이며, 그를 너희
들 가슴에 심고 살아야 할 것이니,
17 내가 그리하여 나의 피조물 나의 백성
에게 가장 십계명을 많이 암송하는 백
성이 되라 하였으며, 조석으로 너희들
이 나에게 약속의 서약을 드리는 그와
같은 길을 가라 하였음이니라.
18 그리하여 나의 선지자가 나의 성령을
받아 나의 법전을 세상에 내보내는 나
의 선지자로서, 나의 아들로서, 또 만
백성의 종으로서, 나의 종으로서 그가
태어나 살아가는 길은 무엇이라 하였
더냐?
19 영혼을 살리는 양식인 십계명을 가장
많이 암송하는 사람이 되며, 그리고
많이 암송하라 내가 너에게 말하였음
이니, 이게 바로 무엇이냐?
20 영혼을 살리는, 그 영혼을 성장시키는
양분이요, 영양분이기 때문에 그리 말
하였음이니라.
21 그리하여 네가 나의 법전을 받아 기록
하는 대목마다 십계명을 암송하지 아
니한 것이 없으며, 네가 십계명을 암
송한 뒤에 나의 성령을 받아 기록하였
으니 이는 바로 무엇이냐?
22 영혼을 살리기 위한 영양의 공급을 네
가 받아 그 공급 속에서 나의 피조물
만백성이 나에게 오르며 계명을 지키
고 살아가고자 하는 나의 백성에게 나
의 선지자를 통하여 그 영양의 공급을
하고자 함이니라.
23 그리하였으니 너희들이 육신의 삶에
서 나의 십계명이요, 나의 계명을 지
키지 아니하고 살다 죽어 갔을 때, 그
육이 한 줌의 흙으로 그저 비참히 돌
아갔을 때,
24 너희들이 영혼을 양육하지 아니하며
영혼을 키워 놓지 아니하고 간다 하면
그 원망이 얼마나 높으며 너희들이 얼
마나 뼈저리게 통곡할 것인가를 잊지
말아야 할 것이니라.
25 너희들이 육의 삶에서 나의 십계명을
얼마나 지키며 나의 뜻을 얼마나 순종
하느냐에 따라서 너희들의 영혼이 성
장하는 것이니,

26 십계명을 지키지 아니하는 자, 십계명
을 지킬 수 없다 말하는 자는 영혼을
성장시키기는 고사하고 영혼을 죽이
고 너희들이 육으로써 그냥 떠나가 버
리니 그 영이 어디로 가겠는가?
27 그는 바로 지옥 불로 가게 되어 있음
을 알아야 될 것이니라.
28 그러하니 너희들이 시간이 없음이니
라.
29 그리하여 나의 십계명을 암송하며 그
암송하는 속에서 깨달아 너희들이 십
계명을 지키고 하늘에 오르라는 나의
법전을 너희들이 어찌 다스려야 될 것
인가를 스스로 깨우치라.
30 이것이 곧 너희들에게 닥칠 머지않은
시간 속에 이루어짐이니라.
31 이를 너희들이 당했을 때 울고불고 통
곡하지 말라.
32 나 여호와가 나의 법전을 통하여, 나
의 선지자를 통하여 너희들에게 '십계
명이 너희들의 영혼을 살리는 양분이
요, 양식'이라고 수천수만 번 말을 하
였음이니,
33 그리하여도 그것을 듣지 않고 실행하
지 아니하고 지키지 않는 것은 너희들
의 덕목이며 너희들의 죄의 몫이니라.
34 너희들의 육신은 죽어 썩어 한 줌의
흙으로 돌아가나, 너희들의 육신이 죽
어 흙으로 돌아가면서 너희들의 영혼
을 성장시키지 아니한 자, 그 죄를 감
히 감당키 어려울 것이니 그리 알라.

2,115 번째 하나님 말씀

2002년 3월 27일 21시 23분

(강론을 마치며)

1 사랑하는 선지자야!
2 "네, 여호와 하나님! 말씀하옵소서."
3 내가 너희들에게 안식일이라 함은 너
희들이 정해 놓은 그 날짜에 생활의
모두를 접어두고 너희들이 만든 성전
에 와서 기도하고 경배하며 금화와 은
화를 바치는 그 역사를 너희들이 평생
동안 이루는 그것만이 안식일이 아니
라 하였음이니라.
4 너희들이 살아가면서 피로하고 힘든
날 너희들이 휴식을 하며 나에게 기도
하고 경배하며, 너희들이 살아왔던 삶
이 나의 율법에 의하여 살지 못하였으
며 그를 지키지 못하였음을 너희들이
나에게 기도하고 경배하며 눈물로써
회개할 때 그보다 더 아름다운 모습이
없음이니,
5 너희들은 안식일을 정하여 그리 행하
지 말라 내가 하였음이니, 너희들은
지금 어찌 가고 있는가?
6 안식일이라 하여 그 정해진 날짜에 경
배하지 아니하며 기도하지 아니하며
너희들이 만든 그 성전에 오지 아니한
다 하면 모두는 너희들이 잘못 간다
생각하고 있으며, 그리고 그들은 믿음
이 약한 자라 생각하며 구원받을 수
없는 자라 그리 그들에게 불안한 마음
을 심어 줌이니라.
7 그리하여 그들이 안식일이라는 날을
정하지 아니하고 그 날짜를 지키지 못
하면 그들이 정녕 구원을 받을 수 없

으며, 믿음이 약한 것이며 나 여호와
로부터 저희들이 체벌을 받는다는 그
와 같은 두려운 마음의 공포 속에서
그들이 살아감이니 그들이 어찌 살아
가는가?
8 그들은 내가 만들어 놓은 이 아름다운
세상에 자연의 뜻을 음미하지 못하며,
나의 성서에 너희가 말하기를 전지전
능한 나 여호와 아버지라 너희들이 부
름이니,
9 나의 성서는 내가 이 지상을 만들어
놓은 것의 10분의 1도 안 되는 나의
뜻이요, 나의 성령으로써 너희들이 항
상 들을 수 있으며 항상 그를 따르고
지킬 수 있는 것이 나의 성서이니라.
10 그러나 너희들이 자연의 살아가고 변
하는 그 모습은 그보다 열 배 더 위대
한 역사가 그 속에서 이루어짐이니,
11 자연의 돌아가는 그 위대함과 나의 성
서를 합쳐 너희들이 그를 다 안팎으로
볼 때, 이는 전지전능한 나 여호와라
너희들이 스스로 입에서 감탄의 부르
짖음이 나올 것이니라.
12 너희들이 한평생 내가 만든 이 낙원에
서 살아가면서 내가 너희들에게 취하
도록 만들어 놓은 대자연의 아름다운
것을 너희들은 구경도 하지 못하며,
산천의 그 아름다움도 보지 못하며,
계절에 따라서 피고 지는 그 꽃의 아
름다움마저도 너희들이 보지 못하고
살아가도록 그리 속박하고 얽매여 놓
는 것이 지금의 종교 지도자들이 너희
들을 이끌어 가는 방법이니라.
13 너희들은 이를 어찌 생각해야 되는가?
14 나 여호와는 공의의 하나님이요, 너희
들을 사랑하는 부모라 말하느니라.
15 너희 아버지인 내가 너희들에게 그리
속박과 억압과 공포 분위기에서 너희
들이 살아가도록 만들었겠는가?
16 전지전능한 너희들의 아버지라 부르
는 내가 정녕 그리할 수 있다고 생각
하는가?
17 너희들은 어찌하여 내가 사랑하는 나
의 피조물 만백성 너희들이 살아가는
곳에서 속박을 하며 너희들에게 불안
을 갖게 하며, 너희들이 내가 만든 이
자연의 아름다운 그 형태를 보지 못하
고 살아가도록 내가 너희들을 속박하
고 불안한 속으로써 너희들이 한평생
살아가도록 나 여호와 아버지가 그리
만들 수 있다고 생각하는가?
18 이는 정녕 너희들의 가슴에 손을 얹고
생각해 봐야 될 것이니라.
19 너희들 인간사의 부모와 자식의 관계
도 그러니라.
20 부모가 만들어 놓은 그 음식을 자식이
맛있게 먹어 줄 때 그 부모의 마음은
스스로 자기가 먹은 것보다도 더 기쁨
을 얻는 것이며,
21 또 그 음식을 만드는 너희 육신의 부
모도 그 자식을 생각하면서, 그 자식
이 그를 맛있게 접하는 모습을 생각하
면서 그를 만드는 그 부모의 마음은
행복하기 그지없거늘,
22 너희들은 너희 인간관계의 부모와 자
식과의 사랑과 주고받는 것도 그와 같
거늘, 어찌하여 전지전능한 나 여호와
를 너희들에게 그리 사악한 어버이로
만드는가?
23 내가 너희들에게 살며 느끼고 취해서

살라고 아름답게 만든 것을 너희들이
만지고 바라보며, 그 속에서 나에게
감사드리며 나에게 경배드리는 그와
같은 삶이 얼마나 아름다우며 너희들
이 나 여호와를 기쁘게 하는 것이던가?
24 어찌하여 이와 같은 것을 너희들은 깨
닫지도 못하며,
25 잘못 가르치고 인도하는 그들 앞에 가
서 너희들은 금화와 은화를 바치며 나
여호와가 만든 그 위대한 너희들이 취
하고 바라보고 만지고 즐기며 살라는
그 모두를 저버리고 그와 같은 세속에
서 너희들이 살아가는 것인가?
26 이것 하나도 너희들이 깊이 깨우쳐야
될 것이니라.
27 나 여호와가 너희들을 그리 속박하며
너희들이 말하는 그 안식일을 지키지
않아 너희들에게 체벌하며 벌주며 너
희들을 공포 속으로 몰아넣는 그와 같
은 나 여호와가 아님을 너희들이 어찌
모르는가?
28 나 여호와의 아픈 가슴이요, 이 답답
한 심정을 너희들이 어찌 아는가?
29 나의 성령을 통하여 나의 법전으로써
나의 세상에 만백성에게 전하니, 나의
사랑하는 피조물 만백성 너희들은 이
법전을 읽고 너희 스스로 깨우쳐 옳고
그름을 얻어야 될 것이니라.
30 사랑하는 선지자야!
31 "네, 여호와 하나님! 말씀하옵소서."
32 너를 따르는 제자들에게 이르라.
33 나의 피조물 만백성 그들에게 눈을 뜨
도록 그리 일깨워 주라.
34 눈을 뜨라 하라.
35 너희들이 눈을 감고 있으면 세상의 모
두가 다 캄캄하며 보이는 것이 아무것
도 없음이니라.
36 너희들이 눈을 떴으되 그와 같이 보
지 못하는 눈을 가졌다면 이를 어찌해
야 되겠는가?
37 너희들은 눈을 떴으되 정녕 나에게
오르는 길을 모르며 구원의 길이 어디
인가를 모르고 있음이니라.
38 육의 삶 속에서, 육의 삶이 얼마만큼
너희들의 영혼을 그리고 그를 성장시
켰느냐에 따라서 너희들이 구원과 축
복을 받는다 하였음이니, 그 영혼의
양식은 무어라 말하였느냐?
39 나의 계명이요, 나의 뜻에 순종하며
사는 육의 너희들 생활의 그 바탕 속
에서 나에게 오르는 영혼이 무럭무럭
자라게 됨이라 내가 너희들에게 일깨
워 주지 아니하였던가?
40 그들은 지금 어찌 살아가는 것이더냐?
41 그들은 모두를 다 죽음으로 몰아넣고
죽음의 속에서 살아가고 있음이니라.
42 그리고 너희들은 이르라.
43 나 여호와가 만든 지구의 낙원의 이
동산을 너희들이 음미하고 사는 것이
더 소중하고 위대함이라 그리 일깨워
주라.
44 내가 너희들에게 내리는 그 상이요,
상품을 너희들은 어찌하여 열어 보지
도 못하고 그리 짓밟는 그와 같은 형
국으로써 살아가는 형태를 만들었는
가?
45 이는 잘못 가르치는 종교 지도자 그들
의 책임임을 너희들이 알아야 될 것이
니라.
46 그리고 내가 너희들에게 무한한 능력

과 무한한 판단력을 주었거늘, 너희들
의 생각의 판단에서 너희 스스로 욕심
이요, 과욕을 부리기 때문에 너희들이
눈을 뜨지 못하며 감은 눈이요, 봉사
와 같은 생활을 하고 있음이니라.
47 너희들 지혜로써 깨달아 보면 알 것이
니라.
48 어떠한 것이 정녕 내가 원하는 길이며
나 여호와를 기쁘게 하는 길인가를 너
희들이 알아야 될 것이니라.
49 다시 한 번 너희들에게 내리노라.
50 너희 육신의 부모도 자식을 먹이기 위
해 만드는 그 음식 한 가지도 그 자식
을 생각하면 기쁨이 한량없으며, 그
음식을 또 즐겁게 먹어 주는 자식의
모습을 봄으로 너희 부모들이 행복이
요, 기쁨을 얻는다 하면,
51 나 여호와가 너희들이 먹고살 수 있는
수천수만 가지의 아름다운 광경을 세
상에 내려보냈으며, 그들을 너희들이
바라보고 취하며 그들과 더불어 즐기
며 살다 하늘에 오르라 그리 만들었으
니,
52 그걸 만져 보지도 못하고 쳐다보지도
못하며 너희들을 속박하며 오로지 짐
승처럼 우리에 몰아넣고 먹이만을 주
는 그와 같은 형국으로 끌고 가는 그
종교 지도자들을 너희들은 이제 단죄
하고 심판할 때가 되었음이니,
53 스스로 이것은 너희들 몫임을 알아야
될 것이니라.

2,116 번째 하나님 말씀

2002년 3월 28일 07시 25분

1 사랑하는 선지자야!
2 "네, 여호와 하나님! 말씀하옵소서."
3 너희 인간들이 살아가는 최후의 목적
과 그 목표와 그 삶의 의의가 어디에
있는가?
4 너희들은 육의 삶을 마치고 나 여호와
의 품으로 돌아와 낙원에서 사는 것이
너희들이 가장 기대하며 원하는 삶이
아니던가?
5 너희들은 육신의 부귀와 영화에서 얻
어지는 것은 그 즐거움을 알며 감사함
을 알며 축복이요, 은혜와 영광이라
그리 말하나,
6 어찌하여 영혼의 구원을 받는 길을 보
는 것은 그리도 너희들이 감사하지 아
니하며 그 영광된 축복인 것을 모르
는가?
7 너희들이 육신의 세상에서 아무리 큰
것을 얻으며 이 세상 모두를 다 얻는
다 하여도 그것은 너희 손톱 밑에 가
시가 찔리는 그 아픔에 비유하는 그와
같은 영광만도 못됨이니라.
8 너희 신체 일부분의 아픔을 느끼는 그
만큼도 못한 그와 같은 영광과 은혜라
내가 너희들에게 말하고자 함이니, 구
원을 받으며 하늘에 오르는 길을 알며
반석 위에 서서 기도하며 하늘에 오르
는 그 찬란한 빛을 보며 그 인도를 받
는 것이 그와 같으니라.
9 지금 나의 선지자를 통하여 나의 선지
자의 제자라 하여 내가 성령으로써 세
상에 내려보내는 나의 음성을 직접 들

으며 나의 뜻을 직접 들으며 나의 법
전을 정독하여 깨우쳐 가고 있는 너희
들은 이 세상 무엇과도 바꿀 수 없는
은혜와 영광을 받았으며,
10 나 여호와로부터 선택된 무엇과도 바
꿀 수 없는 은총이요, 은혜라는 것을
너희들은 어찌 모르는가?
11 예수의 시대에 살아가던 그 백성들이
예수가 누구인지를 몰랐으며 그가 정
녕 나의 아들로서 구원자인지 아닌지
몰랐으니,
12 그리하여 그들은 그에게 박해를 한 자
가 있는가 하면 그를 돌아다보지 아니
한 자가 있음이니라.
13 그러나 너희들은 지금 나의 선지자의
옆에 있으면서 정녕 이는 나의 선지자
요, 나의 아들로서 너희들을 인도하
며, 나의 성령으로써 너희들을 일깨워
주며, 나의 법전으로써 읽고 깨우쳐
너희들이 하늘에 오르는 길을 지금 가
고 있음이니,
14 이와 같이 선택된 너희들의 영광이 어
떠한 것인가를, 어찌하여 너희들은 그
감사함과 고마움 자체를 모르는가?
15 너희들이 말로써, 생각으로써는 그리
하나 행동으로써는 어찌하는가?
16 수천 년 역사가 흐른 다음에 나의 피
조물 만백성이 너희들을 평가하며 너
희들을 바라볼 때 얼마나 너희들이 위
대한 백성이었으며, 위대한 조상이었
으며, 그리고 현실을 아는 조상이었으
며, 하늘의 뜻을 알며 지상의 뜻을 알
며 그리하여 이 시대의 역사를 이루는
선지자와 더불어 그 뜻을 따랐으며,
17 그 제자라 명하여 그 제자라는 너희들
의 이름을 받게 된 것이 얼마나 현명
하고 위대한 사람이었는가를 알고, 그
들이 너희들을 정녕 부러워하며 존경
하며 너희들의 그 현명함에 고개를 숙
일 것이니라.
18 그러한 영광의 자리에 서 있는 너희들
이 오늘의 선택된 그 삶의 감사함과
그 축복의 영광을 너희 몸과 마음과
행동으로써 느끼지 못하고 산다 하면
이는 너희들이 정녕 구원을 받을 수
있는 자라 생각하는가?
19 너희들은 나의 선지자와 더불어 한 시
대를 살아가며 그가 나의 진정한 선지
자요, 나의 성령을 가슴으로 받아 만
백성을 구하는 법전을 기록하는 정녕
선택된 자라 하는 것을,
20 그와 더불어 한 시대를 살아가며 그와
더불어 한 시대를 의논하며, 그리고
천 년에 걸쳐 나의 피조물 만백성을
구하는 그 기초를 다져 가며, 그 계획
을 세우며 살아가는 너희들이 얼마나
위대한 것을 이루고 있는가를 너희들
은 지금 모르고 있음이니라.
21 이는 하나의 건축사가 하나의 건물을
세우기 위해서 설계함도 아니요, 그를
지어 나가며 그를 건축하여 안전한 건
물을 만드는 그와 같은 역사를 이루는
것도 아님이니라.
22 이 세상 어느 것과도 바꿀 수 없는, 이
세상 내가 창조한 이 지구를 놓고 그
지구 위에 반석을 세우며, 그곳에 설
계를 하며, 그곳에 살아갈 수 있는 나
의 피조물 만백성을 선별하고 구분하
며, 그들의 마음을 심어 주며, 그들의
마음을 다스리며, 그들의 아름다운 천

사와 같은 마음으로써 이 지상을 덮고
자 하는 것을 지금 계획하며 설계하
며, 또 그와 같은 것을 쌓아 가고 있는
너희들이니,
23 너희들은 어찌하여 오늘과 같은 나의
선지자와 한 시대를 살아감의 그 감사
함을 모르는가?
24 내가 오늘 너희들에게 내리는 이 뜻을
너희들이 마음속 깊이 새겨 너희들이
서 있고 너희들이 살아가며 존재하는
이 위대한 이치를 먼저 깨우쳐야 될
것이니,
25 나를 바라다보며 나로부터 무엇인가
를 이루고자 하며, 나로부터 무엇인가
를 듣고자 하며, 나로부터 무엇인가를
구하고자 하며, 나의 형체를 보고자
하는 그러한 생각을 너희들이 버려야
할 것이니라.
26 오로지 너희들이 선지자와 한 시대를
더불어 살아가는 것으로써 너희들은
더 이상 얻을 영광이 없으며, 더 큰 은
혜와 은총이 없음을 너희 후손들이 그
때 가서 알게 될 것이니, 나의 이 뜻을
깊이 새겨 행하도록 하라.

2,117 번째 하나님 말씀

2002년 3월 28일 08시

1 사랑하는 선지자야!
2 "네, 여호와 하나님! 말씀하옵소서."
3 나의 피조물 만백성을 인도한다는 종
교 지도자들이 내가 너희들에게 지키
고 살면 하늘에 오를 수 있는 정답을
주었거늘,
4 그 정답은 버려둔 채 지금의 물질 만
능 시대의 그 병폐 속에 빠져들어 그
를 위하여 갈구하는 것이 지금의 잘못
가르치는 종교 지도자들의 그 형태이
니라.
5 그 속에서 살아가는 나의 피조물 만백
성 또한 저희들이 얼마 되지 않는 육
신의 삶의 그 세월을 위하여 물질 만
능 속에 병들어 그 속에 빠져 그것을
버리지 못하고 그 삶 속에서 저희와
같이 똑같은 것을 가르치고 그와 같은
똑같은 행동을 하는 종교 지도자들이
살아가는 그 모습 속에서 저희들은 동
질감을 가지며 그 뜻을 같이 받아들이
기에,
6 그리고 저희들과 생각이 같으며 저희
들과 이루고자 하는 욕망이 같으며,
그리고 물질 속에 빠져 그 병폐를 벗
어나지 못하는 한 무리라는 그 생각
때문에 지금 잘못 가르치는 종교 지도
자들의 그 가르침에 귀 기울이며 그들
앞에 가 광란의 박수를 보이는 것이
아닌지 너희들이 생각을 해 봐야 할
것이니라.
7 절대적인 믿음이요, 너희들이 말하기
를 종교 지도자가 잘못되었다 하여도
너희는 종교 지도자를 보고 배우러 가
는 것이 아니라 그 말씀을 배우러 간
다, 그리고 그를 들으러 간다 하며 너
희들 자신을 안위하고 자위함이니,
8 이것은 너희들이 똑같은 물질 만능의
그 병폐 속에 빠져서 너희들과 같은
생각으로 살아가는 같은 무리이기 때
문에 너희들이 그리 용서하며 그리 가
고자 하여 너희들이 그 길만을 달려가
는 것은 정녕 아닌가 너희들 자신이

가슴에 손을 얹고 생각해 봐야 될 것
이니라.
9 지금 나의 피조물 만백성을 구하기 위
하여 내가 내린 모든 계명을 너희들이
지키지 아니하며, 오로지 그저 너희들
과 뜻이 같은 물질의 그 병폐에 걸려
있는 그들의 가르침만을 너희들이 다
이해하고 받아들이며,
10 너희와 뜻과 생각이 같기에 오로지 그
것만이 너희들에게 약이 되며 그 길만
이 너희들이 구원을 받는다는 그와 같
은 착각 속에서 지금 살아가고 있음이
니라.
11 그리하여 너희들을 바로잡고자 하여
내가 나의 성령을 태워 세상에 내려보
냄이니, 이 성령이 이단이요, 사탄이
요, 사악한 것으로 너희 가슴에 울려
퍼지는 것을 너희들은 깨달아야 될 것
이니라.
12 너희들이 지금 모든 살아가는 그 생활
의 초점이 육의 생활을 위하여 거기에
만 오로지 연연하기에 너희들은 모든
물질을 모으며 물질을 거두어들이며
물질을 얻는 그 속에서 너희 영혼을
구할 것이며,
13 그것이 인생의 행복이라는 그 버려진
병폐 속에서 벗어나지 못하기 때문에
너희들은 바르고 옳은 나의 성령의 뜻
을 보지 못하며 듣지 못하는 것이 아
닌가를 한번 생각해 봐야 할 것이니라.
14 나의 사랑하는 피조물 만백성 너희들
은 들으라.
15 물질 만능시대 속에 너희들이 빠져 그
병폐에 허덕인다 하여도 너희들은 잠
시 나의 성령으로써 기록된 나의 법전
의 뚜껑을 열어 너희 스스로 깨우침을
얻기를 나 여호와가 이리 간곡히 바람
이니,
16 나의 이 법전이 세상에 나가 이를 읽
는 너희들은 이를 깊이 정독하고 깨우
쳐, 정녕 하늘에 오르는 길이 어디에
있으며, 너희들의 삶의 목적이 어디
있으며, 삶의 지표가 어디 있으며, 인
간의 삶이 짐승과 다른 점이 무엇인가
를 깨달아 하늘에 오르는 영광의 길을
보게 하고자 함이니,
17 이것이 마지막으로 너희들을 인도하
고 깨우치는 나의 성령이라는 것을 잊
지 말고 나의 법전의 뚜껑을 열어 정
독하는 그와 같은 영광을 얻도록 그리
하라.

2,118 번째 하나님 말씀

2002년 3월 28일 08시 16분

1 사랑하는 선지자야!
2 "네, 여호와 하나님! 말씀하옵소서."
3 내가 사랑하는 나의 피조물 만백성 너
희들에게 생각할 수 있는 높은 지혜와
판단력을 주었음이니, 이는 무엇 때문
에 내가 너희들을 그리 이 세상에 내
보냈던가?
4 너희들 스스로 옳고 그른 것을 판단하
며 너희들이 서 있는 자리가, 또 너희
들이 살아가는 도리가 무엇이며 그리
고 정녕 참사랑이라는 것이 무엇이며
내가 원하는 것이 무엇인가를 너희들
스스로 깨우치고 깨달아서 나의 뜻에
따라 순종하며 삶을 살도록 너희들에
게 높은 지혜와 깨달음을 주었거늘,

너희들은 지금 어찌 살아가는가?
5 그 모두를 너희들이 옳고 그름을 판단
하여 옳은 쪽에 쓸 수 있는 그와 같은
마음 자세와 삶으로써 살아간다 하면
지금의 이 지상에는 내가 이루고자 하
는 하늘과 같은 낙원이 여기에 이루어
졌음이니라.
6 그러나 너희들은 그와 같은 지혜를 좋
고 아름다운 쪽으로 쓰지 아니하며,
오로지 너희들이 육신의 욕심에 의하
여 그 욕심의 뜻을 따라 쓰고 너희들
이 욕심에 얽매여 살아가는 그와 같은
육신의 삶을 삶으로 인하여 지금과 같
이 험악하고 무서운 시대가 이루어졌
으며, 지금의 너희들이 와 있음이니라.
7 사랑하는 선지자야!
8 "네, 여호와 하나님! 말씀하옵소서."
9 너는 너의 제자들에게 일러야 할 것이
니라.
10 높은 지혜와 능력을 갖고 사는 너희들
이 너희 자신의 모든 욕망을 누르지
못한다 하면 이는 정녕 구원의 길에
들어설 수 없으며, 너희들은 구원이
될 수 없다 함을 너의 제자들에게 가
르쳐 주라.
11 내가 너희들에게 높은 생각과 지혜를
줌은 너희들의 마음속에 무럭무럭 자
라 나오는 그 욕심의 욕망을 누르고
다스릴 수 있는 그 능력을 주고자 하
였음이니,
12 어찌하여 너희들은 너희들 마음속에
무럭무럭 솟아오르는 그 욕심이요, 욕
망을 누를 수 있는 지혜와 그 누를 수
있는 용기가 그리도 없는가?
13 내가 오늘 너희들에게 이르나니, 너희
들은 욕심의 욕망인 그 마음을 누르고
다스리지 못한다 하면 정녕 구원을 받
을 수 없음이니, 그러나 너희들에게
내가 그 모두를 누르고 통제하고 살아
갈 수 있는 그 용기를 주었음이니라.
14 그러니 너희들은 오늘부터 너희들 마
음속에 피어오르는 그 욕망이요, 욕심
의 근본의 뿌리를 누르고 다스릴 수
있는 그 용기를 가져야만 너희들이 구
원을 받을 것이며, 나의 피조물 만백
성을 하늘나라로 인도할 수 있다는 것
을 깊이 명심하여 행해야 할 것이며,
15 스스로 오늘부터 너희 자신이 모두를
다스리는, 그리고 너희들이 그 욕망과
잘못된 욕심의 그 뿌리를 다스리는 그
와 같은 너희들의 싸움을 시작해야 할
것이며,
16 그 싸움에서 이기는 자만이 영광된 반
석 위에 서서 하늘에 오르는 그 빛을
볼 것이며 나의 품에 돌아올 수 있다
는 것을 잊지 말라.
17 내가 너희들을 사랑하노라.
18 내가 너희들에게 높은 지혜와 판단할
수 있는 능력을 주었으며 너희들의 모
든 잘못된 욕망이요, 욕구요, 욕심을
통제하고 누를 수 있는 그 힘과 지혜
를 주었거늘, 어찌하여 너희들은 그를
사용하지 아니하며 그저 흘러가는 인
생 그대로 삶을 살려 하는가?
19 여기에서 너희들은 하나의 선을 그어
야 될 것이니라.
20 그 모두를 누르고 지배할 수 있는 능
력을 너희들에게 주었음이니, 너희들
의 가슴속에 있는, 머릿속에 있는 모
든 생각과 능력을 동원하여 그를 억제

하고 다스리는 나의 사랑하는 백성으
로 오늘부터 변하여 삶을 살아가야 할
것이니 그리 알라.
21 내가 나의 선지자를 통하여 나의 사랑
하는 백성 너희들에게 간곡히 내림이
니, 자신의 잘못된 욕망과 욕심을 다
스리는 용기를 갖는 삶을 살아가도록
그리하라.

2,119 번째 하나님 말씀

2002년 3월 28일 23시 33분

1 사랑하는 선지자야!
2 "네, 여호와 하나님! 말씀하옵소서."
3 내가 너희들에게 일러 깨우쳤노라.
4 다락방에서 기도하는 자, 그리고 가족
단위로 기도하는 자, 그 모두를 내가
너희들로부터 받아들인다 하였으며
내가 그 기도를 듣는다 하였음이니라.
5 나의 계명을 지키고 살아야 되는 것이
며 나의 계명을 지키고 살아야 된다
그리 깨닫고 있는 너희들의 그 기도
소리를 내가 다 듣는다 하였음이니라.
6 구약과 신약의 그 모든 것을 집약하여
만든 것이 내가 너희들에게 지키고 하
늘에 오르라는 그 계명이요, 십계명이
거늘,
7 너희들은 성서를 공부하는 그것을 가
지고 몇천 년이 흐른 지금에도 너희들
이 가르치고 또 가르치고 그것을 되풀
이하여 계속 그 속에서 무엇인가를 가
르치며 깨닫는다 하여 그리 나의 피조
물 만백성을 깨우치고자 하며,
8 그를 반복하여 깨우치고 또 설교하며
가르치면서 너희들이 그 속에서 하늘
에 오르는 길을 찾겠다 그리 말하며
그것이 하늘에 오르는 길이라 하고 있
음이니,
9 그러면서 너희들은 나의 성서를 공부
하는 그 시간에 각종 찬송이다 무엇이
다 하여 온갖 행사를 치러 가면서 그
속에서 나의 성서요, 나의 성령을 가
르치는 그와 같은 형국으로 지금 오고
있음이니라.
10 너희들은 여기서 하나 깨우치고 가야
할 것이니라.
11 너희들이 성서를 공부하는 것은 너희
들이 한두 번 성서를 읽어서 그 성서
의 흐름과 성서가 무엇을 요구하며 어
찌 가는 것인가 하는 것을 너희 스스
로 그저 깨달으면 그것만으로 성서 공
부는 끝마치는 것임을 알아야 될 것이
니라.
12 그러나 지금 너희들은 그 성서를 가지
고 그곳에서 너희들이 한 구절 한 구
절 살을 붙이고 뼈를 붙여 설명하고
가르친다 하며 나의 피조물 만백성을
그와 같이 묶어 놓으며, 그들의 모든
자유 시간과 재물들을 거두어들이면
서 그리 가고 있음이니라.
13 이제는 너의 제자들을 통하여 나의 피
조물 만백성을 일깨워 줘야 될 것이니
라.
14 성서라는 것은 너희들이 그 성서의 흐
름을 한 번 읽어 보며 그를 정독함으
로써 성서에 대한 공부는 너희 스스로
끝마친다는 것을 알아야 될 것이니라.
15 그리하여 그곳에서 너희들이 무엇이
남아 있는 것인가?
16 성서는 구약과 신약의 흐르는 방향을

너희들이 한 번 읽어서 깨우치면 되는
것이며, 그곳에 모두를 집약하여 내가
너희들에게 내려 지키고 살라는 그 십
계명을 그때서부터 지키고 살아가는
것이니라.
17 그리하여 내가 뭐라 말하였는가?
18 너희들이 스스로 기도하고 경배하며,
너희 가족들이요, 또 이웃과 같이 너
희들이 나에게 경배하고 기도하는 것
을 내가 거둬들인다 하였음이니,
19 너희들이 십계명을 지키고 살아야 되
며 그 계명을 지키고자 하는 결심과
각오 속에서 그는 지키고 살아야 하는
나 여호와의 절대적인 명이라 생각하
고 그를 지키는 것만이 하늘에 오르는
길이라 하여 그를 너희들이 암송하고
시행하고 지키면,
20 구약과 신약의 모든 것이 거기에 집약
되어 있음이니, 이는 곧바로 너희들이
실천하고 시행하는 근본이며 방법이
거기에 있음이니라.
21 성서의 구약과 신약은 흐르는 그 혈통
과 그 역사와 그 배경과 그게 추구하
고자 하는 것을 너희들에게 일깨워 주
며, 어찌하여 역사가 이루어졌는가를
거기서 너희들은 깨달으면 되는 것이
거늘,
22 그 속에 진리를 찾으며 너희들이 하늘
에 오르는 길이며 행함이 거기에 있으
며 너희들이 순종함이 거기에 있다 하
여 그를 가지고 나의 피조물 만백성을
평생 깨우치고 가르친다 하여 그들로
하여금 재물을 거둬들이는 그와 같은
방법으로 지금 가르치고 있음이니, 그
것이 아니니라.
23 그 성서의 흐름을 너희들이 깨닫고 난
다음에 너희들은 나의 십계명을 지키
고 살아가는 생활에 돌입하는 것이며,
24 그 생활을 지키고 살아가는 어렵고 힘
든, 너희들이 감히 지킬 수 없다는 그
길을 너희들이 스스로 터득하고 지키
고 오며,
25 너희들이 그것이 생활화됐을 때 얼마
나 쉽고 편안한 길인지 깨닫게 되며,
26 또 편안하고 쉽게 지킬 수 있는 그 계
명을 지키다 너희들이 너희 영혼을 성
장시켜 나에게 오를 수 있도록 그 길
을 가며 그러한 삶을 살면 되는 것이
라 내가 하였음이니,
27 이제는 너희들이 나에게 다락방에서
기도하며, 개인적으로 기도하며, 시간
과 때와 장소에 관계없이 너희 스스로
나에게 기도하면 구원을 받는다는 그
뜻을 알겠는가?
28 성서의 구약과 신약은 그 흐름의 방향
을 깨우쳐 주기 위해 너희들이 한 번
정도 읽으면 될 것이며,
29 그리하여 총체적인 흐름을 너희들이
깨닫고, 그 속에서 구약과 신약을 집
약하여 만든 나의 십계명을 그때서부
터 너희들이 실행하고 지키고 살아가
다 보면, 그 속에서 정녕 나의 뜻을 알
게 되며 너희들이 깨우침이 있음이니,
30 그리하여 나의 십계명을 깨우치고 지
키고 사는 것만이 하늘에 오를 수 있
다 그리 깨달은 자, 그저 너희들이 시
간과 장소에 관계없이 스스로 기도하
며 가족 단위로 기도하면 그것을 내가
받아들이며 너희들에게 축복과 영광
과 은혜를 내릴 것이라 그리 말한 뜻

을 이제 너희들이 깨달았을 것이니라.
31 그리 시행하고 가르치도록 하라.

2,120 번째 하나님 말씀

2002년 3월 29일 0시 10분

1 사랑하는 선지자야!
2 "네, 여호와 하나님! 말씀하옵소서."
3 너희들이 말하기를 하늘에 오르는 길이 바늘구멍을 낙타가 통과하는 것보다 더 어렵다 하였음이니,
4 이제는 너의 제자들은 그와 같은 말을 하지 말라 이르라.
5 너의 제자들은 이제는 하늘에 오르는 길이 무엇이며, 나의 계명을 지키고 계명에 따라 살면 하늘에 온다는 것을 알고 있지 아니한가?
6 이제는 계명을 지킬 수 없다 하여 두려움 속에서 살아오는 그들과는 너희들이 차별화가 되어 있으며,
7 너희들은 나의 계명을 지킬 수 있으며 나의 계명에 따라 지키고 산다 그리 결심을 하니, 너희들의 마음이 어떠하며 너희들의 행동이 어떠하던가?
8 너희들은 정녕 행동함에 있어서 남에게 부끄럽지 아니한 삶을 살기 위하여 얼마나 노력하며, 또한 너희들은 그리 살아갈 수 있다 생각하지 아니하는가?
9 그리고 너희들이 변하는 그 생활 속에서 너희들 자신이 두려움과 무서움을 느끼지 아니하는가?
10 이제는 너희들은 바늘구멍으로 낙타가 통과하는 것과 같이 하늘에 오르는 길이 두렵고 어려우며 무섭다는 말을, 그리고 그리 힘들다는 말을 하지 말라.
11 너희들은 나의 뜻을 알고 있음이 아니던가?
12 이제는 너희들이 나의 계명을 지키고 살며 그를 너희들이 쉽게 지켜 갈 수 있다 하며 하늘에 오르는 길이 얼마나 편안하고 즐거우며 간단한 것인가를 알고 있지 아니한가?
13 너희들은 여기서 깨달아야 될 것이니라.
14 나의 사랑하는 아들과 딸들이 나 여호와에게 오르고자 하는 길이 그리 어렵고 험난하고 고달픈 길이라 하면 그게 정녕 내가 너희들에게 내릴 수 있는 길이며, 또한 내가 너희들에게 그리 어렵고 힘든 길을 오도록 만들었다 생각하는가?
15 나 여호와가 정녕 너희들이 이룰 수 없는 그와 같은 어렵고 힘든 길이 나에게 오르는 길이라 하여 그리 너희들이 고통과 시련을 겪으며 나에게 오르도록 만들었겠는가?
16 이제 너희들은 나의 법전의 16권을 읽었으며 2부의 법전을 공부하기 시작할 날이 머지않은 이 시점에서 너희들의 깨달음이 어디에 와 있는가?
17 너희들은 나의 계명을 지킬 수 있으며 그리 지키고 살려 하며 그리 너희들은 살아가고자 하지 아니하는가?
18 그리 살아가고 그리 지켜 온다면 그것이 바로 무엇이더냐?
19 너희들이 구원을 받아 하늘에 오르는 그 길에 들어섬이며 그 영광을 얻게 됨이니, 그보다 너희들이 편안하고 즐겁고 행복한 길이 어디 있던가?
20 이제는 너희들이 마음을 그리 가져야

될 것이니라.
21 하늘에 오르는 길이요, 나 여호와에게
오르는 길이 너희들에게 어렵고 힘든
그 고통이며 환상의 길이며 인간으로
서는 도저히 상상할 수도 없고 올라올
수 없다고 미리 겁먹어 포기하는 그와
같이 힘들고 어려운 길이 아님을 너희
들이 알아야 될 것이니라.
22 이제는 너희들이 나의 법전을 깨우쳐
경지가 높아졌음이니, 내가 너희들에
게 이르고자 함이니라.
23 나 여호와에게 오르는 나의 아들딸이
요, 나의 백성들이 하늘에 오르는 그
길을 정녕 오를 수 없는 길이며, 그리
어렵고 힘들고 고통스러운 길에서 이
루어질 수 있는 것이라 하면,
24 나 여호와가 그리도 잔인하며 그리도
내가 너희들을 사랑하지 않는 어버이
라 너희들은 생각하는가?
25 너희들은 깨우쳐 알 것이니라.
26 너희들 마음이 스스로 변해져 가며,
천사의 생활 속에 너희들이 젖어 가
며, 그리 너희들이 무서우리만큼, 또
한 두려우리만큼 바르고 옳은 그 길을
가기 위하여 너희 스스로 마음이 변하
여지며 행동을 그리하며 살아가는 너
희들의 모습을 보면서 과연 너희들은
하늘에 오르는 길이 정녕 어렵고 힘든
길이라 생각하는가?
27 이는 간단한 길이니라.
28 그리고 즐거운 길이니라.
29 그리고 그렇게 너희들이 두렵고 인간
으로서는 지킬 수 없는 이상의 세상에
이루어지는 것이 아니니라.
30 너희들이 현실 속에서 지킬 수 없고
이룰 수 없는 것이라면 이는 이상의
세계, 공상의 세계에서 이루어지는 것
이 아닌가?
31 현실성이 없으며, 공상의 세계며, 이
루어질 수 없는 그와 같은 세계의 답
을 너희들에게 주었다 하면 이는 나
여호와가 아님이니라.
32 너희들은 십계명을 지킬 수 없다 하여
죄짓고 그 죄를 빌며 용서를 구하며
살아가는 것이 인간이라 말하는 그 십
계명 자체를 두려워하며 감히 지키려
생각하지도 아니하며 저희들은 당연
히 지킬 수 없다 그리 겁먹고 두려워
하는 자들처럼 그러한 것이 아니니라.
33 너희들은 그와 같은 것을 다 넘어오지
아니하였는가?
34 그 길을 넘어온 너희들이 지금 볼 때
하늘에 오르는 길은 정녕 그렇게 어렵
고 힘든 길이 아니며, 너희들의 고통
의 길이 아니며, 너희들과는 멀고도
먼 길의 이상의 세계가 아님을 너희들
은 깨달았을 것이니라.
35 바로 그러니라.
36 하늘에 오르는 길이 공포의 길이 아니
요, 이룰 수 없는 길이 아니요, 너희들
이 환상 속에서 보는 세상이 아니라는
것을 너의 제자들은 깨우쳤을 것이니
라.
37 그 길이 얼마나 편안하고 아름답고 쉬
운 길인가를 너희들이 깨달았을 것이
니라.
38 이제는 그를 나의 피조물 만백성에게
너희들이 일깨워 주고 깨우치는 데 앞
장서서 그들을 지도하고 인도해야 될
것이니 그리 알라.

39 정녕 이제는 너희들이 하늘에 오르는 길이 그리 힘들고 환상의 세계며, 상상의 나래 속에서, 그와 같은 꿈의 세계에서만 이루어지는 것이 아님을 너희들은 현실적으로 지금 깨닫고 느끼고 있을 것이니라.

40 그러니라.

41 바로 그와 같이 마음 하나 먹기에 달린 것이 하늘에 오르는 길임을 너희들은 이제 알아야 될 것이니,

42 나의 법전을 읽고 깨달은 자, 나의 선지자를 통하여 내리는 나의 성령을 듣고 깨달은 너희들은 이제 이 시간부터 하늘에 오르는 길은 정녕 낙타가 바늘 구멍을 통과하는 것보다 어렵다는 그러한 말들은 너희들 마음이요, 너희들 뜻이요, 너희들 생활 속에서 다 날려 보낼 때가 되었음이니,

43 이를 내가 너희들에게 사랑하며 경축하는 바이니 그리 알라.

2,121 번째 하나님 말씀

2002년 3월 29일 08시 55분

1 사랑하는 선지자야!

2 "네, 여호와 하나님! 말씀하옵소서."

3 나의 성전을 운영해 가며 또 모두를 준비하고 다스림에 있어서 너는 모든 것을 나에게 기도와 묵상을 받아 그를 행하도록 해야 함을 잊지 말라.

4 잠시도 네 생각으로써 무엇인가를 판정하며 계획해서는 아니 됨이니 이를 잊어서는 아니 될 것이니라.

5 너의 제자들에게 명하여 어떠한 역사를 이루든 그 또한 나에게 묵상과 기도로써 그와 같이 행함을 잊지 말라.

6 그리하지 아니할 때 너의 그 수습할 수 없는 그와 같은 모든 문제들이 발생함을 너는 잊어서는 아니 될 것이니라.

7 모두는 나의 뜻에 의하여 나의 주관하에 하나하나가 이루어져야만 된다는 것을 잊지 말라.

8 인간의 생각이요, 네 생각으로, 또 너의 제자들의 그 생각으로써, 인간 세속의 생각으로써 이루어짐은, 그는 언젠가는 앞뒤가 맞지 않는 오차가 생김이니라.

9 오로지 너는 천 년에 걸쳐 나의 피조물 만백성을 구하는 대업의 역사를 이룸이니, 이는 너의 뜻이 아니라 나의 뜻을 받아 기록하며 나의 주관하에 네가 움직여짐이니,

10 육으로써 나를 대행하여 모두를 행하는 너요, 너 스스로 하지 말아야 할 것이니 이와 같은 일이 있어서는 아니 될 것이니라.

11 오로지 너는 나에게 기도와 묵상으로써 그 답을 받아 행하여야만 역사가 흐른 다음에, 또 세월이 흐른 다음에 많은 사람들이 너에게와 질문할 때 네가 바르고 곧은 대답을 할 수 있으며 이는 차질이 없음이니라.

12 그리하여 내가 너에게 다시 한 번 명하노니, 모든 것은 묵상과 기도로써 행하는 것을 게을리하지 말라.

13 사랑하는 선지자야!

14 "네, 여호와 하나님! 말씀하옵소서."

15 너희 생각으로써 무엇인가를 하는 것이 탁월한 것 같으며 그것이 타당한

것 같으나, 세월이 흐른 다음에 너희
들이 잘못 가고 잘못 깨달음을 느꼈을
때 그는 번복하고 고칠 수가 없음이니
라.
16 그는 나 여호와가 너희들에게 내리는
것으로써 나의 피조물 만백성에게 비
칠 것이며 그들은 그리 알고 시행하고
따르기 때문인 것이니라.
17 나의 법전을 만들어 세상에 내보내는
것도 항상 묵상과 기도로써 그때를 맞
춰야 할 것이며,
18 그걸 만드는 자, 지원하는 자, 또한 다
너희들의 임의로 선택해서는 아니 될
것이며, 나 여호와가 준비된 사람에
의하여 그 사람들로써 그 역사를 이루
도록 해야 할 것이니,
19 너희들이 조급한 생각으로써, 급한 마
음으로써 너희들이 타당할 것이라 생
각해서 그리 행하여서는 아니 됨을 잊
지 말라.
20 이 모두는 나의 주관하에, 나의 뜻에
만 행하며 움직여야 된다는 것을 너희
가 잊어서는 아니 됨을 알라.

2,122 번째 하나님 말씀

2002년 3월 29일 15시 13분

1 사랑하는 선지자야!
2 "네, 여호와 하나님! 말씀하옵소서."
3 '너를 위하여 새긴 우상을 만들지 말
고, 또 위로 하늘에 있는 것이나, 아래
로 땅에 있는 것이나, 땅 아래 물 속에
있는 것의 아무 형상이든지 만들지 말
며, 그것들에게 절하지 말며, 그것들
을 섬기지 말라.' 하였음이니라.
4 지금 나의 피조물 만백성이 무엇인가
를 깨우치고자, 무엇인가를 얻고자 깊
고 깊은 산 속에서 수련을 하는 자가
있는가 하면, 산 위에 올라가 나에게
무엇인가를 듣고자 하여 침식을 금하
며 기도하는 자도 있고,
5 어떠한 깨달음을 얻어 경지에 오르고
자 갖은 방법과 갖은 형태로써 나에게
무엇인가를 구원하고자 하나, 이는 다
잘못된 믿음이라 그들에게 깨우쳐 주
라.
6 너희들이 인간의 한계라는 것은 넘을
수가 없으며, 너희들이 그와 같은 속
에서 깨닫고 깨달아 무엇인가를 얻고
자 하다 잘못 가는 그 방향이 너희들
의 인생을 접어 두게 함이니라.
7 너희들이 나 여호와를 찾지 아니하며
계명을 지키지 아니하며 또한 그리하
면서 무엇인가를 구하고 얻고자 할
때, 너희들은 너희들 스스로 환상에
빠져 잘못 깨달음을 갖게 되며 잘못
길을 가게 됨이니라.
8 너희들이 잘못 가는 그와 같은 길에
의하여 너희들이 사악한 무리에게 너
희 정신이 빼앗기며 너희들이 생각을
저버리게 될 때 너희들은 나와는 전혀
관계도 없는 생활을 시작하게 되며 그
와 같은 길을 가게 됨이니라.
9 내가 너희들에게 말하기를 너희들 자
신이 소중하며 가정이 소중하며 이웃
과 형제가 소중하다 하였음이니라.
10 그러나 잘못 깨닫는 자, 저 자신만이
무엇인가를 깨달아 얻기 위하여 그 길
에 매진하다 보니 저 자신을 저버리
고, 저 자신의 신분을 모르고, 저 자신

을 망각하고, 가정을 망각하며, 가족
과 모든 형태를 다 무너뜨리는 그와
같은 형국으로 다 잘못되어 가고 있음
이니, 이를 너희들이 깨우쳐야 할 것
이니라.
11 정녕 나에게 오르는 것이요, 나에게
선택된 백성은 저 자신의 소중함을 알
아 제 직분을 다하며, 제 가정을 다스
리며, 제 가정의 제자리를 지키는 그
와 같은 속에서 깨달음이니,
12 이는 곧 나의 계명을 지키고 따라오면
그 모두를 다 그 속에서 얻을 수 있음
이니라.
13 이제는 너희들이 깊은 산 속에 가서
무엇인가를 얻고자 몸부림치지 말며,
너희들이 새벽잠을 자지 아니하며 산
속에 가 소리 지르며 무엇인가를 얻고
자 하는 형국으로 믿음을 향하지 말라.
14 그리고 집단적으로 무엇인가를 얻기
위하여 금식 기도라 하여 집단을 이루
며, 또 기도원이라, 수도원이라 하여
너희들이 그 스스로 집단으로 무엇인
가를 얻고자 하며, 또 지도자의 가르
침을 듣고자 하며 그 속에서 너희들이
새로운 것을 발견하고자 하며, 새로운
인생을 얻고자 하며, 하늘에 오르는
그 찬란한 빛을 보고자 하나,
15 다 너희들에게 아무런 관계가 없는 일
이니, 그와 같은 행동과 그와 같은 방
법을 다 거둬들이라 그리 말하라.
16 너희들이 구하는 것이, 너희들이 원하
는 것이, 나의 성령을 태워 내려보내
는 나의 법전 속에 그 모두가 다 있음
이니,
17 이제는 십계명 속에 살아가겠다는 그
기틀을 바로 세운 그 속에서 너희들이
나의 법전의 뚜껑을 열어 이를 배우고
정독하고 깨달으면 그 속에서 너희들
이 그리도 갈망하며 구원받고자 몸부
림쳤으며 깊은 산 속에 수련을 하며
모든 인간관계를 끊어 가며 고뇌 속에
서 무엇인가를 깨우치고자 했던 그 답
이 다 나의 16권의 법전 안에 있음을
너희들이 알아야 할 것이니라.
18 이제는 진리는 하나라 말하였음이니
라.
19 이 세상 모두가 다 진리요, 옳은 길이
라 너희들이 깨우치고 소리 질렀으나,
인간의 깨우침의 60이라는 그 점수를
넘지 못하였음이니,
20 너희들이 바로 십계명을 지키며 나의
법전을 읽고 깨달을 때 60의 인간사
의 그 점수를 넘는 그 영광되고 보람
된 길이 여기에 있음이니,
21 이제는 너희들이 깊은 산 속에서 깨우
치려 하지 말며, 너희들이 단잠을 자
지 않으며 소리 질러 무엇인가를 구하
고자 기도하고 눈물로써 무엇인가를
얻고자 하는 그와 같은 고달픈 너희들
의 시험을 하지 말라.
22 그리고 너희들이 기도원이요, 수도원
이요 하는 그와 같은 집단행동을 하는
곳에 가서 가르치는 그 지도자에게 무
엇인가를 얻으며 기적을 얻고자 하는
그와 같은 생각 또한 버려야 할 것이
니라.
23 오로지 나의 법전 속에 그 모두의 답
이 다 들어 있음이니, 나의 법전의 16
권을 읽고 또 2부를 읽을 때 누구든지
다 깨달음이 무엇이며 하늘에 오르는

길이 무엇인가를 알게 되는 답이 여기
있음이니,
24 그러하니 너의 제자들은 이와 같은 모
두의 답이 나의 법전 속에 들어 있음
을 만백성에게 전하여 그들이 나의 법
전을 접하여 깨우치는 영광을 얻도록
그리 전도를 하라.

2,123 번째 하나님 말씀

2002년 3월 29일 17시 20분

1 사랑하는 선지자야!
2 "네, 여호와 하나님! 말씀하옵소서."
3 너희 인간들보다 못한 미물과 모든 동
식물은 저 자신을 알며 제 분수를 알
며 제자리를 앎이니라.
4 그리고 제 능력을 앎이니라.
5 그리하여 자연에 거역하며 역행하지
아니하고 순응하며 살아가는 것이 그
들이 살아가는 모습이니, 너희들은 그
속에서 인간사의 너희들의 삶을 배워
야 할 것이니라.
6 너희들에게 내가 높은 지혜를 주고 생
각을 주었음이니, 너희들 가슴속에서
악하고 악한 생각을 하여 계속 악한
쪽으로 간다 하면 너희들은 사악한 그
끝이 하늘을 찌르고도 남는 그와 같은
사악한 길로 가는 것이 너희들이며,
7 너희들이 마음자리 하나를 아름답고
곱게 생각하고 곱게 다스려 나가면 너
희들의 그 마음이 한없이 하늘을 향하
여 오르게 되는 것이며 그리하여 너희
들이 하늘에 오를 수 있음이니,
8 악한 생각을 너희들이 계속 악한 쪽에
서 한다면 너희들의 그 악한 생각은
끝없이 뻗쳐 올라가며 또 끝없이 밑으
로 내려감이니, 이 악한 생각의 씨는
끝과 끝이 없음이니라.
9 그러나 너희들이 선한 생각을 하며 선
한 마음속에서 선한 마음으로 살아간
다면 그 선한 마음이 또한 아래로 위
로 끝이 없음이니라.
10 그리하여 너희들은 사악하기로 변하
면 형용할 수 없는 사악한 자들이며,
아름다운 쪽으로 선하게 살면 선함의
길이 끝이 보이지 않도록 아름답고 선
하게 살아감이니,
11 눈물 없이 볼 수 없는 아름다운 정경
의 그와 같은 삶을 살아가는 것이 너
희들이 아름다운 생각의 극치며 아름
다운 생각을 할 수 있는 것이니라.
12 그러니 선지자야, 지금 너의 제자들에
게 이르라.
13 너희들이 정녕 얼마만큼 선함을 향하
여 사는가?
14 그리고 너희들은 나의 피조물 만백성
에게 전해야 될 것이니라.
15 인간의 삶에 있어서 사악한 끝을 생각
하면 그 끝이 보이지 아니하며 선한
쪽을 생각하면 그 선한 것이 끝이 보
이지 아니함이니, 그리하여 너희들의
마음자리에 달렸음이니,
16 선한 마음을 갖고 세상살이를 살아가
라 그리 일깨워 주고 그리 너희들이
전해야 될 것이니라.
17 그렇지 아니하면 너희들이 이루고자
하는 천 년의 역사에 걸쳐 이 아름다
운 나의 동산을 이루는 것 또한 실패
함이니라.
18 이를 내려다보는 나 여호와의 답답한

마음과 이 아픈 심정을 너희들이 어찌
알겠는가?
19 사악한 씨가 사악한 씨를 계속 낳음이
니, 악한 씨가 악한 것을 계속 낳음이
니,
20 선한 것이 선한 것으로 무럭무럭 자라
난다면 그 악함은 없어지는 것이며,
악함이 또 끝없이 뻗어나면 그 선함이
자리가 없으며 선함이 존재할 수 없음
이니, 극에서 극과 같은 형국이 이루
어지는 것이니라.
21 나 여호와가 너희들에게 이르느니라.
22 내가 천 년의 역사에 걸쳐 나의 성령
으로써 아름답게 다스리고자 하는 이
뜻을 너희들이 깨닫지 못하고 거역하
며, 너희들이 또한 그를 이루지 못한
다 하면,
23 그때 가서 어떠한 형국이 생길 것인가
를 너희들로서는 감히 생각할 수 없음
이니라.
24 이 지구라는 한 존재가 존재하지 못할
수가 있으며 이를 내가 너희들로부터
손을 놓을 수도 있음이니,
25 이와 같은 나의 뜻을 너희들이 깊이
깨우쳐 행해야 할 것이니 그리 알라.

2,124 번째 하나님 말씀

2002년 3월 29일 16시 11분

1 사랑하는 선지자야!
2 "네, 여호와 하나님! 말씀하옵소서."
3 내가 너희들에게 일깨워 이리 말하였
느니라.
4 나는 새에게도 먹이를 다 주었음이니
인간인 너희들에게 먹이를 주지 아니
하였겠느냐 하는 그와 같은 깨우침을
내가 너희들에게 다시 한 번 깨우쳐
너희들이 알아야 할 것이라 내가 말하
였느니라.
5 이는 너희들이 세상에 다 나와 있어서
너희들이 나올 때 모두를 먹고 취할
수 있도록 그리 너희들에게 다 주었음
이니,
6 그 속에서 너희들이 어찌 노력하였느
냐에 따라서 너희들이 얻고 못 얻음이
라 내가 말하였느니라.
7 그러나 오늘 너는 너의 제자들에게 이
를 일깨워 줘야 될 것이니라.
8 세상에 너희 인간들이 가진 자가 더
갖고자 하며, 부를 누리는 자가 더 부
를 누리고자 하며, 높은 자가 더 높고
자 함이니,
9 곳간에 쌓아 놓고 창고에 쌓아 놓은
자가 더 쌓아 놓고자 하는 것이 너희
들의 인간의 심리가 아니더냐?
10 내가 이와 같은 것을 너희들에게 일깨
워 주기 위하여 나는 새에게도 먹이를
주었다 말하였음이니, 이를 너의 제자
들에게 깊이 깨우쳐 그 뜻을 알아야
할 것이니라.
11 너희들의 말에 있지 않으냐?
12 부자는 천당에 갈 수 없으며 부자는
지옥으로 간다 하였음이니, 어찌하여
가진 자가 남을 위하여 베풀고 사랑을
나눈다면 그가 지옥으로 가겠는가?
13 그는 은혜와 영광을 받아 나에게 올
수 있는 그와 같은 은혜를 사는 것이
아니더냐?
14 그러나 바로 여기에 있음이니라.
15 가진 자가 더 갖고자 발버둥치며, 권

력 있는 자가 더 높고자 하는 그와 같
은 것이 너희들의 근본이요, 욕심이기
에 너희들의 마음을 다스리고자 이와
같은 깨우침이 있음이니라.
16 창공을 나는 날짐승에게도 먹이를 주
었음이니, 너희가 지금 가진 것을 가
지고 더 가지려 하지 말며, 더 얻으려
하지 말며, 남에게서 너희 것으로 취
하고자 하는 그런 생각을 갖지 말고,
17 가진 것으로써 만족하고 가진 것으로
써 행복하며, 너희가 쥐고 있는 그것
으로써 너희에게 영광이라는 그 뜻을
갖고 살아갈 수 있는 그 마음을 다스
리고자 하는 그 뜻이 여기에 있음이니,
18 너는 너의 제자들에게 그리 깨우쳐 줘
야 될 것이며, 너의 제자들이 또 나가
나의 피조물 만백성에게 그리 전해야
될 것이니라.
19 극에서 극으로 가는 나의 뜻에 대해서
너희들은 과연 그 깨달음을 얻어 알아
야 될 것이거늘,
20 너희들은 너희 스스로 노력하지 아니
하며 그저 듣는 것을 흘려보내며 그리
나의 법전을 깨우쳐 가서는 아니 됨을
알아야 될 것이니라.
21 내가 너희들에게 말하여 이르지 아니
하였던가?
22 나의 법전을 받아 읽는 자, 뼈와 살을
붙여 깨달으라 하였음이니, 이는 곧
무엇이더냐?
23 선한 쪽으로 너희들이 끝없이 전진하
고 생각하라 함이 여기 있으며, 나의
뜻을 깊이 깨우쳐 성서를 들여다보는
너희들의 안목을 가지라 함이니라.
24 너희들은 성서에 말하기를, 부자는 지
옥으로 가며 구원을 받지 못한다 하였
음이니, 이는 베풀면 그가 구원을 받
는다는 것을 알아야 될 것이며, 베풀
지 않는 그 죄가 무서움을 알아야 될
것이며,
25 여기에 하나 더 무서운 것이 있으니,
그들이 구원을 받지 못한다 하는 것은
무엇이더냐?
26 너희들의 심성이나 성격이, 가진 자는
더 갖고자 하며 그 가진 부를 위하여
더 큰 것을 얻고자 하니 어려운 자의
배고프고 힘든 것을 바라보지 못하기
때문이니,
27 그리하여 가진 자가 구원을 받지 못한
다 하였으며, 그리하여 내가 그들을
일깨워 주기 위하여 말한 것이 '나는
새에게도 먹이를 주었음이라' 하였으
니,
28 나는 새에게도 먹이를 주었으니 자기
가 가지고 있는 그것이 더 영광이며
그게 날아가 없어지며 너로 하여금 춥
고 배고픈 사람으로 만들지 아니한다
는 것을 너희 스스로 알아야 될 것이
며,
29 그리하여 너희들에게 하늘에 나는 새
도 먹이를 주었으니, 너희 자신이 오
늘 가지고 있는 이것이 행복이며 영광
이며, 나 여호와에게 받은 축복이라
그리 감사하는 마음을 갖고 살라 일깨
워 줌이니라.
30 이와 같은 이치를 깨닫고 행하는 자,
부자도 구원을 받을 수 있을 것이며,
31 그와 같은 이치를 깨닫지 못하는 자,
그 부자라 하는 자는 구원을 받을 수
없다는 것이 그리 성서에 기록되어 있

음이니,
32 너희들은 성서에 기록된 그 이치와 뜻
을 잘 깨우쳐, 내가 너희들에게 내리
는 이 가르침을 나의 피조물 만백성에
게 일깨워 주는 것을 게을리하지 말라.
33 그리하여 지금 내가 성서의 겉도 핥지
못하며 더구나 속은 들여다보지도 못
하고 있는 그것이 너희들의 형국이라
일렀음이니, 그리 깊이 깨우쳐 행하도
록 하라.

2,125 번째 하나님 말씀

2002년 3월 29일 21시 10분

(강론을 마치며)

1 사랑하는 선지자야!
2 "네, 여호와 하나님! 말씀하옵소서."
3 너의 제자들에게 이르라.
4 하나의 나의 겨자씨요, 나의 성령이
요, 나의 뿌리를 이 땅에 심었음이니,
그 토양에 거름이 되고 받침이 된 것
이 너의 제자들이니,
5 내가 너의 제자들을 바라보는 그 마음
이 얼마나 소중한 것인가를, 너희들은
오늘 이 자리를 비롯하여 너희 자신이
누군가를 다시 한 번 깨달아야 할 것
이니라.
6 내가 너희들에게 말하여 일렀느니라.
7 작은 죄가 무서워 짓지 않는 자는 큰
죄를 지을 수 없음이니, 그게 바로 하
늘에 오르는 기본이라 하였음이니라.
8 너희들의 깨달음과 너희들의 마음이
나를 향하고자 하는 그 어렵고 힘든
속에서도 너희 마음이 곱게 곱게 자라
남이니, 내가 오늘 너희들에게 또 하
나의 지킬 사항을 내림이니라.
9 내가 너희들에게 계명을 더 내리며 지
킴을 하나 더 내릴 때, 내가 너희들을
그만큼 믿으며 너희를 내가 그리 신뢰
하고 사랑한다는 것을 너희들은 알아
야 될 것이니라.
10 너희들은 십계명을 지키고 살 수 있다
말하였으며, 그리고 그리 지키라 하였
음이니라.
11 그리고 너희들은 행동으로써 그리 행
하며 행동으로써 타의 모범을 보이는
그와 같은 삶을 살라 하여 내가 두 번
째 너희들에게 지킬 명을 내렸음이니,
나 여호와가 너희들에게 오늘 또 하나
를 내림이니,
12 이는 너희들이 그만큼 나에게 가까이
와 있으며 너희들의 깨달음이 그만큼
아름다우며 나에게 와 있음이니라.
13 너희들은 가장 작은 사랑을 실천하는
것을 지금서부터 훈련에 들어가야 됨
을 잊지 말라.
14 가장 작은 사랑이니라.
15 큰 것이 아니고 가장 작은 사랑을 너
희들 주변에서 베푸는 그것부터 너희
들 마음을 다스려 나가야 될 것이니라.
16 너희들이 지금 아무리 나의 십계명을
지키며 하늘에 오르는 길이라 하여도
너희들이 아직 재목을 다듬어서 쓸 수
있도록 다듬어진 너희들이 아니기 때
문이니라.
17 너희들의 마음속에 또는 부는 태풍에
너희들이 흔들릴 수 있으며, 너희들의
생활 속에 너희들이 본의 아니게 넘어
지며 지쳐 쓰러질 수 있는 그와 같은
것이 너희들의 심성이니, 너희들의 마

음을 다스림은 여기에 있음을 잊지 말
라.
18 너희들이 하나의 재목을 쓰기 위해서
목수라는 사람이 갈고 다듬을 때 정교
한 손질이 끝나고 매듭을 지어야 그가
제자리에 가서 쓰이지 아니하던가?
19 너희들은 지금 하나의 재목을 쓰기 위
하여 나무를 베어다 그대로 놓은 것과
같은 것이 너희들의 형태이니,
20 이 나무를 목수가 쓰지 않으면 썩어져
그저 고목으로 갈 뿐이요, 목수가 이
를 잘 다듬어 작은 손질까지 마쳐 제
자리에 쓴다면 제자리를 지킴이니,
21 너희들은 지금 토막을 베어다 놓은 생
나무와 같은 형국에 있음이니,
22 오늘 너희들이 다듬어져 너희들이 정
녕 나의 백성으로서 자신 있게 갈 수
있는 것은 가장 작고 작은 그것을 사
랑할 줄 알며, 그곳에서 사랑을 베풀
며, 거기에서 행복을 느끼며 아름다움
을 느끼며,
23 너희들이 큰 일을 행하는 것보다도,
큰 사랑을 베푸는 것보다도 가장 작은
사랑을 베푸는 그와 같은 마음으로 살
아가야 될 것이니라.
24 개미들이 모여서 하나의 역사를 이루
는 그와 같은 마음으로써 너희들이 가
장 작은 사랑을 베푸는 것을 오늘부터
실천해야 될 것이니라.
25 거리에 떨어져 있는 종이 한 쪽을 줍
는 그런 마음이요, 이웃에 있는 친구
와 더불어 차 한 잔을 나누는 그와 같
은 마음, 그보다도 더 작고 작은 그와
같은 사랑을 베푸는 데서부터 너희 마
음을 꽃피워 나가야 됨을 알라.
26 너희들이 큰 죄보다도 작은 죄부터 짓
지 않는 것이 하늘에 오르는 길이라
하였음이니, 너희들이 큰 사랑을 베푸
는 것이 사랑이 아니요, 가장 작은 것
부터 베푸는 것이 사랑이니라.
27 너희 형제와 너희 이웃과 너희 가정과
너희 주변의 모두에서 너희들이 가장
작은 사랑이 가장 소중한 것 같은 즐
거운 마음으로 너희 자신을 다스려 나
가는 이와 같은 깨달음을 갖고,
28 지금서부터 너희들에게 제3의 과제를
주니, 이를 잘 실천하여 너희 스스로
다듬어지는 재목이 되도록 그리하라.
29 내가 너희들에게 내릴 계명이 앞으로
수없이 쌓여 있음이니 이를 하나하나
너희들에게 내릴 때마다 너희들이 나
에게 와 중히 쓰임을 잊지 말고 행하
도록 하라.

2,126 번째 하나님 말씀

2002년 3월 30일 0시 20분

1 사랑하는 선지자야!
2 "네, 여호와 하나님! 말씀하옵소서."
3 네 마음에 울고 있는 그 눈물을 거두
라.
4 어찌하여 네가 그리 울고 있는가?
5 네가 누구이던가?
6 이 세상의 창조주인 나 여호와로부터
나의 성령을 받아 나의 피조물 만백성
을 구하기 위하여 법전이라 하여 기록
하여 세상에 내니, 너는 수십억 인구
중에 단 한 사람이니라.
7 이 우주의 창조주인 나를 대신하여 네
가 세상에 나가 나의 피조물 만백성을

구하고자 하니, 네가 누구이던가?
8 너의 제자들에게 물어보라.
9 정녕 나 여호와의 뜻이요, 나의 성령
을 받는 자는 세상에 단 하나뿐이며,
그는 내가 창조한 나의 이 우주에, 이
지구에 혼자 내려와 있음이니,
10 그리하여 그가 나의 피조물 만백성을
바로잡고 인도하기 위하여 나의 법전
을 기록하여 너희들에게 길이길이 남
겨 천 년의 역사에 걸쳐 이 지상의 낙
원을 이루고자 함이니,
11 이 세상 어느 종족의 지도자가, 어느
종족의 인물이, 어느 시대의 나라에
속한 그 인물이라 하는 지도자가 그와
같은 생각을 가지고 있을 수 있는가?
12 너희들이 아무리 방대한 나라라 해도
내가 만든 이 우주 안에 한구석을 차
지하고 있으며 한 부분을 차지하고 있
음이니라.
13 그리하여 이 지상을 창조한 나 여호와
가 나의 선지자요, 나의 아들이요, 나
의 종이라 하여 내가 그를 임명하여
그가 나의 성령을 받아 기록하니, 그
가 세상의 왕임을 너희들은 어찌 모르
는가?
14 너의 제자들에게 이르라.
15 너의 제자들은 지금 이를 알아야 될
것이니라.
16 이 세상의 창조주가 나 여호와요, 나
여호와를 대신하여 나의 피조물 만백
성을 하나로 만들어 하늘에 오르는 길
이 무엇이며 나에게 너희들이
17 '여호와 하나님! 저의 죄를 용서하여
주옵소서. 여호와 하나님의 뜻에 따
라, 여호와 하나님의 계명에 따라 세
상을 살다 하나님 품으로 돌아가겠습
니다.' 이 하나로 세상을 통일하고자
하여 그 대명을 맡은 자가 누구이던가?
18 이는 바로 너희 온 인류의 왕이니라.
19 너희들은 이 한 시대를 살아가며 너희
들의 창조주 나의 성령을 받아 내려간
왕을 모시는 지도자로서 너희들이 지
금 마음가짐을 어찌하고 있는가?
20 너희들이 마음의 무게를 가지고 있으
며 마음의 중심을 잡고 있는가?
21 그리고 너희들이 마음의 중심 속에서
너희 자신의 중요함과 소중함과 위대
함을 아는가?
22 이 세상 모두를 통제하는 그 왕을 받
드는 지도자들로서 너희들이 누구인
가를 오늘 다시 한 번 생각해야 될 것
이거늘, 어찌하여 너희들은 인간 세속
에 살아가는 그 속에 너희들을 비춰
보며 거기에 너희들이 점수를 맞추며
거기에 너희들이 무엇인가를 맞추어
가려 하는가?
23 나 여호와가 세상에 내보내어 너희들
을 구하기 위하여 내리는 나의 성령을
받아 나의 법전을 기록하는 그가 나를
대신하여 세상에 나가 나의 성령을 전
하니, 그게 바로 누구더냐?
24 그게 바로 나를 대신한 너희 민족의
왕이니라.
25 예수가 오기를 왕이라 하였음이니라.
26 그리고 새로운 왕이 올 것이라 말하였
음이니라.
27 그 민족은 예수가 실권을 잡으며 육신
의 삶에서 권력을 잡으며 모두를 통제
하며 세상을 다 다스리는 그와 같은
왕이라고 생각하였음이니라.

28 그와 같은 왕을 내가 보냄이 아니니라.
29 나의 뜻을 깨닫고 나의 뜻에 따라서
온 백성이, 나의 피조물 만백성이 진
리를 따르며 하늘에 오르는 길을 보도
록 그들을 깨우치고 일깨워 주는, 그
세상을 통일하는 그가 바로 왕이었음
이니라.
30 그러나 그의 제자들이요, 그를 따르는
모든 사람들은 새로운 왕이 나올 때
권력을 가지고 다스리며 병권을 잡고
모든 백성을 통제하는 그와 같은 육신
의 세속의 왕이 올 것이라고 기대하였
으나,
31 그가 바로 너희들 사악한 무리에 의하
여 그 생명을 잃고 감을 보고, 그 초라
한 모습을 보고 그들은 무어라 말하였
느냐?
32 그들은 저주하고 손가락질하며 그를
따랐던, 그리고 세상에 왕이 온다는
그 왕을 경배하기 위하여 준비했으며
저희들이 왕을 받들어 모든 것을 이룰
것이라 생각했던 그 기대감에 실망하
고 저희들이 얼마나 초라하며 저희들
이 얼마나 잘못 생각했던 것인가를 깨
우쳤으니,
33 그러한 마음속에서 그들이 나의 아들
예수를 팔았음이니라.
34 너희들은 세상을 지배하는 세속의 왕
이요, 권력자가 와 모든 권력으로써,
능력으로써 그 백성을 다 제압하며 이
지상에 모든 백성 중에 위대한 왕으로
서 군림하는 그와 같은 생각을 하고
그리 예수가 오기를 기다렸으며 그와
같은 자가 올 것이라 생각하였으니,
35 그 초라하고 나약한 모습에 너희들이
실망하며 너희들이 그리하여 등을 돌
려 나의 아들 예수를 그리 고통스럽게
팔았음이니,
36 그 성령이요, 그 뜻을 내가 만든 나의
지상에 그가 내려가야 전하니 그를 보
고 왕이라 하였거늘, 너희들은 어찌하
여 그를 깨닫지 못하였는가?
37 너를 따르는 너의 제자들에게 고개 숙
여 나의 음성을 들어 이 뜻을 받으라
이르라.
38 나의 성령을 받아 나의 법전을 기록하
여 세상에 전하는 그가 누구이던가?
39 바로 나를 대신하여 내가 만든 세상을
지배하는 왕이니라.
40 그 왕이 왔음이며, 그 왕을 보고자 하
는 지도자인 너희들이 과연 어떠한 중
후함과 어떠한 무게와 어떠한 중심 속
에서 살아가야 될 것인가?
41 정녕 나 여호와가 그에게 임하여 내가
그를 통하여 내리는 말이 나의 성령이
요, 나의 뜻이라 생각하며 그 법전이
내가 내려 너희들을 심판하는 법전이
라 믿을 때, 그가 누구이더냐?
42 이 세상을 나를 대신하여 지배하는 너
희들의 왕이니라.
43 이를 너희들은 어찌 모르는가?
44 이를 깨우쳐야 될 것이니라.
45 너희들이 나의 아들 예수가 왕이라 하
여 세상에 온다 할 때, 세상의 모든 권
력을 잡고 모든 육의 세상의 세속을
통제하는 능력 있고 권력 있는 자라
생각하였으나,
46 그 초라한 모습은 마구간에서 태어나
나약한 모습으로써 너희들에게 살해
되는 그와 같은 슬픈 역사를 남기고

죽어 왔음이니라.
47 그러나 그가 남긴 뜻은, 나로부터 받
은 그 성령의 가르침은 세상에 누구도
따라갈 수 없음이니라.
48 지금 초라한 나의 선지자의 모습을 보
고 너희들이 웃을 것이니라.
49 그러나 그가 그 입을 통하여 세상에
전하는 나의 성령인 법전에 기록되어
있는 그 내용들을 들어 보라.
50 그게 아무나 그리할 수 있으며 아무나
그리 전할 수 있는가?
51 이 나의 성령이요, 나의 말을 전하는
그가 내가 만든 이 우주의 에덴동산에
왕이요, 제왕이거늘, 그가 인솔자요,
통솔자이거늘, 그를 받들어 모시며 따
라가는 제자 너희들이 지도자이니라.
52 너희 지도자들의 그 자세가 어떠해야
될 것이며, 너희들의 마음의 자세가
어떠해야 될 것이며, 너희들의 마음가
짐을 어찌해야 될 것인가 너희들이 깨
우쳐야 될 것이니라.
53 내가 선지자를 통하여 이와 같은 것을
너희들에게 전하려 하지 아니하였으
나, 너희들이 스스로 깨우치지 못하
며, 너희 자신이 흔들리며,
54 너희들이 위대하고 소중하다고 나 여
호와가 수천 번 너희들에게 알렸으나
너희들 자신이 육의 살아가는 생활 속
에 그 비중에 의하여 너희들이 비교하
며 너희 자신이 고개 숙이고, 당당하
게 나가지 못하는 그 모습을 보고 내
가 너희들을 깨우치고자 이 하늘의 비
밀을 너희들에게 말하여 줌이니,
55 너희들은 오늘서부터 그가 누구인가
를 잘 깨우쳐야 될 것이며, 그 왕을 보
좌하여 가는 너희들이 얼마나 중대한
지도자들인가를 깨우쳐,
56 너희 스스로 고개 숙이며 너희 자신을
초라하게 돌아다보며 능력 없는 자요,
힘이 없는 자라 하며 너희 자신을 과
소 평가하지 말라.
57 나 여호와가 있음을 알라.

2,127 번째 하나님 말씀

2002년 3월 30일 0시 38분

1 사랑하는 선지자야!
2 "네, 여호와 하나님! 말씀하옵소서."
3 나의 법전에 기록하여 나의 피조물 만
백성에게 물어보라.
4 너희들이 지금 종말이 오며, 말세의
시대가 오며, 불의 심판이 오며, 물의
심판이 오며, 모든 재앙으로써 너희들
을 다스리는 그때가 온다 함이니,
5 그것은 누가 잘못 살아서 누가 잘못
왔기 때문에 그와 같은 재앙과 너희들
에게 종말의 험악한 형국을 이룬다 말
하는가?
6 지금 믿음이라는 것을 갖지 아니하고
착하고 아름답게 살아가는 나의 피조
물 만백성 그들 때문에 재앙이 내리는
것이며, 말세에 종말이 오는 것이며,
그와 같은 형국이 이루어지는가?
7 그렇지 않으면 지금 너희들이 믿음을
가지고 왔다 하는 자들 때문에, 너희
들이 믿음을 잘못 인도하여 잘못 가르
쳤기 때문에 너희들로 하여금 그와 같
은 재앙과 그와 같은 처참한 종말을
거둔다 말하는가?
8 그리고 불의 심판이요, 물의 심판이

요, 화산의 심판이요, 이 세상이 다 뒤
집히는 그와 같은 종말의 시대가 온다
함이니, 누구 때문에 그와 같은 종말
이 온다 하는가를 너희들은 깨닫고 알
아야 될 것이 아니던가?
9 그저 너희들은 종말이 온다, 그러니
너희들이 말하는 성전에 와서 믿고 구
하는 자, 그리고 너희들처럼 광적으로
소리 지르며 찬송 부르며 나 여호와의
이름을 그저 막 불러 대고 그리하면
너희들은 구원을 받는다는 것인가?
10 그리하여 너희들 속에 와서 기도하고
경배하는 자만이 구원을 받는다는 것
인가?
11 여기서 너의 제자들에게 일깨워 가르
치라.
12 과연 누구 때문에 그 말세가 오며, 종
말의 시대가 오며, 지구가 깨지고 부
서지는 너희들의 멸종에 관한 그와 같
은 처참한 시대가 오는 것인가를 한번
물어보라.
13 아름답게 살아가며 나 여호와가 존재
함을 믿는 순박하고 순진한 나의 백성
들을 위하여 이 재앙의 심판이 내려오
는 것인가,
14 나의 이름을 거짓으로 팔아먹으며 그
저 나의 피조물 만백성에게 대대손손
재물을 거두어들여 재물을 빼앗다시
피 하여 내가 그리 지으라 하지 아니
하였던 성전을 만들어 놓고 저희들의
손으로 만든 위대한 그 성전이라 하는
곳에서 잘못 가르치는 종교 지도자들
때문에 이 세상에 말세가 오는 것인가?
15 어느 누구 때문에 말세가 오는 것인가
를 너희들은 한번 알아봐야 될 것이니
라.
16 그리고 이 시대에 나의 십계명이요,
나의 뜻에 따라 내가 지키고 오라는
그 십계명을 지키고 살아가는 나의 피
조물 백성들이 이단이요, 사탄인가?
17 그리고 그들 때문에 말세가 오는 것인
가?
18 너희 제자들은 한번 너희 스스로 깨우
쳐야 할 것이며, 스스로 한번 생각해
보라 말하라.
19 너희들이 정녕 지구가 깨지고 부서지
며 너희들이 다 죽어 가는 험악한 그
와 같은 종말이 온다 함이니, 이를 너
희들이 삼파전으로 나누어 놓고 보라.
20 누구 때문에 종말이 오는가?
21 전에 나 여호와가 너희들을 심판하여
그 모든 나의 피조물 만백성을 이 지
상에 존재치 못하도록 그 무서운 벌을
내림은 내가 내리는 그 이유가 있을
것이며, 그를 받으며 그를 내리도록
한 상대가 있어야 될 것이 아니던가?
22 그 상대가 어떠한 상대들이던가?
23 나의 이름을 빙자하여 지금 하늘에 오
르는 길이 무엇인지 모르며, 나의 피
조물 만백성에게 피를 빨다시피 그리
그들의 재물을 빨며, 사랑이 무엇이라
는 것을 가르친다 말하면서 정녕 사랑
이라는 것을 실천하지 아니하는 그들
을 단죄하기 위하여 종말을 내리는 것
이던가, 그리고 종말의 심판이 있는가?
24 그렇지 않으면 아무것도 모르나 인륜
의 근본을 버리지 않으며 부모를 공경
하며 형제간에 우애를 나누며 살아가
고자 하는 순수하고 착하고 아름다운
피조물 만백성을 단죄하기 위해서 나

의 종말이 내리는가?
25 그렇지 않으면 내가 불로 쓴 십계명을
너희들이 배우고 익혀 깨닫고 하늘에
오르라 하여 그 뜻을 따르며 지키고
살아가겠다 하여 지금 나의 성전에 모
여 만백성을 구하는 길로 인도하고자
노력하고 또 깨우쳐 가는 너희들을 위
하여 종말의 시대가 내려오는 것인가?
26 누구를 위하여 종말이 내려오는가 너
희들은 한번 깨우쳐 보라.
27 이 얼마나 웃지 못할 형국이 지금 벌
어지고 있는가?
28 세상이 뒤집어지는 꼴의 그와 같은 형
국이 지나가는 것이며, 생각하는 들짐
승들도 배꼽을 잡고 날개를 치고 웃는
그와 같은 형국이 지금 이루어지지 않
는가?
29 저희들이 나의 뜻을 잘못 가르치며 나
의 피조물 만백성의 고혈을 빨아 저희
들이 성전이라는 것을 손으로 지으며
그와 같이 나의 뜻을 잘못 가르치는
그들을 단죄하기 위하여 말세가 올 것
이며 종말이 올 것이니라.
30 그리고 그들을 내가 반드시 단죄하고
자 하며, 그들이 이 세상에서 뿌리를
존속하지 못하도록 그 사악한 무리를
지금 제거하고자 그를 천 년에 걸쳐
다스리고자 하여 나의 성령을 지금 지
상에 내려보냄이니,
31 그와 같은 저희들을 단죄하는 자들이
저희들의 굴 속에 오는 자는 구원을
받으며 영원히 살며 낙원에 올 수 있
는 것이며 그곳만이 살 곳이라 그리
말하고 있으니, 이와 같이 너희들이
얼마나 웃지 못할 일이던가?
32 너희들 인간같이 그 간악한 생각을 갖
지 않고 단순하며 순박한 나의 모든
동식물과 미물들은 너희들이 하는 그
행위를 보고 배꼽을 잡고 웃는 그와
같은 형국임을 너희들이 알아야 할 것
이니라.
33 너희들을 비웃는 소리가 이 지상을 다
덮고 있거늘, 어찌하여 너희들은 그
동식물이 웃는 그 소리를 듣지도 못하
는가?
34 그들을 단죄하고자 하여, 내가 천 년
에 걸쳐 역사를 이루기 위하여 오늘의
이 법전에 힘들고 어렵게 성령을 기록
하여 내려보내거늘,
35 저희를 단죄하고자 하는 걸 저희들 때
문에 모든 것을 지금 이와 같이 어려
운 길을 가고 있건만, 그리고 저희들
의 뿌리를 제거하고자 그와 같이 하고
있거늘,
36 저희들만이 구원을 받으며 저희들의
소굴이요, 저희들의 그 집단 속에 들
어오는 자는 하늘에 와 구원을 받을
수 있다 함이니 이게 무엇이더냐?
37 그리하여 그들이 바로 지옥으로 인도
하는 자들이라 말하였음이니, 죽음의
소굴로 저희들을 불러들이는 것이 구
원을 받는 길이라 지금 아우성을 치고
있는 그와 같은 형국이니라.
38 너의 제자들에게 이와 같은 이치를 깨
우치며, 이를 깨달은 너의 제자들이
나가 나의 피조물 만백성에게 일깨워
주도록 하라.
39 과연 나 여호와 하나님이 종말을 내리
며 너희들을 불로써, 물로써 심판하며
세상을 다 제거하며, 이 세상 지구가

깨어지는 그와 같은 무섭고도 험한 현
상이 생길 때 누구 때문에 생기며, 누
구 때문에 그러한 역사가 이루어질 것
인가를 한번 그들에게 물어보라.
40 저희들을 단죄하기 위해서 하는 것이
거늘, 순박하고 아름답게 살아가는 나
의 피조물 만백성과 나의 계명을 지키
고 살아간다는 그 백성 너희들에게 너
희들 때문에 여호와 하나님께서 노하
여 물의 바다요, 불의 심판으로써 너
희들을 단죄할 것이며 저희들만이 구
한다 그리 말함이니, 이를 어찌 너희
들이 봐야 될 것인가?
41 정녕 죽어야 할 자는 살린다 하며 살
아야 할 자는 죽는다 그리 말함이니,
이게 무엇이더냐?
42 그리하여 저희들이 사는 방법이 세상
을 보는 것을 오른쪽으로 도는 팽이를
왼쪽으로 돌리는 그와 같은 형국으로
봐야 되며, 지금같이 너희들이 살아온
그 생활의 방식을 완전히 반대로 돌리
지 아니하면 하늘에 오르는 그 영광된
빛을 볼 수 없다 함이니라.
43 너희들이 상식적으로 손을 꼽고 생각
해 보라.
44 그리고 너희들끼리 갑론을박으로써
그 답을 얻어 보라.
45 나 여호와요, 이 세상을 창조한 내가
지키라는 것을 지키고자 하는 그 백성
들을 내가 죽이고자 벌을 내리며 종말
의 시대를, 그 처참한 비극의 현상을
내가 만들겠는가?
46 그리고 부모의 은혜를 알며 형제의 은
혜를 알며 나누며 사는 순박하고 착한
그 백성들에게 내가 벌을 주기 위하여
이 세상에 종말로 벌하겠는가?아닌
것이니라.
47 나의 이름을 팔아먹으며 나를 빙자하
여 나와 나의 아들, 우리 부자를 팔아
저희들의 손으로 성전이라는 것을 지
으며, 그 속에서 하늘에 오르는 길이
무엇인지도 모르면서 계속 나의 피조
물 만백성의 고혈을 빨아 그들에게 고
통의 멍에를 짊어지게 하는 그들을 단
죄하고자 하며 이 세상에서 그들의 뿌
리를 제거하고자 함이니,
48 그러한 저희들을 단죄하고자 하는 것
을 모르면서 그 소굴에 가서 그들의
그 간악한 혓바닥에 너희들이 현혹되
어 그 길을 가서는 아니 될 것을 너의
제자들이 나의 사랑하는 피조물 만백
성에게 깨우치고 인도해야 되는 것이
너희들이 해야 할 일이니,
49 너희들이 잠잘 시간이 어디 있으며,
밥 먹을 시간이 어디 있는가?
50 너희들이 편안하게 쉴 시간이 어디 있
는가?
51 너희들의 이와 같은 중요한 대명을 받
으라.
52 이 세상 나의 피조물 만백성을 통제하
며 나를 대신하여 내려가 있는, 이 세
상의 동식물이요, 인간의 세계까지 모
두를 지배하는 나의 선지자요, 나의
종이요, 너희들을 통제하는 세상의 왕
을 받들어 그와 같이 가는 지도자들이
어찌 가야 되는가?
53 너희들은 잠잘 시간, 쉴 시간이요, 먹
을 시간도 없는 지도자임을 오늘 깊이
깨우쳐야 할 것이니 이를 깨달아 행하
도록 그리하라.

54 만일에 이를 알면서도 행하지 아니하
는 자, 게으른 자는 너희들이 하늘에
오르는 그 길을 닦아 너희들이 구원한
나의 백성들을 하늘에 올려 보내면서
자신은 정녕 올라오지 못하는 그와 같
은 너희들 자신이 될 것이니 이를 명
심하여 시행하라.
55 너희들이 내가 지키라 함을 시행하고
지킬 것이며, 너희들이 하늘에 올라와
다시 하늘에 오르는 길을 만들어 하늘
에 왔다 내려갈 일이 없으며 너희들이
못 올라올 일이 없느니라.
56 너희들이 낙원에 기록되어 있는 그 이
름이 불바다 속에 떨어져 녹는 그와
같은 형국이 되지 아니하도록 할 것이
며, 그게 떨어져 녹았을 때 너희들은
그것을 불 속에 들어가 찾아와야 될
것이니,
57 너희는 찾지도 못하며 나오지도 못할
것이니, 한번 들어가면 나올 수 없는
그 불바다 속에서 너희들이 영원히 산
다는 것을 잊지 말라.
58 오늘 이후 내가 천기인 하늘의 이 비
밀을 너희들에게 알려 줌이니, 인간이
이와 같은 천기를 세상에 전한다 하면
그 생명이 부지되지 못할 것이며 그가
존재하지 못할 것이니라.
59 나 여호와요, 모두를 지배하는 나이기
에 나의 선지자요, 나의 이 세상을 지
배하는, 내가 명한 왕인 나의 아들 그
에게 깨우치고자 함이니,
60 너희들이 이를 듣고 깨닫게 됨이니 이
를 명심하여 시행하도록 그리해야 할
것이니라.

2,128 번째 하나님 말씀

2002년 3월 30일 01시 30분

1 사랑하는 선지자야!
2 "네, 여호와 하나님! 말씀하옵소서."
3 내가 너의 제자들에게 이르기를 가장
작은 사랑을 베푸는 것으로써 너희들
몸과 마음을 다스려 나가라 하였음이
니,
4 또한 너희들이 작은 사랑을 베풀면서
가장 행복을 느끼듯이 너희들은 가장
작은 사랑을 받았을 때, 작은 어떤 기
쁨을 받았을 때, 가장 작은 그 은혜를
받았을 때, 그것이 세상을 다 얻은 것
과 같은 그 아름다운 기쁜 마음으로써
너희 마음을 다스려 나가는 것을 실천
해 나가야 함을 잊지 말라.
5 가장 작은 사랑의 표시요, 가장 작은
너희들의 주고받음의 그 선물 속에서
세상을 다 얻은 것과 같은 아름답고
넓은 마음으로써 세상을 보는 마음을
가질 때 너희들이 세상을 보는 그 눈
이 뜨일 것이며, 하늘에 오르는 길이
무엇인지, 그리고 나 여호와가 정녕
존재함을 알게 될 것이며, 나 여호와
가 추구함을 너희들이 알게 될 것이니,
6 이와 같은 너희들의 마음자리를 다스
려 가는 그 속에서 너희들이 무한대한
성장의 길로 갈 수 있음을 잊지 말라.
7 그리하여 너희들 자신의 마음의 무게
를 잡으며 너희들 자신이 서야 할 자
리와 서지 말아야 할 자리를 너희 스
스로 구분하는 그와 같은 깨우침의 삶
을 살아가는 데 너희들이 게을리해서
는 아니 되는 것이니라.

8 내가 선지자에게 명하여 내렸듯이, 그
가 선지자로서 우뚝 서며, 나의 제자
로서, 또 나의 선지자로서, 나의 종으
로서, 그리고 내가 만든 이 지상의 모
두를 다 아름다운 나의 뜻으로써 덮을
그 지도자로서 그가 서고 못 섬은 그
에게 달렸다 말하였듯이,
9 너희들의 마음이 어찌 자리 잡느냐에
따라서 너희들의 변하는 것은 상상할
수도 없으며, 그 속에서 너희들이 나
여호와가 존재함을 정녕 알게 됨이니
라.
10 너희들이 지금 나의 계명을 지키며 나
의 뜻에 살아가며 너희들이 그리 살아
갈 수 있다 생각하나, 아직은 너희들
이 나의 법도와 나의 나라에 와 그 법
도에 따라 살아가는 깨달음에 미치지
못하였으니,
11 가장 작은 사랑을 베푸는 것을 배우
며, 가장 작은 사랑을 가장 큰 사랑으
로 받으며, 작은 것을 큰 것으로 받는
그와 같은 너희들의 마음이 이 세상
모두를 다 얻은 것과 같은 그와 같은
기쁨을 가지고 그를 바라보는 너희들
의 마음이 되어야 될 것이니라.
12 작은 것 속에서 큰 것이 있는 그 나의
뜻을 너희들이 깨달을 때 너희들이 하
늘의 법도 안에 사는 그와 같은 경지
에 오름을 잊지 말라.

2,129 번째 하나님 말씀

2002년 3월 30일 07시 12분

1 사랑하는 선지자야!
2 **"네, 여호와 하나님! 말씀하옵소서."**
3 작은 일에 감사하는 마음을 가지라 하
였으며 작은 것에 대한 그 고마움과
즐거움을 얻으라 하였느니라.
4 그리고 너희들이 작은 사랑을 베푸는
데에서 삶의 즐거움을 얻으라 그리 말
하였음이니라.
5 오늘 성전에 네가 나의 음성을 받아
기록하는 이 조그만 다락방을 너의 제
자들이 스스로 이루고 손봄이니, 그들
의 마음이 얼마나 소중하고 아름다운
것이던가?
6 그들에게 이르라.
7 모두를 다 즐거운 마음으로, 그리고
기쁜 마음으로 그를 이루었을 때 나
여호와의 기쁨이 열배 백배 더하다는
것을 그들에게 전하라.
8 이제 정녕 네가 다락방에서 기도함이
며,
9 네가 들리는 모든 세상사의 소리에 네
마음이 아팠듯이, 그 마음 때문에 나
여호와 역시 그 마음이 아팠다 하면
너희들은 어찌 생각하는가?
10 그리하여 너희들이 나의 선지자의 그
가는 길에 또 그가 시련을 겪고 있는
그 모두를 너희들이 하나하나 접어 두
는 것이니, 그게 바로 나의 겨자씨가
성장하도록 너희들이 토양의 양분이
되는 것이 아니던가?
11 다만 너희들이 이루는 그 모든 역사의
일에 너희들이 다 같이 즐거운 마음과
기쁜 마음으로 이룰 수 있도록 그리하
나, 그 속에서 너희들이 즐거움을 얻
으며 행복을 얻을 때 나 여호와의 마
음이 또 한층 기쁨을 너희들은 모르는
가?

12 세상에 내려가는 나의 음성을 그대로
전할 수 있으며 그대로 만들 수 있으
며 그대로 나의 피조물 만백성이 들을
수 있도록 하는 그 역사의 사업이 너
희들은 작은 역사이나, 그 또한 얼마
나 위대한 역사의 뿌리를 내리는 것이
며,
13 160권이라는 법전이 나가는 지금 나
의 음성을 그대로 너희들에게 들려줄
수 있다 하면, 그보다 더 큰 역사가 어
디 있으며 그보다 더 큰 위대한 것이
어디 있는가?
14 이것이 천년만년 이 세상이, 지구가
없어지는 그때까지 존속될 것이며 대
대손손 이를 들을 것이니, 너희들의
자손들을 위하여 너희들이 얼마나 위
대한 역사를 이루고 있는 것인가를,
작은 것에 기쁨이요, 작은 것에 위대
한 역사를 이루는 것을 너희들은 잊지
말라.
15 너희들이 오늘의 그와 같은 역사를 이
루는 것은 너희들이 길이길이 보존하
며 길이길이 남음이니, 오늘 역사를
이룬 그 후에 너희들이 또한 내가 기
억함을 잊지 말라.
16 오늘의 의미가 얼마나 위대한 것이며
오늘의 뜻이 어디에 있는가를 너희들
이 알아야 할 것이니라.

2,130 번째 하나님 말씀

2002년 3월 30일 08시 50분

1 사랑하는 선지자야!
2 "네, 여호와 하나님! 말씀하옵소서."
3 너의 제자들이 나의 계명을 따르고 살
고자 하며 그들이 그리 살아오는 그
모습은 그만큼 그들이 세상의 이치를
깨달음이니, 서로 나누며 사는 그 삶
의 행복을 이제 너희들이 같이 느끼며
살아야 할 것이니라.
4 아무것도 모르면서 사는 자들과 세상
의 이치를 알며 사는 것과는 너희들이
생각하기에는 너무나 멀고도 먼 거리
가 있음이니라.
5 서로 작은 나눔을 나누며 그 행복함이
있고 남에게 주면서 그 즐거움이 있는
것을 아는 자와 그를 할 수 없이 행하
는 자와는 너무나도 먼 거리가 있지
아니하던가?
6 너희들은 정녕 나눔이 무엇이며, 나누
어 줌의 그 행복을 알며 그 기쁨을 알
지 않는가?
7 너희들은 남에게서 받았을 때 그 즐거
움만큼 남에게 주었을 때 그 즐거움을
아나니, 이것이 나에게 선택된 백성들
이 변하는 모습이니라.
8 이제 너희들은 서로 사랑함을 알며 서
로 나눔을 아는 그와 같은 나의 백성
이 되었음이니, 이 세상, 험악하고 험
악한 이 시대에 너희들이 존재함이 얼
마나 나 여호와의 기쁨이며 행복인지
너희들은 모를 것이니라.
9 나의 이 낙원을 만들기 위하여 너희들
이 지금 시작하여 그 불을 지펴 가고
있음이니, 그 불이 훨훨 타 이 지상을
태울 날이 머지않았음이니,
10 더럽고 추한 것들을 다 태운 그 속에
서 새로운 싹이 나오는 터전을 너희들
이 이룸을 알아야 할 것이니라.
11 나눔의 기쁨을 알며, 받음의 기쁨보다

도 주는 기쁨이 더 큼을 너희 스스로
마음속에 깨달으며 그를 행복이라 느
끼는 너희들이 이제 나의 선지자를 따
라 이 지상을 다 태우게 됨이니라.
12 모든 더러운 것, 추잡스러운 것, 그리
고 모두가 다 버려진 것, 또 귀한 것,
그 모두를 너희들이 태풍이 지나가듯
이 다 불길로써 태우고 휩쓸고 지나감
이니라.
13 그리하여 너희들이 태우고 간 그곳에
새로운 싹들이 쏙쏙 일어나게 됨이니,
이것이 천 년 후에 나의 새로운 백성
이 이 세상에 태어나게 됨이니라.
14 불의 심판이 거기에 있음이니라.
15 지금 너희들이 불의 심판을 시작하였
음을 알라.
16 너희들이 이 세상 모두를 다 태우고
지나가는 것이 바로 심판임이니라.
17 너희들의 육의 변화가 아니라 잘못된
믿음의 길을 가는 자들이 성령이라 하
여 따르는 그 사악한 마음들을 다 태
우고 지나감이니라.
18 그리하여 지금 너희들이 불이요, 물의
심판을 나 여호와를 대신하여 하고 있
음이니, 너희들이 지나가는 그곳에 모
두가 다 태워지는 그와 같은 너희들이
되어야 될 것이며,
19 그리하여 너희들이 태우고 지나간 이
지구에, 새까맣게 타 버린 이 지구에
서 그를 토양 삼아 새싹들이 쏙쏙 솟
아남이니, 그게 바로 나의 백성들이
새로 나는 것임이니라.
20 지금 너희들은 불의 심판이요, 물의
심판이라 그리 말하지 않는가?
21 지금이 종말의 시대라 내가 말하지 아
니하였느냐?
22 종말의 시대에 물의 심판이요, 불의
심판이 왔음이니, 이게 바로 너희들이
그와 같은 역사를 이루는 불과 물이
됨을 잊지 말라.
23 모두를 다 태워 쓸어버려야 할 자가
너희들이니 그리하라.
24 사랑하는 선지자야, 너의 제자들에게
이 뜻을 깨우치며 '너희들이 불과 물
임을 알라.' 그리 이르라.

2,131 번째 하나님 말씀

2002년 3월 30일 08시 59분

1 사랑하는 선지자야!
2 "네, 여호와 하나님! 말씀하옵소서."
3 너희들이 믿음의 길을 오면서 무어라
말하느냐?
4 나로부터 모두를 들림을 받아 구원을
받은 자라 너희들이 말함이니, 그것이
너희들의 육신이 하늘로 들림이라 그
리 생각하는가?
5 그렇지 아니하니라.
6 지금 나의 성령을 받아 기록하며 나의
선지자요, 나의 아들이라 선택되어 세
상에 나가 이 세상의 모두를 정화하고
통제하며 내가 이루고자 하는 새 역사
를 이루고자 하는 선지자 그를 따라
그에게 토양이 되며 그에게 밑받침이
되고 있는 너희들의 이름을 내가 낙원
의 에덴동산에 걸어 놓았다 하였음이
니, 그것이 무엇이더냐?
7 너희들이 바로 들림을 받은 자이니라.
8 너희들이 지옥의 불바다를 건너야 될
것이며 그 불바다를 건너 나에게 옴이

니, 그 불바다를 너희들이 나에 의하
여 들려 건너와 있음이니라.
9 그리하여 그것이 들림이니라.
10 나의 낙원에, 너희 육신이 죽어 가며
영혼만이 와 존재하는 그 낙원에 너희
이름이 기록되어 있으니, 바로 지금
너희들이 들림을 받은 자들이니라.
11 내가 너희들을 들림을 시켜 놓고 너희
들이 들림을 받을 자격 있는 자를 만
들고자 함이니, 너희들이 어찌 살아가
야 하는가를 아는가?
12 지금 너희들을 지상의 낙원에 들림을
하여 너희 이름을 내가 기록한 것이니
너희들이 나로부터 다 들림 받은 자라
하면 너희들은 믿겠는가?
13 너희 영혼의 모두를 다 들림을 받아
지금 와 있음이니라.
14 그러나 너희들이 그와 같은 자격이 없
음을 너희 스스로 알 것이니, 이는 내
가 너희들에게 들림의 영광을 주며 내
가 너희들을 채찍질하여 그와 같이 만
들고자 함이니,
15 너희들이 그와 같은 자격을 얻고 못
얻음은 너희들의 노력 여하에 달렸다
함을 거기에 두고 하는 말이니라.
16 이제는 선지자를 따르는 제자 너희들
모두는 다 바로 너희들이 들림을 받은
자라 그리 생각하지 아니하는가?
17 이 세상 나의 피조물 만백성 그 모두
는, 또는 종교의 모든 집단들은 나의
성령이라 하여 나의 성령을 직접 받아
법전으로 기록하여 세상의 모두를 구
하고자 하는 나의 선지자를 이단이요,
사탄이요, 사악한 자이며, 나의 법전
을 감히 '이것이 종말의 시대에 나오
는 거짓 선지자의 행하는 행동이다.'
하며 이를 찢어 버리고 불태우는 자들
과 그들을 접어 두고,
18 나의 성령이 진정 나 여호와의 뜻이라
는 것을 깨닫고 나의 선지자를 따르는
제자 너희들 그 모두는 정녕 얼마나
나로부터 귀하고 소중한 자들인가?
19 그리하여 내가 너희들을 들림을 하였
음이니 그리 알라.
20 바로 너희들이 들림이 된 자들이니라.
21 그리하여 너희들의 이름이 낙원에 와
있음이니, 너희들이 이제 들림의 그
자격이 미달됨을 너희 스스로 깨우치
고 깨달아서 너희들이 나에게 100점
맞는 자가 되라고 내가 하지 않았는가?
22 이것이 너희들이 가야 할 길이니 이를
명심하라.
23 들린 자가 되었음이니라.
24 바로 너희들이 하늘로 들린 자가 되어
있음이니, 너희 스스로 얼마나 소중하
며 너희들이 자세를 어찌해야 될 것인
가를 오늘 이후부터 마음 다짐을 다시
해야 될 것이니 그리 알라.

2,132 번째 하나님 말씀

2002년 3월 31일 09시 17분

1 사랑하는 선지자야!
2 "네, 여호와 하나님! 말씀하옵소서."
3 지금 세계의 모든 나의 백성들이 살아
가는 모습과 그들이 하늘에 오르는 길
이라 하여 그 종파에 가 고개 숙여 저
희들 나름대로 짠 각본과 저희들의 구
상에 의하여, 그 계획에 의하여, 인간
이 만들어 놓은 그 시나리오에 의해서

그들이 어찌 믿음이라는 것을 향하여
가는가?
4 정녕 인간이 만들어서 나에게 기도를
드리지 말라 하였듯이, 너희들이 만들
어서 기도하는 소리는 너희들의 마음
속의 생각과 너희들의 기분이요, 너희
들의 감정에 지껄이는 소리이니, 나는
그를 듣지 아니한다 하였음이니라.
5 지금 가고 있는 그 모든 종파의 지도
자들 또한 저희들이 인간의 계획으로
써, 저희 생각으로써 짜 놓은 그 시나
리오에 의하여 나의 피조물 만백성을
이끌어 가고 있음이니, 그게 어디 나
의 뜻과 무엇이 관계가 있는가?
6 나와는 아무런 관계가 없음이니라.
7 그들이 정녕 나의 계명을 지키지 아니
하며 나의 뜻을 따르지 아니하면서 어
찌하여 그들이 나와 같다 너희들이 말
하는가?
8 이는 너희들이 인간사의 세상에 살아
가면서 '네 성이 박씨이니, 이씨의 자
식이 네 아들이라'며 받아 달라고 말
하는 것과 같음이니, 이는 있을 수도
없는 일이며 이와 같은 일은 성사될
수 없음을 알라.
9 너희들이 지금 너희들의 시나리오에
서 나의 피조물 만백성을 이끌어 가는
너희들의 그 방법과 그 계획은 나하고
는 관계가 없다는 것을 내가 오늘 너
희들에게 확실히 심어 줌이니라.
10 오로지 나의 피조물 만백성, 나로부터
선택된 자들은 내가 내리는 그 계명을
지킴이 첫째요, 또한 내가 쓰고자 하
여 나의 음성이요, 나의 성령을 전함
이니, 그를 바로 그대로 전하는 자, 그
나로부터 선택된 자가 아니면 나와는
아무런 관계도 없음이니 그리 알라.
11 그러나 그들이 가고 있는 그 종파요,
그 각본에 의하여 나의 피조물 만백성
이 얼마나 많은 사람들이 잘못 가고
있는가?
12 그것을 너희들은 눈으로 똑바로 보고
확인해야 할 것이니라.
13 그 숫자가 많고 많으면 많을수록 너희
들이 그들을 깨우치고 일깨우는 그 길
은 그만큼 어렵고 힘든 그와 같은 것
이니라.
14 지금 너는 너의 제자들에게 일러 말하
라.
15 너희들이 얼어붙은 그 빙산을 지금 장
비도 없이 오르고자 하는 그와 같은
고통의 길을 가는 것과 같음이니라.
16 너희들 앞에 자연에 있는 태산도 그
험준한 산을 넘기가 힘들거늘, 그 산
의 형태가 그대로 얼어붙어 있는 빙판
의 그 길을 오른다 하는 것은 얼마나
힘들고 어려운 길이던가?
17 그러나 너희들은 알아야 될 것이니라.
18 그 빙판의 길을 나의 뜻이라 하여 오
르고자 한다 하면, 너희들이 오르고자
하는 그 노력에 따라 그 산은 하루아
침에 녹는다는 것을 내가 너희들에게
말하여 깨우쳐 주었으며, 물로 변하여
그가 녹아 버린다고 하였음이니라.
19 내가 너희들에게 일러 말하였느니라.
20 나의 성전에 너희들의 많은 사람들이
모이도록 그리하라 하였으니, 그것은
너희들의 몫의 노력이라 하였느니라.
21 내가 너희들에게 이루라는 그 인원을
채웠을 때 내가 너희들에게 갈 수 있

는 길과 너희들이 다음에 할 수 있는
내 뜻을 전해야 되거늘,
22 너희들은 어찌하여 나의 성령을 너희
자신만 들어 너희 양식으로 만드는 것
으로써 그리 만족해하는가?
23 이는 지금 저희들이 구원을 받고자 하
여 저희 형제와 부모도 모르며, 인륜
의 인간관계를 모두 다 저버리며, 오
로지 저희들이 손으로 만든 그 성전에
와서 기도하여 저희들만이 구원을 받
겠다는 그와 같은 이기주의의 사악한
마음과 무엇이 다르던가?
24 너희들이 정녕 나의 피조물 만백성을
구원하고자 한다 하면 정녕 너희들이
어찌해야 될 것인가?
25 너희들이 이루는 그만큼 내가 다음의
뜻을 너희들에게 전함이니, 이를 너의
제자들에게 일깨워 주어 먼저 그를 시
행하도록 그리하라.
26 너희들은 닭과 계란이라는 그 실험을
할 때가 벗어났음이니 그리 알라.

2,133 번째 하나님 말씀

2002년 3월 31일 12시 08분

(강론을 마치며)

1 사랑하는 선지자야!
2 **"네, 여호와 하나님! 말씀하옵소서."**
3 네가 지금 읽어 가는 나의 십계명의
그 뜻을 너의 제자들이 얼마만큼 가슴
에 깊이 심고 사는가 그들에게 네가
질문을 해야 될 때가 왔음이니라.
4 너희들이 주옥같은 내가 직접 불로 쓴
나의 계명을 그저 읽고 지나간다 하면
위에서 밑으로 흐르는 물의 흐름과 같
으니, 아무런 것도 너희들의 가슴에
남음이 없음이니라.
5 그러나 너희들이 거꾸로 물이 밑에서
위로 흐르듯이 너희 가슴속에 나의 십
계명을 단단히 심어 놓고 위에서부터
하나하나 그를 매일 암송하여 내려간
다면 너희들은 그 계명을 지킬 수 있
으며,
6 너희들이 어찌 지켜야 하는지를 알고,
못 지키는 것을 너희 스스로 하나씩
제거하고 지울 수 있는 그와 같은 생
활의 습관이 변화되어 갈 수 있느니라.
7 그러니 지금 너의 제자들에게 과연 이
십계명이 가슴에 얼마나 깊이 심어져
있으며 얼마나 자신 있게 행하고 있는
가를 다시 한 번 마음의 다짐을 갖는
계기를 갖도록 그리해야 될 것이니라.
8 내가 오늘 너희들에게 특별히 일렀느
니라.
9 너희들이 살아가는 인간관계에서 서
로 눈으로 보고 만지며 움직이는 것도
너희들이 믿지 못한다 하였음이니 하
늘의 역사를 너희들이 어찌 믿겠는가
내가 너희들에게 물었음이니,
10 너희들이 지금 손발을 움직여 보라.
11 너희들의 생각과 계획대로 그리 움직
이지 아니하는가?
12 그보다도 더 정확하며 그보다도 더 확
실한 것이 나 여호와가 존재함이며,
이 세상의 모두를 내가 창조하여 내렸
음을 너희들이 믿고 따라야 될 것이니
라.
13 너희들은 엄연히 내가 너희들에게 일
렀느니라.
14 너희들이 들림을 받아 그 지옥 불을

거치지 아니하며 나의 낙원에 너희들의 이름이 기록되어 있다 하였음이니, 과연 너희들이 이보다 더 큰 은혜와 영광이 어디에 있겠는가?

15 너희들은 이것 하나를 오늘 다시 한 번 깊이 생각하는 시간이 되어야 될 것이니라.

16 과연 너희들이 하루의 일과를 끝마치고 잠자리에 들 때 너희들은 다시 한 번 생각해 봐야 될 것이니라.

17 '내 이 몸이 여호와 하나님으로부터 들림을 받은 자이니, 과연 내가 그 들림을 받은 자로서 오늘의 삶을 어찌 살았는가?'를 너희들이 깨우치고 깨달아야 될 것이니라.

18 이를 행하지 아니한다 하면 너희들은 정녕 나에게 오를 수 있는 길이 없음이니라.

19 그리고 세상사 너희들이 살아가는 그 속에서는 작고 큰 것의 그 답이 다 있음이니, 거기에는 오로지 정답이 다 기록되어 있음이니라.

20 너희들이 이 세상에 어떤 천 가지, 만 가지, 수억 가지를 놓고 생각해 본다 하여도 거기에는 반드시 나의 정답이 없는 것이 없음이니라.

21 다 정답과 같이 세상에 내가 내려보냈음이니라.

22 내가 나의 백성을 만들고 세상에서 살아갈 수 있도록 하나도 불편 없이 모두를 다 주었듯이, 너희들이 살아가는 그 생활 속에 모든 답을 그 속에 주었음이니, 너희들은 앞으로 스승이 따로 있음이 아니니라.

23 너희들 머릿속에 스승이 다 있음이니, 너희들 머리를 계발하고 또 연구를 하다 보면 거기에 답이 있음을 알아야 될 것이니라.

24 너희들 스스로 스승이니라.

25 너희들이 사람이 죽는다 하면 또 산다 하는 답이 있듯이, 삶과 죽음이 있듯이, 너희들에게 모든 세상에 살아가는 그 이치를, 답을 다 주었으니 그 답을 어디서 얻겠는가?

26 너희들은 오늘 깨우쳐야 될 것이니라.

27 나 여호와가 너희들이 살아가면서 수천수만 가지 그때마다 답을 다 나의 법전에 기록하여 내려 줄 수 없으며, 나의 선지자가 너희들이 살아가는 그 생활 속의 변화에 하나하나 답을 줄 수가 없음이니라.

28 오늘은 너희들이 오른손을 왼쪽 가슴에 얹으라.

29 그 속에 다 있음이니라.

30 너희들이 하나의 문제를 놓고 한 시간, 두 시간, 세 시간 생각을 하다 보면 그 속에 다 답이 있음이니, 그 속에 너희들의 스승이 있으며 또 제자가 있음이며 세상의 사는 이치가 다 있음이니라.

31 내가 그리하여 너희들에게 함부로 말하지 말며 경솔히 행동하지 말라 하였음이니라.

32 백 번 생각해서 한 마디를 하며, 한 발짝을 뛰되 백 번을 생각해서 움직이라는 그와 같은 뜻을 내가 너희들에게 가르쳐 주었음이니,

33 하나의 문제가 생겼을 때 너희들이 조용히 오늘과 같이 오른손을 왼쪽의 가슴에 얹고 나 여호와를 생각하면서 답

을 구하다 보면 그 속에 답이 다 있음
이니라.
34 다만 너희들의 욕심이라는 것 때문에
너희 눈을 흐리게 하며 마음을 흐리게
함이니라.
35 오늘 내가 너희들에게 이리 내림은 내
가 존재함이며, 내가 이와 같이 너희
들에게 가르침을 너희들이 깊이 새겨
야 될 것이며, 너희 마음의 다짐을 굳
건히 해야 될 것이니라.
36 이 세상의 모두는 다 너희들 것이거늘
누가 있겠는가?
37 나의 뜻에 따라 시행하는 자, 나의 선
지자의 그 뜻에 따라 시행하는 것이
너희들이니, 이 지상에 지금 너희들이
앉아 있는 이 성전보다 바르고 곱고
아름답게 나의 성령을 그대로 시행하
는 자가 없다 하면 너희들은 어찌 생
각하는가?
38 이를 믿어야 할 것이니라.

2002년 4월

2,134 번째 하나님 말씀

2002년 4월 1일 09시 30분

1 사랑하는 선지자야!
2 "네, 여호와 하나님! 말씀하옵소서."
3 모든 너의 제자들에게 일러 말하라.
4 나의 법전을 세상에 전하며 나의 피조
물 만백성을 구하고자 하는 너희들은
지금의 수천 년 역사가 흘러오는 동안
에 모두는 다 그저 환상에 있는 역사
와 같은, 그리고 실존의 그 인물들까
지도 과연 존재한 것인지 존재하지 아
니한 것인지 이와 같은 너희들의 마음
속에 흔들림이 있음이니라.
5 이제 내가 천 년에 걸쳐서 나의 피조
물 만백성이 완벽한 뿌리를 내리는 삶
을 살게 하기 위하여,
6 너로부터 세례를 받은 자, 그리고 너
의 제자라 명한 자, 그들이 나의 법전
을 만들어 세상에 전할 때 그의 사진
과 그의 출생월일과 그리고 그의 현재
의 나이를 반드시 기록하여 전하도록
하라.
7 너로부터 세례를 받은 자며 제자라 명
한 자만이 그리해야 할 것이며, 그렇
지 아니한 자는 어떠한 방법이든 그와
같은 역사를 이루어서는 아니 됨이니
그리 알라.
8 너의 제자만, 그리고 세례를 받은 자,

그 백성을 위주로 해서 그들이 존재하
였음을 세상에 알리며,
9 또한 많은 나의 백성들이 참여하고 있
음을 나의 피조물 만백성에게 전함으
로 인하여 너희들을 바라보는 사악한
무리들의 눈이 달라질 것이며,
10 이제는 너 자신이 나의 성령을 받아
혼자 기록하여 저희들이 말하는 정신
이상의 장난이라 하는 그런 말을 할
수 없을 것이니라.
11 그리하여 많은 너로부터 세례를 받은
너의 제자들이 동참하여 나의 법전이
요, 나의 성령을 전하는 나의 피조물
만백성이 모두가 동참하고 있음을 사
악한 무리들에게 깨우쳐 주는 그와 같
은 역사를 이루는 뜻이 또한 여기에
있음이니, 이를 명심하여 그리 시행하
라.

2,135 번째 하나님 말씀

2002년 4월 1일 23시 30분

1 사랑하는 선지자야!
2 "네, 여호와 하나님! 말씀하옵소서."
3 세상사 모두를 다 대중적으로 보라 함
은 남과 너와 누구를 구분하지 아니하
며 똑같이 사랑하라 함이니,
4 또한 똑같이 사랑하라 함은 나의 피조
물 만백성이 너를 따르며 너와 같이
가는 그 책무가 다 똑같다 함이니라.
5 네가 모두를 다 대중적으로 사랑하며
모두를 마음으로 비웠을 때, 나의 피
조물 만백성이 너에게 다 똑같이 소중
한 사람들임을 알게 될 것이며,
6 그들 또한 모든 책무가 다 소중하며
다 똑같은 책무를 갖고 너의 제자로
서, 나의 법전을 전하는 백성으로서
선택된 것을 알아야 할 것이니라.
7 이제 네가 2부의 법전을 만들어 감에
있어서, 너는 이 법전을 만드는 것이
네 생활의 첫 번째요, 두 번째도 또한
법전을 만드는 것이며, 네 생활의 모
든 순서는 다 법전을 만드는 것이니라.
8 그리하여 너의 제자들 또한 네가 법전
을 만들며 나의 성령을 받아 기록하는
그 역사를 그들이 똑같이 분담하여 따
라가는 것이 그들이 할 도리이거늘,
그와 같은 그들의 깨우침이 있어야 할
것이니라.
9 그리고 네가 경지에 오름에 따라서 너
의 제자들 또한 경지에 올라야 할 것
이니,
10 네가 나의 법전을 만들어 이 성령을
받아 기록하는 것을 방해하는 자, 거
칠게 가는 자, 그리고 네가 바로 서지
못하도록 하는 자,
11 그들이 저 자신이 어떠한 길을 가고
어떠한 행위를 하고 있는 것인가를 스
스로 깨우쳐 돌아다보는 그와 같은 시
간을 가져야 할 것이니라.
12 그리하여 네가 나의 성령을 받아 만백
성을 구하는 이 법전을 만드는 것에
방해하며 따르지 아니하는 자는 그 모
두가 스스로 네 곁을 떠나라 내가 함
이 거기에 있는 것이니라.
13 그들로 하여금 너 자신이 마음의 파장
이 일고, 네가 나에게 기도드리는 그
와 같은 것을 게을리할 때 그 모두의
무서운 결과가 이루어진다는 것을 너
희들은 모르기 때문이니,

14 오로지 이 세상의 모든 역사요, 새로
운 시대를 여는 그 모두를 너를 통하
여 나의 피조물 만백성에게 전하여 천
년에 걸쳐 이 역사를 만들고자 함이니,
15 네가 가는 길에 또한 네가 나에게 기
도하며 경배하며 나의 성령을 받는 그
모두를 중단케 하며 그를 흔들리게 하
는 자, 그보다 더 무서운 저희들의 죄
가 없음을 알아야 된다는 것을 그들에
게 깨우쳐 줘야 할 것이니라.
16 오로지 네가 할 수 있는 것은 그것뿐
이며 네가 행할 것은 그 길뿐이니라.
17 이 세상 단 하나인 네가 경배하고 나
의 성령을 받아 가는 그 길을 막는 자,
그 길에 파장을 이루는 자, 그 길을 중
단하게 하는 자, 그 모두는 너희들이
하늘에 오르는 그 탑을 쌓는다 하여도
그 탑이 아무런 가치가 없음을 알아야
될 것이니, 너의 제자들이 또한 이를
반드시 깨우쳐야 할 것이며,
18 네가 기도하고 나에게 경배하며 나의
성령을 받아 법전을 만드는 그와 같은
길에 어떠한 형태로든 그를 방해하는
자,
19 그가 다음에 죽어 와 어떠한 자리에
서게 되는 것인가를 그는 알게 될 것
이니라.

2,136 번째 하나님 말씀

2002년 4월 2일 0시 18분

1 사랑하는 선지자야!
2 "네, 여호와 하나님! 말씀하옵소서."
3 나의 피조물 만백성 너희들은 명령권
자가 아니며 모두를 지시하는 자들이
아니거늘, 수천 년 동안 믿음의 역사
를 흘러오는 종교 지도자 그들이 과연
어떠한 자세로써 나의 피조물 만백성
을 이끌고 왔던가?
4 그들은 저희들이 지시하는 자요, 저희
들이 명하는 자와 같은 형태로써 살아
왔음이니, 그들이 근본의 자세도 모르
는 것이니라.
5 나 외에는 그 모두를 명하는 자가 없
으며, 나의 피조물 만백성 너희들은
너희들이 명하는 것이 아니라 나 여호
와가 너희들에게 명하는 그 모두를 충
실히 시행하고 지키고 살다 오면 구원
을 받을 수 있는 것이 너희들이 행할
수 있는 길인 것이며,
6 너희들은 명령권자요, 지시하는 자가
아니며, 창조주인 나 여호와가 너희들
에게 명함을 충실히 시행하고 지키며
순종하고 살다 너희들이 구원의 길을
오게 되어 있음이니라.
7 그러나 지금 종교 지도자들은 그 근본
의 자세요, 그 자체도 망각하고 사는
자들이니, 그리하여 그들이 모든 명령
권자요, 저희들이 다 지시하는 것처
럼, 그리고 세상사에 저희들이 말로써
다 기도하며 원하는 것은 다 이루어지
는 듯이,
8 그리하여 나에게 무엇을 주라, 누구에
게 무엇을 내리라 하는 저희들이 그와
같이 명령권자가 되어 있음도 그들이
모르고 있음이니,
9 이 근본이요, 기초도 모르는 자들이
나의 피조물 만백성을 이끌고 가르치
고 하늘에 오른다 말하고 있음이니,
그들 밑에서 배우는 나의 피조물 만백

성이 어찌 되었는가?
10 그들이 그 길을 볼 수 있으며 구원의
길이 무엇인가 그 기본이요, 기초 자
체도 알 수 있겠는가?
11 정녕 그들은 더 모름이니라.
12 가르치는 자, 지도하는 자, 인도하는
자가 엉터리요, 저 자신의 근본도 모
르며 제가 가고 있는 길이 무엇인지도
모르며,
13 제가 명령권자로서 행할 수 없는 자라
는 그 자체도 모르며 저희들이 원하는
대로, 저희들이 만들어 기도하는 대
로, 그리고 저희들이 달라 하며 구한
다 하면 모든 것이 다 이루어지는 것
처럼,
14 저희들이 명령권자인 것처럼 그와 같
이 착각하고 살아가는 그 지도자들 밑
에서 무엇인가를 배우고 그곳에 가서
경배하며 기도하며 구원을 받겠다 하
는 그들의 머릿속이 지금 찌들고 젖어
있음이니,
15 그 생각을 돌이킬 수 없으며 그 생각
자체도 바꿀 수 없음이니, 이와 같이
나의 피조물 만백성이 잘못 가고 있으
며 잘못 흘러가는 것을 어찌 잡아야
하겠는가?
16 너는 너의 제자들에게 일깨워 줘야 될
것이니라.
17 너희들은 명령권자가 아니며 명령하
는 자도 아니며 지시하는 자도 아님을
알라 이르라.
18 너희들은 나 여호와가 명하고 지시한
것을 순종하며 지키고 따르며 충실히
시행하고 행할 때, 너희들이 하늘에
오를 수 있는 그 근본의 기초가 되며
구원을 받을 수 있다 하는 이와 같은
이치를 너의 제자들이 먼저 깨우쳐야
한다는 것을, 그리고 그와 같이 행해
야 되는 것을 너의 제자들에게 반드시
심어 주고 일깨워 줘야 될 것이니,
19 이를 시행하는 데 차질이 없도록 그리
하라, 선지자야!

2,137 번째 하나님 말씀

2002년 4월 2일 09시 20분

1 사랑하는 선지자야!
2 "네, 여호와 하나님! 말씀하옵소서."
3 인간사 너희들이 60이라는 그 점수를
넘을 수가 없으며, 그 점수를 넘어야
만 너희들이 하늘에 오르는 길을 볼
수 있다 하였음이니,
4 60이라는 그 점수에 영과 육의 갈림
길이요,
5 육은 그 생활 속에서 영의 성장을 도
와 그가 한 줌의 흙으로 돌아가는 그
와 같은 너희들의 삶의 변화라 하였음
이니라.
6 그리하여 너희들이 육의 삶에서 이루
어지는 것은 60이라는 그 점수까지
너희들이 깨닫고 또 깨달아 연구하고
연구하나,
7 그는 그저 너희들이 깨닫는 만큼 하늘
로 오르고자 하며 더 오르고자 하며,
더 높고자 하며, 더 무한한 영광을 얻
고자 하며, 더 편안하고자 하며, 더 안
락하고자 하며, 더 권력을 쥐고자 하
며, 모든 육신의 부귀와 영화를 갖고
자 하는 그 마음이 하늘을 치솟음이니
라.

8 그러나 나의 법전을 읽고 깨닫는 너희
들은 어찌 되는 것이던가?
9 나의 법전을 읽고 또 읽어 깨우치면
너희들은 깨달음이 점점 높아짐이니,
그 깨달음의 높아짐이 무엇이던가?
10 너희들이 스스로 점점 낮아짐이니라.
11 나의 법전을 읽고 깨우치고 또 깨우치
는 자는 그 깨달음이 있는 것만큼 스
스로 낮아지고 또 낮아지는 그와 같은
변화가 되는 것이니,
12 나의 법전을 읽고 깨달음이며 나의 법
전이요, 나의 성령을 너희들이 느끼고
깨닫는 것이 그와 같이 변하는 것이니
라.
13 낮고 낮은 자가 되다 보면 너희들은
비바람이 몰아쳐도 넘어짐이 없으며,
어떠한 형국에도 견딜 수 있는 그와
같은 너희들의 자세가 되어 있음이니
라.
14 그리하여 너희 인간들이 만든 가르침
이요, 책자요, 또한 너희들이 만든 모
든 그 발전에, 또 그리고 너희 인간들
이 성장하는 그 기초가 되는 모든 깨
달음이요, 가르침이라 하는 것은 그저
느끼고 배우고 또 배울수록 너희들 인
간사에 모든 것을 위하여 더 높아지고
또 높아지고자 하는 것이 너희들의 깨
달음이나,
15 나의 법전을 읽고 깨닫는 백성은 점점
낮아짐이니, 그 낮아짐 속에서 너희들
을 발견하며, 낮아짐 속에서 너희들의
위대함을 발견하며, 낮아짐 속에서 너
희들이 행복을 얻게 됨이니라.
16 그리하여 낮아지고 낮아지는 자, 비바
람이 몰아쳐도 흔들림이 없는 그와 같
은 형국으로 변하는 것이 나의 성령으
로써 내려보낸 나의 법전을 읽고 깨닫
는 백성이며, 그가 바로 선택된 자임
을 알아야 할 것이니라.
17 낮아짐이 부끄러움이 아니요, 낮아짐
에 행복을 느끼는 그와 같은 깨달음이
올 때 너희들이 나의 뜻을 알게 됨을
알라.

2,138 번째 하나님 말씀

2002년 4월 2일 09시 30분

1 사랑하는 선지자야!
2 "네, 여호와 하나님! 말씀하옵소서."
3 생명체를 가지고 있는 모든 동식물은
그가 어찌 살아가며 어찌 배워 왔으며
어찌 습관을 들여 왔느냐에 따라서 그
습관을 바꾸기가 어렵고 힘듦이니라.
4 지금 수천 년 동안 나의 백성들이 흘
러오면서 그 세월 속에 성서를 가지고
그들이 배우고 깨우쳐 옴이 있음이니,
이를 그들이 돌려 바로 고친다 함은,
내가 너희들에게 말하지 아니하였더
냐?
5 오른쪽으로 돌던 그 모든 습성을 반대
로 돌려야 너희들이 구원의 길을 본다
하였음이니, 어찌하여 너희들이 이 깊
은 뜻을 깨닫지를 못하고 있는가?
6 내가 선지자를 통하여 너희들에게 이
르기를, 구약과 신약의 그 성서를 덮
음이라 하였으며,
7 그리하여 구약과 신약을 너희들이 잘
못 깨우치고 잘못 다스려 왔으며 너희
들이 유리한 쪽으로 꿀과 떡과 같은
말들을 기록하였음이니,

8 그가 한줄기의 맥으로 흘러오기도 바
쁜 역사 속에서 중간중간에 너희들이
꿀과 떡이 되는 부분을 집어넣었으니,
흐르는 물을 막아서 이리 돌리고 저리
돌리는 그와 같은 형국의 역사가 흘러
왔음이니라.
9 오로지 위에서 그저 한 곳으로 흐르던
그 물이 그대로 흘러왔으면 될 것을,
너희들이 중간에 막아 물을 이리 돌리
고 또 저리 돌리고 이쪽에서 저쪽으로
돌리는 그와 같은 가지 치는 형국이
되어 있음이니, 이가 그리 흔들려 왔
음이니라.
10 그리하며 너희들이 한 획도 고쳐서는
아니 되며 한 마디도 틀린 말이 없다
그리 억압적으로 나의 피조물 만백성
을 속박하고 있음이니,
11 그리하여 그를 일일이 너희들에게 깨
우쳐 줄 수 없어, 구약과 신약이 지금
흘러오는 역사 속에 너희들이 잘못 왔
기에 그 구약과 신약을 덮으며 제3의
시대인 나의 성령을 직접 나의 선지자
를 통하여 너희들이 읽고 깨달을 수
있는 글로 만들어 세상에 내보낸다 하
였으니,
12 너희들은 이제 성서의 구약이요, 신약
을 갖고 갑론을박을 하지 말며 그를
가지고 재론하지 말라.
13 위에서 흐르는 물이 그대로 흐르도록
두지 아니하였으며, 너희들은 그 흐르
는 물을 잘랐으며, 또 자른 그 물 자체
도 너희 마음대로 이리저리 막아서 틀
어 놓고 또 틀어 그리 가는 형국이 되
었음이니,
14 이와 같이 잘못 깨우치고 잘못 흘러
온, 나의 구약과 신약의 성서의 깊이
와 이치도 모르는 너희들이 그를 갖고
갑론을박하여,
15 내가 제3의 시대를 열어 나의 성령을
내려보내 나의 피조물 만백성을 구하
는 나의 법전을 세상에 내려보냈으니,
16 너희들은 신약과 구약의 그 중심체인
나의 계명을 지키며 그리고 나의 법전
을 읽고 깨우쳐 어찌 살라 하는 그 뜻
외에 딴 것을 머릿속에 가지고 있다
하면 너희들은 정녕 깨우치며 하늘에
오르는 길을 볼 수가 없음이니,
17 이를 너의 제자들과 나의 법전을 읽고
깨우치는 만백성에게 네가 바로 깨우
쳐 일러 주어야 될 것이니 그리 알라,
선지자야!

2,139 번째 하나님 말씀

2002년 4월 2일 23시 50분

1 사랑하는 선지자야!
2 "네, 여호와 하나님! 말씀하옵소서."
3 많은 집단을 이끌어 하늘에 오르는 길
이라 인도하여 깨우치며 저희들이 나
로부터 선택된 자라 하는 많은 종교
지도자 그들이 단돈 은화 한 닢을 내
는 그 사람의 마음을 모르며,
4 그가 어찌하여 그 은화 한 닢을 성전
에 바치는지 그 바치는 애절한 믿음의
마음을 모르는 것이 지금 종교 지도자
들이 가고 있는 그 길이라 하였음이니
라.
5 은화 한 닢을 바치며 그가 기도하는
그 마음과 나에게 구원의 길을 원하는
마음의 그 바치는 정성을 지금의 종교

지도자들이 그 마음 자체도 모르며,
그저 많은 재물과 많은 금화와 은화를
바치는 자들에 대하여 현혹되어 있다
하였음이니,
6 너는 지금 너의 기도 소리를 위하여,
나의 성령을 받아 법전을 만드는 너로
부터 그 음성을 들으며 나의 성령을
받아 깨우침을 얻고자 하는 너의 제자
들과 너를 따르는 백성들의 그 간절한
마음을 알아야 될 것이며, 그를 돌아
다봐야 될 것이며 그들의 마음의 깊이
를 네가 알아야 할 것이니라.
7 지금 믿음의 세계에서 오로지 구원의
길이라 하여 그 모두를 바치고 살아왔
던 그들이 나의 법전을 들으며 나의
성령의 뜻을 너를 통하여 듣는 그것이
정녕 내가 원하는 나 여호와의 음성이
라 깨우쳐 그들이 지금 너를 따르며,
8 나를 향하여 더불어 같이 가며, 네가
나의 음성을 들을 수 있도록 기도의
장소와 그 모두를 준비해 주는 그들의
손끝 어린 그 마음을 네가 알아야 할
것이니라.
9 네가 정녕 그것에 보답하는 길은 이
성전에 앉아 네가 나에게 경배하며 기
도하며 나의 음성을 들어 나의 법전을
세상에 내는 것이며,
10 그것이 네가 그들의 저려 오는 마음을
아는 것이니, 이를 네가 게을리해서는
아니 됨을 알아야 할 것이니라.
11 단돈 은화 한 닢을 내기 위하여 그 성
전에 가서 기도하는 그들의 마음을 모
르는 종교 지도자가 되어서는 아니 된
다 하였듯이,
12 네가 나의 성령을 들으며 나의 성령을
받아 세상에 법전을 만들어 160권이
라는 이 주옥같은 나의 뜻을,
13 그리고 나의 피조물 만백성이 하늘에
오르는 그 길을 인도하는 그 역사를
이루기 위하여 그들의 마음과 손끝의
저려 옴을 다 바쳐 네가 기도할 수 있
도록 성전을 준비해 주는 그 마음을
네가 무엇으로써 보답하며, 무엇으로
써 네가 가야 할 길인가를 바로 봐야
될 것이니,
14 이는 오로지 네가 나의 성전에서 기도
하는 것, 그것밖에는 그들에게 보답하
는 길이 없음을 알아야 할 것이니라.
15 그들의 하나의 저려 오는 마음으로써
네가 기도할 수 있는 그 성전을 준비
해 줄 때, 너는 열배 백배의 마음으로
써 그들에게 돌려주는 그와 같은 마음
의 자세로써 살아가야 할 것이며,
16 하늘을 향하여 한 점의 부끄러움이 있
는 삶을 살아서는 아니 된다는 것을
네가 깊이 깨우쳐야 할 것이니, 그를
잊지 말라.

2,140 번째 하나님 말씀

2002년 4월 3일 01시 10분

1 사랑하는 선지자야!
2 "네, 여호와 하나님! 말씀하옵소서."
3 인간사 너희들이 살아가면서 가장 잘
못된 사람이란 말로써 청산유수요, 세
상 것을 다 주며 사랑을 베풀며 경우
에 빠지지 않는 삶을 사는 것처럼 말
은 그리 하나 말과 행동이 전혀 다른
사람이니,
4 이러한 사람이 가장 불행한 사람이라

는 것을 저 자신이 스스로 모르는 것
이 너희들이니라.
5 말로써 모두를 지키며 말로써 모두를
이루나, 그가 행함이 없다 하면 그것
이 무엇이던가?
6 아무런 가치가 없는 것이니라.
7 나의 피조물 만백성이 살아오면서 지
금과 같이 험악하고 험난한 종말의 시
대가 이루어진 것도 바로 무엇이던가?
8 말로써 청산유수처럼 모두를 다 가르
치는 잘못된 종교 지도자들의 그 가르
침 때문에 오늘과 같은 형국이 이루어
졌음을 너희들은 알아야 할 것이니라.
9 구약과 신약의 성서를 앞에 놓으며 말
로써 모두를 다 저희들은 나에게 선택
된 자이며, 오로지 저희들이 하는 것
만이 구원의 길에 오르는 것이며 하늘
에 오르는 길이라 말하며,
10 저희들만이 하늘에 오르는 자이며 인
도하는 자라 말하며, 저희들은 한 점
의 부끄러움이 없는 삶을 살아오는 것
같이 그와 같이 나의 피조물 만백성
앞에 말하는 자들, 정녕 그들은 생활
을 어찌하는가?
11 그들의 24시간의 그 생활을 너희들이
유리로 비춰 봤을 때 과연 그들은 말
처럼 행동하고 그리 살아오는 자들인
가?
12 지금 나의 피조물 만백성을 이끌고 구
원한다는 종교 지도자들이 그들의 말
과 행동이 일치하였으며 나 여호와가
지키라 내린 나의 계명을 지키고 살
수 있다 하여 그를 지키도록 가르치고
저희 스스로 행동을 그리하며 살아왔
다 하면 오늘과 같이 슬픈 세상은 이
루어지지 아니하였을 것이니라.
13 그리고 지금 내가 나의 선지자를 통하
여 나의 성령을 태워 법전이라 하여
세상에 내려보내니, 하나의 나약한 씨
앗을 뿌리고 그 씨앗이 크도록 그를
보살피고 키우는 나 여호와의 고충이
어떠하겠는가 너희들은 생각해 보았
느냐?
14 너희들이 구약과 신약 시대를 잘못 살
아오며, 너희들이 말로써는 모두를 다
이루는 것같이 말하나, 그 가르치는
지도자가 행동이 그와 같이 일치하지
못함이니,
15 그를 보고 배우고 깨우친 나의 피조물
만백성이 당연히 잘못 가고 지금과 같
이 생명을 담보로 하는 이 사악한 시
대가 이루어지는 것은 당연한 것이 아
니던가?
16 이는 모두가 다 말로써 행하며, 말로
써 모두를 다 베풀며, 말로써 모든 것
을 다 얻으며, 말로써 가장 유식하고
가장 인자한 사람처럼 행동하며, 그리
고 모두를 줄 것같이 그리 말하나
17 정녕 행동은 정반대의 형태에서 이루
어지는 자들의 가르침 때문에 오늘의
이와 같은 역사가 이루어지고 있음이
니,
18 너는 너의 제자들에게 일러 말해야 할
것이니라.
19 말로써 모두를 이루며, 말로써 다 얻
으며, 말로써 모두를 다 베풀며, 말로
써 나 여호와 하나님의 뜻이라 하여
그 뜻을 행하며 실행하는 자라 하는
그와 같은 행동을 하지 말라 이르라.
20 말로써 계명을 다 지키면 무엇하며,

말로써 나의 법전을 지키고 살아간다
하면 무엇하는가?
21 그 행동이 바르지 못하고 정녕 나의
법전대로 살지 아니하며 나의 계명대
로 살지 아니한다 하면 차라리 그걸
모르고 그걸 가르치지 아니하는 백성
만 못하느니,
22 말로써 이루는 자가 되지 말며, 행동
으로써 모두를 이루는 그와 같은 너의
제자들로서 성장하라 그리 깨우쳐 이
르도록 해야 될 것이니라, 선지자야!

2,141 번째 하나님 말씀

2002년 4월 3일 03시 17분

1 사랑하는 선지자야!
2 "네, 여호와 하나님! 말씀하옵소서."
3 내가 너에게 일러 말했느니라.
4 너희들이 거짓 하여 번 돈, 잘못하여
도적질하여 번 돈, 정당치 못하게 번
금화와 은화를 나에게 바치며 기도하
는 자, 그것이 얼마나 잘못되며 모순
인가?
5 그리고 너희들이 지상에 그 오염을 시
키다 더 이상 시킬 수 없어 나 여호와
가 있는 하늘의 나라까지 오염을 시키
려 하는 그와 같은 사악한 자들이라
하였음이니,
6 너희들이 재물을 부정한 방법으로 벌
어서 그걸 바친다 하면 그가 잘못되었
음이라 내가 너희들에게 일깨워 주었
음이니라.
7 또한 여기서 너의 제자들에게 일깨워
주어 깨우쳐야 할 것이 있느니라.
8 너희들은 말로써 찬송을 부르며, 나를
경배하며, 나를 은애하며, 너희들이
목숨을 바치는 것을 영광이라 생각하
며, 모두는 나로부터 이루어진 영광의
찬양이라 부르짖으며 너희들이 그 찬
송이라는 것을 부르느니라.
9 나 여호와에 대한 은혜요, 나 여호와
의 은총이요, 그리고 너희들이 나를
부를 수 있으며 나를 향하여 너희들이
찬송을 부르는 그 자체가 영광이라 말
하느니라.
10 그리고 너희들이 마음을 비우고자 하
며 그 마음의 축복과 영광을 달라, 그
리고 너희들에게 은혜와 축복을 달라
그리 너희들이 부르짖고 찬송을 하고
있음이니라.
11 너희들은 만인 앞에서 또 나의 백성들
이 믿음이라는 그 성전에 와 단체로,
또는 너희들이 복장을 통일하며 모습
을 같이 하여 찬양이라 하여 부르는
그 찬송가라는 것의 구절구절을 한번
생각해 보라.
12 모든 세상의 좋은 말, 아름다운 말은
다 너희들이 부름이니라.
13 너희 가슴에 성령을 내려 주기를 바라
며, 너희 마음에 은총을 내려 주기를
바라며, 너희들이 나 여호와를 찬양하
며 나를 기쁘게 하며 나를 경배한다
하여 세상의 좋은 말은 다 부르짖음이
니,
14 그와 같은 좋은 말, 아름다운 말을 부
르짖는 너희들이 정녕 나쁜 짓을 하여
나에게 재물을 바친다는 그와 같은 형
국으로 너희 마음과 몸이 다스려지지
아니하였으며,
15 너희들의 말과 행동이 다르며, 너희들

이 믿음이라는 그곳에 가서 배우고 깨
우친 그 삶과 너희들의 부르짖는 그
깨우침이 다르며, 너희들이 나의 십계
명을 지키지 아니하며 그 십계명에 위
배된 짓을 하며,
16 내가 하늘에 오르라 하여 너희들에게
영혼의 양식을 내려 준 그 계명을 지
키지 아니하면서 너희들이 말로써 찬
양하며 온갖 세상의 좋은 말을 다 갖
다 붙여 대니,
17 그곳에는 꽃의 노래요, 새의 노래요,
모든 것을 다 너희들은 축복이요, 영
광이라 하며 나의 성령을 너희들이 받
기 위하여 준비되어 있으며,
18 또 나 여호와를 부르며 나를 찾는 것
이며 나의 아들 예수에게 경배하며 나
의 아들 예수를 부르는 그 모두가 너
희들이 영광의 은혜라 뻔뻔스럽게 그
리 찬송이라 하여, 또 성가대라 하여
노래를 부르느니라.
19 그러나 그와 같이 아름답고 고운 음성
으로써 나의 아들 예수요, 나에게 바
치는 찬송을 부르나, 그 부르는 자의
행실이 그와 같이 아름답지 못하며,
나의 십계명을 지키지 못하며,
20 유리로 비춰 봐 한 점의 부끄러움이
있는 추하고 더러운 생활 속에서 살아
가는 것이라면 짐승이 꽥꽥거리고 소
리 지르는 그 음성만큼도 나에게는 안
들림이니, 너희들이 이것을 알아야 될
것이니라.
21 너희들이 정녕 그리 아름답고 고운 음
성으로써 그 아름답고 좋은 모든 단어
들을 부르짖으며 그 영광된 축복을 나
에게 부르짖는다 하여 노력하나,
22 찬송가만큼도 그 행실을 하지 못하며
찬송가의 구절만큼도 깨끗하고 아름
답게 살지 못하는 자가 나를 위해 경
배한다며 소리 지르는 것은 짐승이 제
음성을 내어 소리 지르는 것과 똑같음
이니,
23 오로지 그와 같이 나를 위하여 성가대
로서 노래 부르며 찬송의 그 아름다운
구절들로 나에게 경배할 수 있다 하
면, 너희들이 나의 계명을 지키는 데
정녕 한 점의 부끄러움이 없는 그와
같은 삶을 사는 자가 찬송을 부르며
나에게 경배할 때만이 그것이 아름다
운 음성으로써 나에게 들림이니,
24 그 행실이 그렇지 못한 자가 아무리
예쁘고 아름다운 모습인 육신의 형태
를 가지고 부른다 하여도 그는 짐승의
소리만큼도 나에게 들리지 아니함이
니,
25 너희들이 그 아름다운 멜로디로써 찬
송이라는 것을 하며 나에게 경배드리
는 그와 같은 아름다운 모든 문구를
다 붙여 부르는 그 찬송이, 너희들의
행동을 그와 같이 못 한다 하면, 이는
나에게 들리지도 아니하며 오로지 나
의 귀만 따갑게 하는 너희들의 부르짖
음으로써 그칠 것이니,
26 그와 같이 아름답고 고운 행실로 살아
가며 나의 계명을 지키는 자만이 그를
부를 자격이 있음을 너의 제자들에게
일깨워 나의 피조물 만백성을 일깨워
주도록 그리 깨우쳐 주라, 선지자야!

2,142 번째 하나님 말씀

2002년 4월 3일 08시 01분

1 사랑하는 선지자야!
2 "네, 여호와 하나님! 말씀하옵소서."
3 이 세상 나의 피조물 만백성 중에서 선지자의 가는 길이 가장 어렵고 힘든 길이며 그 누구도 갈 수 없는 길이니라.
4 인간사에 살면서 나의 뜻을 받아 네가 하늘의 그 뜻대로 삶을 살아야 함이니, 과연 너희들은 이것이 있을 수 있는 일이라 생각하느냐?
5 어렵고 힘든 길이기에 그 누구도 그 길을 갈 수 없으며, 나의 아들이요, 나의 선지자라 선택할 수가 없음이니라.
6 그리하여 저희들이 감히 있을 수도 없고 갈 수도 없는 그 길이기에 거짓 선지자요, 이단이요, 마지막 시대에 오는 사악한 무리라 그리 말함이니,
7 그 길을 가는 것이 이 세상 나의 피조물 만백성의 한 사람이며,
8 하늘나라의 하늘의 뜻에 따라 살며 행위는 육의 세상에서 살아가는 그 두 길을 가야 함이니,
9 정녕 이는 아무도 할 수 없는 길임이니라.
10 그리고 가장 어렵고 힘든 길이며 너무나도 험악하고 힘든 길이니라.
11 아직도 알에서 병아리로서 깨지 않은 상태에서 그 병아리와 닭의 삶을, 계란이 닭의 삶을 산다 생각하면 그는 과연 있을 수 있겠는가?
12 정녕 있을 수 없느니라.
13 선지자의 가는 길이 그와 같으니라.
14 알에서 부화되지 아니한 그 생명이, 나는 것과 같은 그 어미의 삶을 살아야 하는 것이 선지자의 가는 길이니, 그보다 더 어렵고 힘든 길이 어디 있으며, 그게 과연 있을 수 있는 길이던가?
15 네가 가야 하는 길이 그러한 길이니라, 선지자야!
16 너는 그리 살아야만 하는 것이기에 아무나 선택될 수 없는 것이 선지자요, 선지자가 가야 하는 길임을 알아야 할 것이니라.
17 그러나 네가 잘 가고 있음이니라.
18 너 자신이 너 자신을 싸워 이기며 다스리며 잘 가고 있음이니, 너 자신이 괴로워 울지 말라.
19 "전지전능하신 여호와 하나님!
20 열여섯 권의 법전을 세상에 내어 만백성을 구하고자 하였으며, 여호와 하나님의 성령과 그 가르침의 뜻에 따라 저 자신을 바로 세우고자 하나,
21 이는 정녕 너무나도 무섭고 두려우며 이 험난한 길을 어찌 가야 할 것인지 저 자신이 두렵기 한이 없사옵나이다.
22 전지전능한 여호와 하나님 아버지께서 160권이라는 아버님의 법전을 세상에 내어 저의 사랑하는 제자들을 통하여 이 세상을 새로 창조하시며 새로운 역사를 이루시는 그 틀을 갖고자 하시나,
23 저는 어디까지나 육을 가진 인간이며, 생활을 가지고 있는 사람이며, 남들과 다르지 않은 한 형체를 가지고 있는 인간으로서 그 길을 가기가 너무나도 죄스럽고 부끄러우며 어렵고 힘들어

쓰러져 가는, 지쳐 가는 제 모습을 어
찌하여야 할지 저 자신 감내하기가 어
렵고 힘드나이다."
24 그러기에 오늘 내가 너를 통하여 네가
가는 길이 얼마나 어렵고 힘든 길인가
를 알려 줌이니라.
25 부화되지 않은 상태에서 그 어미의 삶
을 산다는 것은 있을 수도 없는 일이
아니던가?
26 그러나 너는 그 길을 가야 할 것이며
그리고 갈 것이니라.
27 두려워하지 말라. 그리고 괴로워 울지
말라.
28 너를 따르는 너의 제자들이 있으며,
나의 법전을 읽고 깨우치는 그 불쌍한
백성들이 있지 아니한가?
29 그 생명을 구하는 구원의 길로 인도하
는 그 역사 속에서 너의 모두를 다 얻
어야 될 것이며, 네가 그 속에서 인내
하는 그 힘을 길러야 할 것이며, 너 자
신이 사는 행복을 얻어야 할 것이며,
그리고 영광과 보람됨을 알아야 할 것
이니라.
30 너의 제자들이 너를 따라 너와 더불어
가고자 하는 자들이 있을 것이니, 그
들과 더불어 네가 가는 길에 한 치도
소홀함이 있어서는 아니 됨이니라, 선
지자야!
31 이를 명심하고 또 명심하여 행해야 할
것이니, 이를 잊지 말라.

2,143 번째 하나님 말씀

2002년 4월 3일 09시 20분

1 사랑하는 선지자야!
2 "네, 여호와 하나님! 말씀하옵소서."
3 내가 너희들이 드리는 그 기도를 듣지
아니하며 내가 그 기도 소리를 받지
아니한다 하였음이니, 이는 정녕 너희
들이 살아가는 형태가 어떠하던가?
4 너희들이 내가 지키라는 그 계명을 지
키지 아니하며, 마음을 다스리지 아니
하며, 더덕더덕 죄를 짓고 드리는 그
기도 소리는 그 죄의 벽이 너희들과
나 사이에 너무 두터움이니,
5 나에게 그 소리가 들리지 아니함이니
라.
6 지금 나의 피조물 만백성 너희들이 살
아가는 형태며 너희들이 살아가면서
저지른 그 죄가 얼마나 두텁고 얼마나
너희들이 그 벽을 넘을 수 없을 만큼
너희들과 나 사이의 그 장막을 이루었
는가?
7 너희들이 스스로 그 죄의 덩어리로 인
하여 나와 너희들을 그 벽으로 막아
놓고 있음이니, 너희 스스로 죄지은
자의 기도하는 소리는 그 죄의 장막을
더 두텁게 치고 있음이니,
8 그리하여 너희들의 기도 소리를 내가
듣지 못하며 듣지 아니한다 하였음이
니라.
9 지금 나의 피조물 만백성 너희들은 종
말이요, 말세라 하나, 지금이 바로 종
말이요, 말세라 내가 너희들에게 일렀
음이니라.
10 너희들이 나의 피조물 만백성의 그 생
명을 소중히 여기지 아니하는 것은 더
말할 것 없으며, 너희들이 말하듯이
도적이요, 거짓 하는 자가 이 세상을
다 덮고 지배하고 있음이니라.

11 너희들이 먹고사는 음식을 만드는 자
들이며, 그리고 너희들을 위해서 무엇
인가를 만든다 하는 자들이 과연 나의
피조물 만백성 너희들의 생명과 너희
들의 건강을 먼저 생각하며 만들어 내
는 것이 얼마나 되는가?
12 정녕 저희 자신이 가진 자가 더 갖기
위하여, 부를 누리기 위하여 너희들의
건강을 저버리며, 너희들의 생명을 축
소시켜 가며, 너희들의 생명을 단축시
켜 가는 모든 음식들을 만들어 내는
그들이니
13 과연 그 자신의 이익을 버리며 나의
피조물 만백성의 건강과 그들의 생명
을 위하여 먹고 쓰는 것을 만들어 내
는 사람들이 얼마나 되느냐?
14 각종 음식을 만들며 과자나 빵이라 하
여 너희들이 취할 수 있는 그런 음식
들을 만들어 내는 돈 있는 자와 권력
있는 자들이 과연 무엇을 먼저 생각하
는가?
15 너희들이 먹고 병을 치료한다는 약을
만드는 그들도 과연 나의 피조물 만백
성의 생명과 장수를 위하여 먼저 생각
하고 있는가?
16 그렇지 않고 저희들의 기업의 운영이
요, 저희 단체의 조직을 이끌어 가기
위한 저희들의 이익부터 먼저 챙기는
자는 없는가?
17 너희들이 아플 때 먹고 쓰는 그 약을
만들어 내는 자가 자기 자식에게도 그
약을 마음대로 먹일 수 있는 그와 같
은 자세로써 만드는 것인가?
18 나의 피조물 만백성의 생명을 구하며
건강을 유지하게 한다 하여 만들어 낸
그 모든 약이라 하는 것들도 과연 저
희 자식에게 서슴없이 먹일 수 있는
그와 같은 마음 자세로 그들이 만들어
내는가?
19 나의 피조물 만백성의 건강을 지키기
위한 그 약을 만드는 소위 깨우친 자
들이, 그리고 깨달은 자들이 저희 자
식에게 그 약을 먹이기를 꺼려 하는
자가 정녕 있다 하면 이는 너희들이
어찌 보는가?
20 그들이 바로 살인하는 자와 똑같으니
라.
21 빵이요, 과자요, 모든 음식을 만든 자
가 저의 자식에게 마음대로 먹일 수
없는 그와 같은 자가 있다 하면, 또 제
가 더 부를 취하여 제가 더 갖고자, 제
가 더 평화롭고자, 그리고 제가 부귀
와 영화를 누리기 위하여 저의 자식에
게는 마음대로 먹이기를 꺼려 하는 그
와 같은 식품들을 만들어 내는 자는
없는가?
22 그렇다면 그들이 바로 무엇이던가?
23 한 사람을 일 대 일로 금화와 은화를
받고 죽이는 자보다도 그는 나의 피조
물 만백성의 생명을 단절시키며 죽어
가게 만듦이니 그들이 또한 더 큰 살
인자이니라.
24 저희들은 위대하다 부르짖느니라.
25 이 세상의 모든 나의 피조물 만백성이
편안하게 살아갈 수 있는 그 역사와
경지라는 것을 저희들이 이루고 만들
어 내었다 저희들은 말할 것이니라.
26 그러나 저희들 자신의 부귀와 영화요,
금화와 은화를 챙기기 위하여 제가 만
들어 낸 빵이요, 너희들이 말하는 과

자요, 모든 식품을 제 자식에게 먹이
기를 두려워하는 자가 있다 하면 이는
바로 무엇이더냐?
27 사악한 살인자와 같음이니라.
28 지금 너희들이 살아가고 있는 형태가
이와 같이 되어 있음이니, 이 모두를
다 바로잡기 위하여 하루아침에 너희
들이 이루어질 수 있다 말할 수 있겠
는가?
29 그리하여 천 년이라는 세월을 두고 나
의 피조물 만백성이 나의 성령을 들어
나의 법전을 읽고 깨우친 그 자식과
또 그 자식이 대를 이어 가면서 이 세
상을 아름다운 낙원으로 만들도록 하
고자 하는 것이 나의 뜻이니라.
30 지금 나의 성전에 와서 나의 뜻을 들
으며 나의 성령을 들으며 나의 법전을
깨우쳐 읽고 공부하는 너의 제자들의
마음 자세는 과연 어떠하던가?
31 그래도 그들이 제자리를 지켰을 때 인
간의 본분이요, 질서를 파괴하지 아니
하려 노력하지 아니하겠는가?
32 그러니 사회 지도층이요, 모든 생산품
을 만드는 모든 경제적인 것을 가지고
있는 그러한 모든 요소요소의 나의
백성들이요, 나의 사랑하는 백성으로
서 나의 율법을 지키며 나의 법전을
읽고 깨우친 너의 제자들과 그를 깨닫
는 나의 피조물 만백성이 다 스스로
저희 자리를 지켜야 되는 그 세월이
와야 됨이니,
33 그를 지키기 위하여, 그 자리에서 너
희들이 직분을 다하기 위하여 얼마나
많은 나의 백성들이 새로 나고 새로
태어나면 되겠는가?
34 그 역사를 이루기 위하여 지금에 천
년의 역사라 말하였음이니, 지상에서
너희들이 이루어지는 그 기간을 말함
이니라.
35 지금 모두를 다 바꿔야 됨이니라.
36 너희들이 정녕 그와 같이 나의 피조물
만백성이 먹고 쓰는 그 모두를 그들의
생명과 그들의 건강을 먼저 앞세워 생
각하는 자가 있었더라면 이 세상은 살
인자가 없을 것이니라.
37 그러나 제가 만든 모든 것을 제 자식
에게 먹이고 입히고 할 수 없는, 꺼리
는 마음을 가지고 만드는 자가 있다
하면 이는 바로 무엇이더냐?
38 그가 사악한 자며 또한 살인자이니,
이 세상 나의 만백성 너희들이 살아가
는 형국이 그와 같음이니라.
39 그러니 너의 제자들은 이 세상의 모든
각 분야에 고개를 돌려 보고 깨우쳐야
할 것이니, 그리하여 너희 자식들에게
바로 가르치는 인성을 너희 스스로 깨
우쳐 쌓아 가야 함이니라.
40 이제 모두를 다 정리하고 다스려 나가
는 것이 천 년의 역사니, 오늘 선지자
너를 따르는 너의 제자들이, 또 나의
법전을 읽고 깨우치는 자들의 자식이
또 그 자식을 낳음으로 인하여 오늘의
너희들의 그 마음의 뿌리가 점점 내려
갈 때 그와 같은 사악한 세상이 접어
질 것이며, 나의 이 지구는 나의 에덴
동산이 이루어질 것이니,
41 한두 가지가 아니요, 천 가지 만 가지
모두가 다 변해야 된다는 그 역사를
너희들은 잠시도 잊어서는 아니 됨이
니 그리 알라.

2,144 번째 하나님 말씀

2002년 4월 3일 09시 40분

1 사랑하는 선지자야!
2 "네, 여호와 하나님! 말씀하옵소서."
3 내가 너에게 일러 말하기를 자신을 버
려야 하며, 욕심이라는 그 근원의 뿌
리를 버려야 함이라 하였음이니라.
4 나의 피조물 만백성이 그 욕심을 버리
지 못하기에 그들은 정녕 위대하고 찬
란한 그 빛을 보는 것이 아니라 빛이
아닌 허황된 빛을 보고 그 길을 가게
되어 있음이니라.
5 지금 나의 피조물 만백성 저희들이 죄
를 짓고 불안하며 그들이 쌓이는 그
죄 속에 불안하고 초조한 그 마음이
그들이 정녕 하늘에 오르는 길이며 나
여호와의 뜻인 그 찬란한 빛을 보지
못하며,
6 그들은 빛이 아닌 허황된 빛 속에 빠
져들어 가며 그 속에 저희들의 모두를
다 던져 의탁하고 그곳에서 구원을 받
고자 하는 것이 지금 나의 피조물 만
백성이 가고 있는 믿음이니라.
7 지금 그들이 정녕 하늘에 오르는 찬란
한 빛을 보지 못하며, 그 위대하고 큰
빛이 되는 것이 아니라 저희들이 빛이
아닌 것을 허황되게 빛으로 보고 그
모두를 바치고 살아감이니,
8 그 모두에게 저희들의 모든 시간을 낭
비하고 에너지의 모두를 소비하고 살
아가는 피조물 만백성이 있으니, 이들
을 너희들이 구원해야 하는 것이니라.
9 나의 계명에 따라 살고자 아니 하며
나의 율법에 따라 살고자 아니 하는
자, 정녕 찬란하고 위대한 그 빛을 볼
수 없음이니라.
10 나의 계명을 저버리며 사는 자, 그리
고 욕심을 버리지 못하는 자, 그리고
육신의 부귀영화를 위하여 온갖 방법
과 수단을 가리지 않고 살아가고자 하
는 자,
11 그들은 정녕 위대한 하늘에 오르는 찬
란한 빛을 보는 것이 아니라, 빛이 아
닌 허황된 것을 보고 빛이라 하여 그
들의 모든 것을 바치며 살아가는 이와
같은 형국에 살아가고 있음이니,
12 이와 같은 나의 피조물 만백성 너희들
이 지금 잘못 믿는 그곳에 가서 기도
하고 경배하며 모두를 다 바침이니라.
13 손으로 저희들이 이루는 그 성전이라
하는 곳에 가 허황된 자의 기도 소리
와 저희들을 위하여 주십사, 내려 주
실 것이라, 받으라, 주라, 받을 것이라
그리 말하는 그들 속에서, 그것은 빛
이 아니고 너희들이 허황된 빛을 봄이
니라.
14 너희들이 너무나 스스로 많은 죄를 지
어 불안과 공포에 떨며 그를 너희들
자신이 감내하지 못하기 때문이니,
15 마음이 초조하고 불안한 자, 진정 찬
란한 빛을 보는 것이 아니라 빛이 아
닌 허황된 빛을 빛으로 보게 됨이니라.
16 지금 바로 너희들이 잘못된 지도자 앞
에 그 세 치의 혓바닥에 현혹되어 그
모두를 다 바치는 그곳의 그 빛은 빛
이 아니고 너희들이 말하는 허황된 빛
이니라.
17 그곳에는 아무것도 없음이니라.
18 너희들이 잡을 수도 없으며, 너희들을

인도할 수도 없으며, 너희들을 구원할
수도 없는 그곳에 가 너희들이 지금
몸부림치고 있음을 알아야 될 것이니
라.
19 너희들이 정녕 허황된 빛 속에서 살아
가는 것이 아니며, 진정한 나 여호와
의 뜻이요, 나에게 오르는 찬란하고
위대한 그 빛을 볼 수 있는 것은,
20 나의 계명을 지키며 그를 지키고 살
수 있다 하며 그를 지키고 살아가는
자만이 구원을 받을 수 있으며,
21 허황된 빛 속에서 너희들이 모든 에너
지요, 정열이요, 모두를 다 바치는 것
이 아니라, 계명을 지키는 자만이 정
녕 구원의 길을 바라볼 수 있는 것이
니라.
22 너희들 스스로 살아온 그 죄 때문에
너희들이 공포에 떨고 있으며 불안에
떨고 있음이니, 아무것이라도 잡고서
구원을 받고자 하는 것이 지금 너희들
의 심정이고 심성이니, 그리하여 바로
인간들이 만든 그 성전이라는 곳에 가
그 문을 두드리게 됨이니,
23 그 순간부터 너희들이 지옥 불에 발을
디뎌 놓는 그 개인의 인생의 변화가
시작됨을 알아야 할 것이니라.
24 너희들 말에 있지 않은가?
25 물에 빠져 허덕이는 자, 그는 지푸라
기라는 것도 잡고서 살고자 하는 그
욕망이 말할 수 없다 하였으니, 물에
빠진 자가 지푸라기를 잡고 허덕인다
는 말이 있지 않으냐?
26 그보다 더한 것이 지금 너희들의 그와
같은 형국이니라.
27 물에 빠진 것이 아니라 너희들이 짓고
지으며 산 그 죄악 속에 너희들 자신
이 감내할 수 없으며 지탱할 수 없는
그 불안과 공포의 마음을 너희들이 달
래기 위하여, 물에 빠진 자가 지푸라
기를 잡는 그런 형국으로써, 잘못 가
르치는 종교 지도자 그들의 손으로 지
은 성전에 가서 너희들이 그 가짜의
빛을 보고 하늘에 오르는 길이라 하니,
28 그것은 바로 너희들이 꿈속에 보는 허
황된 빛임을 알라.
29 정녕 너희들이 하늘에 오르는 찬란하
고 위대한 빛을 보고자 한다면 너희들
은 바로 이 순간부터 나의 십계명을
암송하며 그 속에 있는 나의 뜻을 깨
우칠 것이며,
30 나의 법전을 가슴에 안고 정독하는 자
만이 그 위대하고 찬란한 빛을 보게
됨이니, 우선은 너희들 마음부터 다스
리며 진정해야 될 것이니라.
31 너희들은 어찌하여 '하늘이 무너져도
솟아날 구멍이 있다.'는 그러한 말들
을 평생 살아가면서 그리 많이 뇌까리
면서, 너희 자신에게는 그리 견주어
비춰 보지 못하는가?
32 너희들이 지은 죄가 아무리 조급하고
불안하며 공포에 너희 삶을 지탱할 수
없다 하여도, 그럴수록 너희들이 마음
을 진정하며 다스리고 앞을 봐야 될
것이니라.
33 우선은 내가 너희들에게 살아가며 지
키라 하는 그 계명을 너희들이 지키고
깨달음으로 인하여 너희들이 마음의
안정을 찾을 것이며,
34 너희들이 마음의 다스림을 알 것이며,
그 속에서 너희들이 하늘에 오르는 정

녕 위대한 그 빛을 보게 됨이니,
35 지금 너희들이 황홀하게 보고 있는 것은 그 빛이 아니라 환상 속에서 살아가고 있느니라.
36 사랑하는 선지자야!
37 "네, 여호와 하나님! 말씀하옵소서."
38 욕심과 저 자신을 버리지 못하며 죄 속에 허덕이는 그 백성들이 지금 가고 있는 것이 허황된 빛을 찬란한 빛이라며 보고 감이니, 그 빛은 있지도 않으며 환상이니라.
39 그들을 거기서 깨우쳐 인도해야 될 것이니라.
40 그리고 너희들이 차분히 마음을 다스려 가슴에 한 손을 얹고 깨우쳐 나의 계명을 읽고 나의 십계명을 지키고 살겠다는 그 각오 하나를 본다면, 너희들은 내가 선지자를 통하여 내리는 나의 성령의 법전이 너희 눈에 들어올 것이며 너희 가슴에 이를 알게 됨이니,
41 이를 보고 깨우쳐 너희들 마음을 정녕 다스렸을 때 진정 하늘에 오르는 길이 무엇인가를 알게 됨이니,
42 너희들이 허황되게 빛나는 찬란한 꿈 속의 그 빛과, 영원히 사는 나를 향하여 오르는 찬란한 그 빛을 보는 깨우침을 얻게 되며 너희들이 바라보게 됨이니,
43 여기서 너희들의 꿈을 깨고 너희 자신을 바라보는 그와 같은 기회를 가져야만 반석 위에서 하늘에 오르는 찬란한 빛을 볼 수 있는 영광을 얻게 됨을 잊지 말고 가르치라, 선지자야!

2,145 번째 하나님 말씀

2002년 4월 3일 10시 04분

1 사랑하는 선지자야!
2 "네, 여호와 하나님 말씀하옵소서."
3 나의 피조물 만백성이 욕심이라는 것을 버리지 못하여 정녕 하늘에 오르는 그 찬란하고 영광된 빛을 보지 못하며, 허황된 빛 속에 저희들이 그 빛을 진정한 빛으로 보며 살아가고 있음이니,
4 그리하여 그들이 점점 그것이 허황됨을 알며 깨달았을 때는 그들은 어둠 속에서 저희들이 발견하지 못하며 그 어둠 속에서 몸부림치고 있음이니, 그 어둠 속에서 저희들이 살아가는 곳에 무엇이 팽배하게 되던가?
5 거짓이 팽배하며 진실이 없어지며 서로 시기하고 질투하며 의심하며 의혹하는 마음이 팽배하게 되어 스스로 저희들이 불안과 공포 속에서 살게 됨이니라.
6 그리하여 저희들이 불신이요, 그 씨앗이 팽배하여 세상이 다 터질 것 같은 그와 같은 형국으로 너희들이 만들어 놓았음이니, 이는 너희 스스로 만든 것이니라.
7 그리하여 너희들이 지은 죄가 쌓이고 또 쌓여 그 죄를 벗어날 수 없으며 너희들이 털어 버릴 수 없는 그와 같은 위치에 와 있으니,
8 이는 진정한 빛을 보지 못하며 허황된 것을 진정한 빛으로 보고 살아온 너희들이 어둠 속에 빠져 너희 자신이 그 속에서 허덕이고 있기 때문이며, 그리

하여 너희들은 의심과 의혹의 눈초리
로 상대방을 보게 됨이니,
9 신뢰함이 없으며 불신이 팽배하여 이
제는 그가 곧 터지기 직전에 와 있음
이니, 너희들은 이것을 어디로 돌리는
가?
10 이는 너희들 조상 대대로 물려받은 그
와 같은 원죄인 양 너희들이 그리 말
하느니라.
11 그리하여 너희들은 원죄가 있으며, 이
세상에 태어날 때 너희들은 원죄를 지
고 나왔으며, 그리하여 너희들은 그
원죄 때문에 죄를 벗어나지 못하며,
12 너희들 또한 그 죄 속에서 허덕이고
살아가야 당연한 양 그리 포기함이니,
13 원죄가 없음이니라.
14 원죄는 너희들 조상으로부터 너희들
이 물려받은 유산이 아님이니라.
15 너희 스스로 만든 죄이며, 너희 스스
로 욕심과 그 허황된 빛을 찬란한 빛
으로 보고 너희들이 어둠 속에 빠져
너희 모두를 다 바치고 소모한 그와
같은 생활 속에서,
16 너희들이 남을 신뢰할 수 없으며 남을
의심하며 남을 경멸하는 그와 같은 속
에서 너희들이 지금 패배주의가 팽배
하여 곧 터지기 직전인 그와 같은 형
국에 이르렀음이니라.
17 그러나 이것을 너희들은 너희들의 잘
못이요, 너희들의 죄의 근본이요, 너
희들의 욕심에서 이와 같은 역사가 이
루어진 것이 아니라고 생각하며,
18 이는 오로지 너희 조상으로부터 그 원
죄를 받아 그 원죄의 씨가 오늘의 너
희들을 이와 같은 사악한 위치로 만들
어 놓았으며 너희들이 지금에 와 있는
것과 같이 그리 생각함이니,
19 이는 너희들의 사악한 마음에서 나오
는 일이니라.
20 너희들은 원죄에 의하여 이런 것이 있
음이 아님이니라.
21 너희 스스로 오늘 이와 같이 만든 것
은 너희들 자신이 판 함정에 너희들이
빠져 있음이니, 너희들 자신을 돌아다
보며 너희들이 이 어둠 속에서, 이 어
둠의 수렁에서 벗어나는 것을 너희 스
스로 깨우쳐야 될 것이니라.
22 오로지 그곳에서 헤어나고 빠져나올
수 있음은 너희들이 나의 법전의 뚜껑
을 여는 순간에 너희들이 빠져나올 수
있는 그 길을 보며 구원의 빛을 보게
될 것이며, 그리고 나의 계명을 지키
고 살아가고자 하는 그와 같은 마음으
로써 너희들이 다시 출발할 때 너희들
은 그 어둠 속에서 벗어날 것이며,
23 너희 조상으로부터 대대로 물려받은
그 원죄라는 공포심에서 벗어날 것이
며, 그와 같은 너희들의 조상을 원망
하며 너희 조상이 이렇게 만들어 놓은
그 원죄 속에 너희들이 이 죄를 짓고
살아간다는 그와 같은 허무맹랑한 너
희들의 그 생각에서 벗어날 수 있음을
알아야 할 것이니라.

2,146 번째 하나님 말씀

2002년 4월 3일 13시 11분

1 사랑하는 선지자야!
2 "네, 여호와 하나님! 말씀하옵소서."
3 나의 성령을 받아 네가 기록하며 법전

을 만드니, 나의 법전을 보고 깨우친
너의 제자들과 나의 성령을 들어 깨우
친 너의 제자들이 이제는 하늘에 오르
는 길이 무엇이며 그 뜻이 무엇인가를
알고 있음이니,
4 너희 인간들은 나로부터 육신의 은혜
를 받아 세상에 나가 내가 가꾸어 놓
고 이루어 놓은 그 모든 속에서 살아
가며, 너희들의 노력에 따라 너희들이
얻고 취할 수 있는 것은 육신의 세상
에서 모두를 내가 주었다 하였음이니
라.
5 그러나 스스로 노력하지 아니하며 스
스로 삶을 잘 살지 못하였으며, 스스
로 게으른 삶을 살아온 너희들이 나에
게 무엇을 달라 축원하고 기도함이니,
이를 내가 하지 말라는 뜻이 여기에
있음이니라.
6 내가 너희들에게 모두를 다 주었거늘,
그 준 속에서 내가 너희들에게 더 줄
것이 없거늘,
7 육신의 세상 속에서 사는 너희들에게
육에는 더 내릴 것이 없음이니라.
8 다 준 나에게 너희들이 무엇을 또 더
달라 하며, 너희들이 손으로 지은 그
성전이라는 곳에 금화와 은화를 바치
며 잘못 가르치는 그 종교 지도자 앞
에 가서 너희들이 무엇을 달라, 그리
고 무엇을 얻고자 구하고 기도를 함이
니,
9 그 기도는 내가 부서지는 파도의 소리
만큼도 듣지 아니한다 하였음이 여기
에 나의 깊은 뜻이 있음이니라.
10 모두를 너희들에게 내가 다 주었기 때
문이니라.
11 그리하여 다 주었거늘, 너희들이 나에
게 또 달라 한다 하면 너희들은 나의
살과 뼈와 나의 피까지도 달라 하는
그와 같은 사악한 자들이라는 것을 오
늘 이후 너희들이 알아야 될 것이며,
너의 제자들은 또한 나의 피조물 만백
성에게 일깨워 줘야 될 것이니라.
12 나의 피조물 만백성 너희들을 사랑하
기에 너희들이 육신으로써 살아갈 수
있는 그 모두를 다 내가 지상에 내려
주었으며, 모두를 내가 너희들에게 주
고받는 것 없이 무상으로 다 주었거늘,
13 스스로 자신을 다스리지 못한 너희가
또 나에게 무엇을 달라 하면 내가 어
찌해야 되는 것인가?
14 너희들이 작게는 남의 것을 뺏어 너희
에게 그저 달라 그리 소원하는 마음이
너희들 가슴속에 있으니 그 또한 하나
의 욕심이요,
15 더 줄 것이 없는 나 여호와에게 너희
들이 또 달라 그리 구하고 기도한다
하면, 이는 너희들이 나의 살과 뼈와
피까지도 너희들에게 내려 달라, 그리
고 너희들이 가져가야 되겠다는 그와
같은 형국의 기도라는 것을 깨우쳐
16 나의 피조물 만백성이 나에게 더 이상
육의 세상에서 구하는 것을 원하지 않
도록 그들을 그리 깨우쳐 줘야 될 것
이니라.
17 나는 너희들에게 삶과 살아갈 수 있는
모든 것을 다 내려 주었으며, 내가 그
에 버금가는 너희들에게 나에게 올 수
있는 그 길을 가르쳐 주며 내가 너희
들에게 지키고 살라 하는 그 계명을
내렸음이니라.

18 그러나 낙원에서 아담과 이브를 내가
세상에 만들어 내놓고 너희들에게 선
악과를 따먹지 말라 하는 그 명을 내
린 것이 그때 너희 환상 속에 너희들
과는 관계없는 그 세상에서 이루어진
것처럼 지금 종교 지도자들이 가르치
고 그를 인도한다 하고 있음이니,
19 이 얼마나 종교 지도자들이 잘못 가르
치며 나와는 뜻이 다른가를 알아야 될
것이니라.
20 선악과를 따먹지 말라는 하나를 명하
였으니, 내가 너희들을 세상에 나가
살도록 하며 열 가지의 계명을 너희들
에게 지키고 살라 하였음이니, 이는
바로 무엇이더냐?
21 아담과 이브에게 선악과를 따먹지 말
라는 그 계명을 내렸듯이 너희들에게
내린 것이나 똑같음이니라.
22 너희들은 아담과 이브에게 선악과를
따먹지 말라 하였거늘 따먹은 그 죄로
그들로서 지금의 어떠한 형국에 이르
렀으며, 오늘과 같은 너희들의 세태가
이루어졌다 말하였음이니라.
23 그러면 너희들은 내가 똑같이 나의 아
들이요, 딸인 너희들에게 십계명을 지
키고 살라 하여 내가 간곡히 불로 써
내렸으니, 너희들이 이것을 지키지 아
니하면 어떤 세대가 오는가?
24 천년만년 세월이 흐른 다음에는 너희
들이 형용할 수 없는 사악한 무리들이
이 세상을 덮게 됨이니라.
25 나의 아담과 이브가 하나의 선악과를
따먹어 오늘의 형국에 이르렀으며, 너
희들에게 내가 열 가지의 계명을 지키
라 하여, 아담과 이브에게 주었듯이
모든 것을 이 지구상에 다 주었음이니,
26 너희들이 아담과 이브가 선악과를 먹
지 말라 한 것을 지키지 않은 것을 어
리석다 생각하며, 너희들이 그들을 생
각할 때 그들이 그와 같은 세상이 이
루어지지 아니하였더라면 너희들은
지상의 낙원에 살 것이라는 그와 같은
원망 섞인 생각을 하고 오늘과 같이
살아갈 것이니라.
27 그러나 지금 너희들이 열 가지 나의
계명을 지키지 아니하고 살았을 때 또
한 너희 후손들이 아담과 이브처럼 지
금에 사는 너희를 불쌍하고 어리석은
백성이라 생각할 것이며,
28 너희들이 그를 지키지 아니하였기 때
문에 그들이 사는 세상이 너무나도 사
악한 세상으로 변했음을 그들은 너희
들을 보며 통곡하며 너희들을 원망할
것이니라.
29 이와 같은 형국의 흐름을 너희들은 어
찌 모르는가?
30 종교 지도자들이 이 뜻을 모르고 나의
피조물 만백성을 이끌어 가고 가르치
며 그들에게 뭐라 말하는가?
31 아담과 이브, 너희 조상들이 그것 하
나 지키라는 선악과를 따먹고 그 원죄
로 하여금 너희들이 이와 같은 죄 속
에서 살아간다 그와 같이 가르치며 나
의 피조물 만백성을 하나의 올가미에
엮고 있음이니,
32 이것은 정녕 나의 뜻과는 아무런 관계
없는 깨우침이며, 잘못 가르치는 종교
지도자들이 가는 형국이니라.
33 그들이 가르치는 것을 이리 가르쳐야
될 것이니라.

34 '아담과 이브가 선악과 하나를 따먹지
말라 하는 것을 따먹음으로 이와 같이
사람을 죽이며 사람을 사고파는 종말
의, 말세의 시대에 살아왔음이니, 그
아담과 이브가 선악과 하나 따먹지 말
라 했던 그것처럼 우리에게 내린 열
가지 계명을 그보다도 더 중히 지켜야
될 것이니,
35 아담과 이브에게 내린 그 하나님의 명
령이나 우리에게 내린 열 가지의 계명
을 지키라는 그 하나님의 명령은 똑같
을 것이니, 우리는 이것을 지키지 아
니하면 또한 아담과 이브 같은 그와
같은 형국이 벌어지니,
36 우리 후손들은 이 세상에 뿌리를 내리
고 살 수 없을 것이며, 그리하여 우리
가 종말을 거두게 되는 원조가 되니,
우리는 십계명을 지키며 오로지 이를
지키고 살아야 된다.' 하는 것처럼 그
리 가르쳐야 하는 것이 나의 뜻이니,
37 이 뜻과는 전혀 다른 길로 멀리 가고
있음이니, 그리하여 너희들이 지옥 불
로 나의 피조물 만백성을 이끌어 가는
형국이라 내가 나의 선지자를 통하여
나의 성령을 나의 법전에 기록하여 너
희들을 일깨워 주고자 하나, 너희들은
이 뜻을 그리 받아들이지 아니함이니
라.
38 이는 마지막 시대에 온 거짓 선지자
요, 종말에 오는 사악한 자라 하여 나
의 법전의 뚜껑을 열어 보지도 아니함
이니, 너희들이 어찌 구원의 길을 볼
수 있으며 구원을 받는다 할 수 있는
가?
39 사랑하는 선지자야!
40 "네, 여호와 하나님! 말씀하옵소서."
41 너의 제자들과 나의 법전을 읽고 깨우
치는 그들의 가슴에 네가 눈물로써 심
어 줘야 할 것이니라.
42 아담과 이브가 선악과를 따먹어 사악
한 형국이 이루어졌고, 그리하여 내가
너희들에게 그보다도 더 강하게 지키
라 하는 것이 나의 십계명이니,
43 그들에게 내렸던 나의 명령이나 너희
들에게 내리는 그 십계명이 똑같을진
대, 이를 지키지 아니하면 아니 되며
오로지 이것만을 지키는 것이 이 지상
에 낙원을 이룰 수 있는 근본이요, 기
본이라는 것을 너의 제자들 가슴속에
깊이 심어 줘야 될 것이며,
44 네가 나를 대신하여 눈물로써 그들에
게 깊이 심어 주는 역사를 이루도록
하여, 그들이 나가 나의 피조물 만백
성을 깨우쳐 주며, 잘못 가는 지도자
들의 그 눈과 귀를 뜨도록 그리해야
할 것이니라.
45 선지자야, 이를 명심하여 시행하도록
하라.

2,147 번째 하나님 말씀

2002년 4월 3일 14시 56분

1 사랑하는 선지자야,
2 "네, 여호와 하나님! 말씀하옵소서."
3 너희들 눈에 끝이 보이지 않는 그 넓
고도 넓은 바다라 하는 것이 그 형체
가 어디 있는가?
4 내가 만든 이 지상의 낙원 안에 그들
이 존재함이니 내 품에 그가 존재함이
아니던가?

5 모든 역사의 흐름도 또한 어떠한 형태
든 그 모두는 다 내가 만든 나의 이 지
구 동산 안에서 이루어지는 것이며,
그 한계를 벗어나지 못한다 하였음이
니라.
6 이는 곧 무엇이던가?
7 모두는 나의 주관하에, 나의 뜻 안에
있음이라 너희들에게 말하고자 함이
니라.
8 이제는 나의 성령을 듣고 나의 법전을
읽고 깨우친 너희들은 바로 무엇이던
가?
9 나로부터 선택된 백성이니라.
10 너희들이 이 모두는 다 너희 가슴 안
에 있으며 너희들의 가슴속에 그 모두
가 존재함을 알아야 될 것이니라.
11 나로부터 선택된 백성이라는 것은 무
엇이더냐?
12 너희들이 나의 뜻을 대신 전하며, 나
의 피조물 만백성을 구하는 한 역사의
획을 긋는 나로부터 선택된 백성들이
니,
13 내가 만든 에덴동산의 그 모두는 다
너희 가슴 한구석에 있으며 너희들의
품 안에 있거늘, 이 방대한 끝이 보이
지 않는 바다요, 방대한 조직의 단체
요, 맹수와 같은 무서운 힘을 가진 그
모두가 다 나의 주관하에 이루어졌으
니 나의 뜻에 따라가는 너희들의 그
가슴속에 다 있거늘,
14 그 모두는 다 너희들의 가슴속의 한
점 안에 존재함을 어찌 깨우치지 못하
는가?
15 그와 같이 나로부터 선택된 백성은 나
의 제자요, 나의 백성이요, 나의 피조
물이니, 나를 대신하여 존재하는 너희
들 가슴속에 그 모두는 접어 둘 수 있
는 것이니라.
16 그와 같이 나로부터 선택된 백성의 그
마음이요, 가슴이 그와 같이 방대하거
늘, 어찌 너희들은 살아가면서 너희
자신을 다스리는 것에 그리도 인색하
며,
17 그 자신을 다스려 곱게 쓰지 못하며,
너희 가족을 다스림에 있어서 너희들
이 어찌 그리 인색하여 그를 어찌 가
슴에 안지 못하는가?
18 그리고 이웃의 잘못이요, 나의 피조물
만백성이 잘못 살아가는 그 모두를 어
찌하여 너희들이 가슴으로 보듬지 못
하는가?
19 나로부터 선택된 백성이란 이 모든
지상의 낙원의 것이 다 너희들 것이며
한 점으로써 너희들 가슴에 다 안을
수 있는 것이거늘,
20 그와 같은 넓은 것을 가슴에 안아야
되며 가슴에 품어야 되는 너희들이 어
찌하여 인간의 그 자신의 삶에 의해
그리도 그를 다스리지 못하고 너희 가
슴에 안지를 못하는가?
21 나로부터 선택된 너희들은 나의 성령
을 들으며 나의 법전에 기록된 나의
뜻을 알아 천 년에 걸쳐 나의 새로운
역사를 창조하는 기틀이며 기본인 너
희이니,
22 아무리 넓고 넓은 바다라도 너희 가슴
을 벗어날 수 없음이며, 아무리 큰 강
대국의 조직이 움직이는 형체라 해도
너희들 가슴 안에 담으면 다 담을 수
있는 것을,

23 그와 같이 너희들이 가슴에 담는 것은
끝이 없고 한이 없거늘, 어찌하여 너
희들은 작은 인간관계에서 그리도 너
희들 가슴에 그를 담고 덥지를 못하
는가?
24 너희들 가슴에 모두를 사랑하는 마음
으로 덮지 못하며 감싸지 못할 때, 너
희들은 정녕 나의 새로운 시대를 이루
는 선택된 백성으로서 설 수가 없음이
니라.
25 이것이 그들과 너희들이 차별화가 되
어 있음이니라.
26 잘못 가는 종교 지도자의 그 백성들과
나의 성령을 읽고 나의 법전을 읽어
깨우치는 너희들과의 차별화가 거기
에 있음이니라.
27 나로부터 선택된 너희들은 가슴으로
그 모두를 흡수할 수 있는 그와 같은
넓은 마음의 자리를 잡고 있음이니,
28 그러한 너희들이 너희 자신의 주변에
인색하며 그를 다스리고 용서하지 못
한다면 이는 얼마나 형용할 수 없는
형국이더냐?
29 너는 너의 제자들에게 이르라.
30 나로부터 선택된 너희들은 구원을 받
아 들림을 받았다 하였으니, 너희들의
육은 이 세상에 사나 너희들의 영은
하늘에 와 있거늘, 어찌하여 너희들은
이 지상의 모두를 가슴에 흡수하지 못
하는가?
31 이제는 가슴을 열고 모두를 흡수하는,
그리고 모두를 다 가슴에 받아들이는
그와 같은 마음의 눈을 뜨라 그리 일
깨워 주라.
32 그것만이 너희들이 자신을 바로 세우
며 자신을 다스릴 수 있으며, 그 근본
이 거기에 있음이니라.
33 오늘부터 너의 제자들에게 이르라.
34 너희 자신을 다스리지 못하며, 너희
가정을 다스리지 못하며, 너희 이웃과
화목하지 못하며, 모든 것을 사랑으로
써 다스릴 수 있는 마음이 없다 하면,
35 너희들은 나로부터 선택된 백성이 아
님을 스스로 깨우쳐야 할 것이니, 그
리 깨우쳐 이르도록 하라.

2,148 번째 하나님 말씀

2002년 4월 3일 21시 30분

(강론을 마치며)

1 사랑하는 선지자야!
2 "네, 여호와 하나님! 말씀하옵소서."
3 네가 정녕 나에게 하고 싶은 말이 있
는가?
4 그리고 너의 제자들에게 전하고자 하
는 그 마음이 있는가?
5 아니면 너는 정녕 지금의 너의 깨달음
이 어디에 와 있는가?
6 "여호와 하나님!
7 인간의 부모가 그 자식이 잘못되는 길
을 바로잡기 위하여 정성을 들임이 끝
이 없으며, 그 잘못 가는 자식을 위하
여 인간의 육신도 그 모두를 다 버려
자식이 바로 서기를 바라는 것이 저희
들의 인간의 삶이라 생각하며, 또 그
와 같이 사는 것으로 알고 있었사옵나
이다.
8 오늘 저는 여호와 하나님께 감히 말씀
드리옵나이다.
9 제가 지금까지 여호와 하나님의 성령

을 받아 이 법전을 만들어 세상의 만
백성을 구하고자 하여 제2부의 법전
이 끝나 가는 지금 이 시점에서
10 이 세상에, 모든 땅과 하늘에 가장 불
쌍하고 가장 가련하며 가장 어려운 자
는 여호와 하나님이라는 것을 이제야
깨달았사옵니다.
11 가장 가슴이 아프며, 가장 가슴이 쓰
려 오며, 가장 불쌍하고, 가장 처참하
며, 누구에게도 의지할 곳 없으며, 어
느 곳에 하소연할 수도 없는 것이며,
그 모두를 보여 줄 수도 없는 여호와
하나님이 하늘과 땅 사이에 가장 불쌍
하고 가장 가련한 분이라는 것을 저
선지자가 이제야 깨달았사옵나이다.
12 여호와 하나님께서 모든 시련과 어떤
기적으로써 저희 피조물 만백성을 구
하여 하늘에 오르는 길로 인도하고자
하셨으며, 또한 아들인 예수님까지도
그와 같은 고통 속에서 보냈으며, 지
금은 제3의 시대라 하여 법전을 세상
에 내려보내어 저희들을 깨우치고자
하시는 여호와 하나님의 그 간절한 마
음과 그 소망을 저희들이 깨닫지 못하
며 그를 알아듣지 못하며 그를 소화하
지 못하고 있음이니,
13 이와 같이 우매하고 둔한 저희들을 일
깨워 주시며 또 깨우치고자 하시는 여
호와 하나님의 그 마음의 타는 속과
그 아픈 심정을, 저는 이제야 그것을
볼 수 있었기에 하늘과 땅 사이에 가
장 불행하시며 어렵고 힘드신 분이며
고독하며 외로우신 분은 여호와 하나
님이라는 것을 이제야 깨달았사옵나
이다."
14 사랑하는 선지자야!
15 "네, 여호와 하나님! 말씀하옵소서."
16 너는 네 가슴에 흐르는 그 눈물을 거
두라.
17 하늘과 땅과, 땅과 하늘 사이는 영혼
과 육의 삶의 그 세계이니, 너희들이
사는 육의 세계에서 하늘의 나의 뜻을
바라보며 깨닫는 네가 있으며, 또한
네가 부르짖는 나의 심정을 듣는 너의
제자들이 오늘의 이곳에 모여 있음이
니,
18 그것 하나로써 나 여호와의 마음의 그
기쁨을 측량할 수가 없으며, 나 여호
와의 마음이 모두가 기쁨으로 충만하
여 있음을 너는 알아야 할 것이니라.
19 "전지전능하신 여호와 하나님!
20 저는 이 세상의 모두를 다 주관하시
며, 모두를 뜻대로 이루시며, 못 이루
는 것이 없으시며, 못 갖추는 것이 없
으시며,
21 그 모두는 여호와 하나님의 주관하에
이 세상 것이 이루어지며 그리 형성된
다 생각하는 그 마음속에 그저 여호와
하나님께서 은혜와 은총을 내려 주시
며 그 은혜 속에서 살아가는 그것만을
생각하였으며, 오로지 여호와 하나님
의 성령을 받아 저희 백성인 형제와
여호와 하나님의 피조물인 그들에게
전하는 것으로써 그 모두의 기적과 영
광은 여호와 하나님께서 주관하시는
것만을 생각하였사옵나이다.
22 그러나 제가 제2부의 법전을 완성해
가는 지금의 이 단계에서 오늘에야 그
를 깨달았사옵나이다.
23 하늘과 땅 사이에 가장 불쌍하며 가장

가련하며 가장 아픔을 인내하며 가장
고통을 인내하고 견디는 것은 여호와
하나님 한 분이라는 것을 이제야 깨달
았사옵나이다.
24 모든 영광과 은혜 속에서 세상을 지배
하시며, 저희들을 구원하시며, 모든
피조물 만백성이요, 지상의 모든 동식
물이 살아갈 수 있는 그 영광과 그 은
혜 속을 잊고 살아가는 저희들은 그저
베푸시는 하나님이요, 무한정 끝도 한
도 없이 베푸시는 하나님이요, 그저
내려 주시는 하나님이요, 그리하여 그
것만을 생각하였사옵나이다.
25 그러나 제가 오늘 깨닫고 느낌은 오로
지 이 세상에 하늘과 땅 사이에 가장
가난하시며, 가장 가련하시며, 가장
불쌍하시며, 가장 모든 슬픔과 아픔을
인내하며 견디시는 분은 여호와 하나
님이라 생각하였사옵나이다.
26 육신의 부모도 저희 자식이 잘못되며
죽어 가는 것을 본 그 고통의 아픔을
형용할 수 없거늘, 수천, 수억의 수천
년 역사의 흐름에서 잘못 가는 저희
피조물 만백성, 여호와 하나님의 아들
과 딸들이 그리 오르라 하는 그 하늘
의 길을 보지 아니하며 죽음의 길로
가는 것을 바라보는 여호와 하나님의
그 가슴이 얼마나 아프고 찢어질 것인
가 하는 것을 저는 이제야 깨달았사옵
나이다.
27 그를 바라보시는 여호와 하나님의 그
심정과 마음이 어떠하신 것인가를 이
제야 알았사옵나이다.
28 그래서 하늘과 땅 사이에 가장 불행하
고 가장 가련하고 불쌍한 분이 여호와
하나님이라는 것을 알았사옵나이다."
29 사랑하는 선지자야!
30 "네, 여호와 하나님! 말씀하옵소서."
31 어찌하여 너는 내 마음을 울리려 하는
가?
32 나 여호와는 너희들에게 베푸는 하나
님이요, 이 세상을 창조한 하나님이
요, 내가 가장 아름답고 예쁜 모습으
로 만든 너희들에게 가장 크게 배신이
요, 등 돌림을 당하는 것이 나 여호와
의 지금의 아픈 마음임을, 네가 어찌
그를 헤아려 나의 마음을 이리도 울리
려 하는가?
33 사랑하는 선지자야!
34 "네, 여호와 하나님!"
35 너의 제자들로서 이 세상을 다 태울
불꽃을 세상에 지금 붙이지 아니하였
는가?
36 그 불꽃이 훨훨 타올라 모든 악을 다
태울 날이 머지않았음이니, 오늘의 영
광이 있기에 지난날의 나 여호와의 그
아픈 마음이 오늘의 기쁨임을 너는 알
아야 할 것이니라.
37 네 마음에 흐르는 그 눈물을 거두라,
선지자야!
38 너희들이 이를 깨달았으면 되었음이
라.
39 너희들이 부모의 은혜를, 육신의 은혜
를 갚는다 하여도 갚을 길이 없다 하
지 아니하였는가?
40 너희들은 너희 부모의 은혜를 살아생
전에 모르며 너희 부모가 죽어 유명을
달리했을 때 그 은혜를 안다 하였음이
니, 너희들의 살아 숨 쉬는 육신을 가
지고 나 여호와의 이 아픈 마음을 헤

아리고 알아준다 하면,
41 그리하여 네가 나의 아픈 마음을 헤아
려 네가 마음의 눈물을 흘리고 있음이
니, 이는 효자를 둔 부모의 마음보다
도 나 여호와가 더 기쁨이니라.
42 그리고 너의 제자들 또한 너의 마음과
같은 그 자세로, 베풀며 은혜를 내리
는 나 여호와이기 전에 나의 사랑하는
피조물, 나의 아들딸들이 잘못 살아
죽어 지옥으로 가 고통당하는 그 아픈
마음의 저려 옴을 지금 깨닫고 알고
있음이니,
43 내가 일찍이 너에게 나의 법전을 통하
여 말하였느니라.
44 내가 사랑하는 피조물 만백성, 나의
아들딸들이 짧은 인생의 그 육신의 영
화를 위하여 그 모든 죄악을 벗어나지
못하여 그 죄의 대가를 치르는 그 험
악하고 힘든 고충의 길을 가는 것을
너희들이 좀 덜어 달라 내가 너에게
간곡한 뜻을 전함을 네가 이제야 깨달
았으니,
45 선지자야, 울지 말라.
46 이제는 너희들이 천 년의 역사 속에서
모든 악을 태우는 그 불꽃을 지폈으
니, 그가 훨훨 타 나의 뜻을, 새로운
역사의 새로운 동산을 이룰 날이 머지
않았음이니, 그날을 나 여호와의 가장
기쁨으로 생각할 것이니라.

2,149 번째 하나님 말씀

2002년 4월 4일 09시 15분

1 사랑하는 선지자야!
2 **"네, 여호와 하나님! 말씀하옵소서."**
3 네가 제자들에게 일러 말하기를, 하늘
과 땅 사이에 나 여호와가 가장 불행
하며 불쌍하며, 가슴이 찢어지는 아픔
을 안고 사는 것이 나 여호와라 하였
음이니,
4 너희 인간사에 살아가는 부모와 자식
사이에도 그 부모는 단잠을 이루지 못
하고 자식이 잘 살아가며 그가 성장하
여 필요한 사람으로 이 세상에 남기를
바라는 것이 그 부모의 심정일진대,
5 나 여호와는 그보다 열배 백배 더 너
희들을 향하는 사랑의 마음이 깊다 하
면 정녕 그 뜻을 너는 알겠는가?
6 너의 제자들 또한 그 뜻을 거둬들였으
리라 나 여호와가 생각함이라.
7 바로 이와 같은 마음의 자리가 너희들
과 나의 사이니, 나의 아들과 딸이요,
부모와 자식 사이니라.
8 그러한 그 사이를 어떤 재물로써, 어
떤 너희들에 대한 노동력으로써 그를
바쳐야 나에게 오를 수 있으며 나를
볼 수 있다는 그 허무맹랑한 잘못된
가르침의 그 사람들 속에서 너희들이
아름다운 한 송이 꽃을 피워 가고 있
음이니,
9 나 여호와가 그 꽃을 바라보는 마음이
얼마나 기쁘겠는가?
10 내 너희들의 모두를 사랑하노라.
11 사랑하는 선지자야!
12 **"네, 여호와 하나님! 말씀하옵소서."**
13 너의 제자들에게 이르라.
14 아무리 너희들이 일깨웠으면 무엇하
며, 너희들이 배웠으면 무엇하며, 나
로부터 음성을 들었으면 무엇하며, 나
로부터 터치를 받은 자라면 무엇하는

가?
15 그리고 깨달았다, 무엇인가를 얻었다
하는 자들, 다 네 앞에 와 허황된 소리
를 하지 말라 이르라.
16 정녕 나로부터 터치를 받은 자들이요,
나 여호와의 찬란한 그 빛을 본 자라
하면, 저희들 자신이 가장 소중한 자
라는 것을 깨달으며,
17 가정의 화목이 우선이라 하였음이니,
자신의 의식주를 해결하는 그것이 기
본이요, 그것이 가장 우선인 것을 그
들에게 가르쳐 주라.
18 너희들의 근본인 의식주를 해결하지
못하고 사는 자는 나의 성전에 와서
나의 법전을 읽을 자격이 없으며, 주
옥같이 내리는 나의 그 성령의 아픈
마음을 다 담아 너에게 내리는 나의
성령의 그 음성을 들을 자격이 없다
이르라.
19 내가 나의 피조물 만백성을 구하기 위
하여 나의 성령을 태워 너희들에게 내
린다 하였음이니, 이 불로 태우는 것
보다도 더 아픈 가슴으로써 내리는 나
의 성령의 음성을 듣는 너희들에게 똑
같이 살 수 있는 그 은혜와 모든 것을
내가 다 주었거늘,
20 그 속에서 너희들이 게을리 잘못 살며
너희들의 근본인 의식주조차 해결하
지 못하는 자가 어찌하여 나의 음성을
들었으며, 나의 뜻을 들었으며, 나에
게 터치되었으며, 나에게 영광을 받은
자라 그리 말하는가?
21 그와 같은 소리는 나하고는 아무런 관
계가 없다는 것을 너의 제자들에게 일
러 깨우쳐 주라.
22 오로지 나의 성전에 와서 나의 법전을
읽는 자는 지금 잘못 가고 있다 하더
라도 저 자신의 의식주를 확실히 해결
할 수 있는 그와 같은 기틀과 기본을
가진 자가 나의 성전에 와서 기도하며
경배하라 이르라.
23 만일 그를 다스리지 못한 자가 있다
하거든 나의 성전에 나오지 말며, 그
가 먼저 돌아가 몸과 모든 정열을 다
바쳐 저희 가정의 의식주를 해결해 놓
은 다음에 나의 법전의 뚜껑을 열라
너희들은 그리 가르치라.
24 인간으로서 육의 삶이 그리 멀지 않았
거늘, 어찌하여 너희들이 그 육의 삶
자체를 소홀히 하는 자가 나에게 구원
을 받을 수 있는 길이며 나에게 영광
된 그 길을 볼 수 있고 갈 수 있다 하
는가?
25 똑같이 모두를 살 수 있는 그 60점 안
에 너희들에게 모두를 다 주었으니,
나의 법전을 접하는 자, 나의 성령을
듣는 자가 그 육의 생활에서도 가장
모범이 되어야 될 것이며 바른 자세로
살아야 할 것이니,
26 오늘부터 그들에게 이르라.
27 의식주를 해결하지 못한 자 있거든 나
의 성전에 나오지 말라 이르라.
28 나의 성전에 나올 그 시간에 노력하고
더 노력하여 일단 너희들의 의식주부
터 해결하고 가정이 편안하게 살아갈
수 있는 준비를 다 갖추는 자만이 여
기 와 기도하며 나의 그 음성을 들으
라 하라.
29 그리하여 너희들에게 나오지 말라 하
여 내가 그를 사랑하지 아니함이 아니

며 그를 버림이 아니니라.
30 내가 너희들을 사랑하기 때문이니라.
31 내가 사랑하는 자식이요, 내가 사랑하
는 아들딸을 따르는 그 가솔이요, 식
구들이 생활의 의식주의 고달픔을 가
지고 있다면 이는 내가 정녕 너희들에
게 상을 내리는 여호와 아버지가 아니
니라.
32 너희들이 노력하는 만큼 내가 내릴 것
이니, 너희들은 무엇을 깨달았다, 무
엇을 들었다, 나로부터 터치된 자라는
그 망령된 말을 하지 말라.
33 너희들의 가정의 의식주를 해결하지
못하며 자세를 바로잡지 못한 자, 그
리고 가정을 반듯이 세워 놓지 못한
자, 그는 나로부터 찬란한 빛을 보지
못한 자이며, 그건 허황된 가짜의 빛
을 보고 제가 깨달았다고 하는 자이니
라.
34 그러나 그가 가짜의 빛을 깨닫고 보고
깨우쳤으며 그 빛을 보고 그가 나의
뜻을 알았다 하여도, 그는 나의 법전
을 열었으며 나의 성령을 들은 자이
니, 그는 내 자식이니 내가 그를 버리
지 아니할 것이니라.
35 그러니 선지자 너는 그들에게 채찍을
높이 들어 명하라.
36 너희들은 모두 의식주부터 해결한 다
음에 나의 법전을 읽을 것이며 나의
성령을 듣는 것이 우선이라 말하라.
37 내 사랑하는 자식들에게 똑같이 내가
은혜와 상품을 주었거늘, 어찌하여 그
것을 받지 못하는 백성이 되어야 하겠
는가?
38 나로부터 은혜를 받으며 나로부터 정
녕 터치된 나의 자식이며 그리고 또
나에게 오르는 길이 무엇인가 아는 너
희들은 우선 내가 준 60점 그 안에서
기본인 너희들의 의식주부터 먼저 해
결하는 삶을 살고, 그다음에 나의 법
전을 읽으라.
39 그렇지 아니한 자는 노동판에 가서 일
을 해야 될 것이며, 그리고 들판에 가
서 풀을 뜯어서라도 너희들의 의식주
를 해결하는 것이 먼저이니,
40 나의 성전에 와서 나의 법전을 읽으며
나의 성령을 내려보낸 그 뜻을 나의
선지자를 통하여 듣는 그 육신을 벗어
나 영의 삶의 양식보다도 우선은 먼저
1단계를 너희들이 시험을 통과한 다
음에 2단계에 접하도록 하라.
41 내가 너희들을 기다리고 있을 것이니
라.
42 너희들의 육의 생활에서 의식주를 완
벽하게 해결해 놓고 난 다음에 너희들
이 나의 성전에 와 나의 법전을 들으
며 나의 성령의 뜻을 듣는, 그 돌아올
수 있는 나의 아들딸들을 내가 기다릴
것이니, 내가 너희들을 버림이 아니니
라. 그것부터 너희들이 이루도록 하라.
43 그리고 너희들은 들어야 될 것이니라.
44 나의 성전에 와서 너희들이 떡 한 덩
어리를 갖다 놓으며 나의 성전을 아름
답게 가꾸는 것에 너희들의 금화와 은
화를 바치며 내놓는 것을 너희들은 영
광되며 축복받은 것이라 생각하지 말
라.
45 우선 그것으로써 너희들이 의식주를
해결해야 될 것이며,
46 너희들이 마음의 부담을 가지면서 이

성전에 아름다운 빛을 내도록 하는 그
와 같은 일을 하지 말라.
47 너희들이 이 성전에 아름다운 백합꽃
한 송이를 갖다 놓고자 한다면, 너희
들의 마음으로써 그 백합꽃이 여기에
와 있거늘,
48 너희들은 어렵고 힘든 그 물질로써 나
에게 백합꽃을 사다 놓으려 하지 말라.
49 그리하지 아니하여도 너희들의 마음
을 내가 아나니, 너희들이 백합꽃 한
송이를 나의 성전에 갖다 놓아 나 여
호와를 기쁘게 하고자 한다면 그것으
로써 너희들의 의식주를 먼저 해결하
도록 할 것이며,
50 의식주를 해결하는 데 지장이 없는 자
가 나에게 그 백합꽃 한 송이를 갖다
놓을 때, 그것이 천 송이, 만 송이이며
그 향기가 하늘에 오를 것이니 그리
알라.
51 자신의 생활이 어려우며 의식주를 해
결하지 못하는 나의 아들딸 너희들이
그 백합꽃 한 송이를 바치기 위해 너
희들의 금화와 은화를 나에게 던지지
말며,
52 그것으로 너희 자식들을 가르치며 너
희들의 의식주를 해결하는 그곳에 먼
저 투자하고 쓰도록 그리하라.
53 그리하여도 내가 너희들을 더 사랑함
이니 그리 알라.
54 어찌하여 나의 이 이치를 모르며, 나
의 이 뜻을 모르며 너희들이 나로부터
선택된 백성이라 하는가?
55 너희들의 의식주를 먼저 갖추라.
56 그것이 나를 가장 기쁘게 하는 것이니
라.
57 깨달음을 얻었다, 무엇을 얻었다, 나
로부터 음성을 들었다, 메시지를 받았
다 하여 의식주며 가정을 다스리지 못
하는 자는 이 성전에 와 입을 열지 말
라 하라.
58 그것을 먼저 그들이 해 놓고 난 다음
에 나에게 와서 기도하고 경배해도 그
음성에 내가 열배 백배 더 상을 줄 것
이니,
59 나의 뜻을 길이 지켜 너의 제자들을
그리 다스려 나가도록 네가 해야 할
것이며, 오늘 내가 내리는 이 기도문
을 너의 사랑하는 제자들에게 들려주
도록 하여 그들이 깨우침을 얻도록 하
라.
60 정녕 모두는 질서요, 기본에 있음이니
라.
61 다시 한 번 너희들에게 강조하나니,
너희들의 육신의 소중함을 먼저 알며,
그 육신 속에 살아가며 나를 향하여
기도드리는 너희들의 그 영을 내가 소
중히 사랑함이니, 너희들의 소중함을
먼저 알아 가정을 지키라.
62 그리고 자식들과 가정의 의식주를 완
벽히 해결하는 그와 같은 너희들이 그
다음에 나의 법전을 읽으며 나의 성전
에 와 기도하는 그 시간과 모두를 바
치라.
63 마음으로 백합꽃 한 송이를 이 성전에
갖다 놓으라. 그러면 나 여호와가 얼
마나 기쁘겠는가?
64 너희들의 어려운 생활 속에서 한 송이
백합꽃을 사다 놓는 그것보다 마음의
정성을 더 사랑함이니라.
65 그와 같은 어려운 자, 너희들의 의식

주를 해결하는 데 먼저 그를 사용하라.
66 다만, 너희들은 내가 선지자를 통하여 '일식 삼찬'(밥, 국, 반찬 3가지로 하는 식사)을 실천하라 하였으며 재물을 아껴 쓰라 하였음이니,
67 이를 실천하는 것이 너희들이 어렵게 백합꽃 한 송이를 나에게 바치는 것보다 더 나 여호와의 기쁨이요, 사랑이 있음을 알라.
68 너희들이 바로 된 부모요, 바른 정신 자세를 가진 부모가, 그리고 올바르게 살아가고자 하는 그 부모가 자식들을 사랑하는 그 마음보다 나의 마음속에 열 배 더 내가 너희들을 자상하게 사랑함을 너희들이 깨우쳐 행하면 될 것이니 그리 알라.
69 사랑하는 나의 아들과 딸들아!
70 나의 선지자를 따르는 너희들을 정녕 내가 사랑함이니, 오늘 아침 너희 모두를 나의 가슴에 안노라.

2,150 번째 하나님 말씀

2002년 4월 4일 09시 53분

1 사랑하는 선지자야!
2 "네, 여호와 하나님! 말씀하옵소서."
3 너희들 육신의 그 짧은 인간관계의 부모와 자식 사이에도 자기의 자식이 바로 설 수 있으며 바른길로 들어서 가고 있다면, 착하고 아름답게 그 자식이 부모의 뜻에 의하여 성장해 준다면 그 부모의 마음의 기쁨은 어떠하겠는가?
4 그리고 그 아들이 부모가 원하는 삶을 살아 줄 수 있도록 그가 보장된 그 길을 노력하며 그리 어긋나지 아니하고 살아간다면 그것을 바라보는 부모의 마음이 기쁘기 한량없을 것이거늘,
5 나 여호와가 나의 피조물 만백성이 잘못 살아와 지금 다 썩어 가고 병들어 가는 그들을 위하여 내가 아무것도 모르는 너를 선택하여 하나의 겨자씨를 세상에 내려보내 나의 성령을 기록하여 법전이라 하여 나의 피조물 만백성이 그 뚜껑을 열어 그를 깨우쳐 하늘에 오르는 길을 보도록 그리하였음이니,
6 그 겨자씨가 이제는 제자리를 잡으며 서서히 성장해 가는 것을 보는 나 여호와의 마음이 얼마나 기쁘겠는가?
7 네가 나의 부모의 마음이라 하여 나 여호와의 그 아픈 마음이요, 내가 너희들을 사랑하는 그 마음을 헤아려 눈물로써 나에게 기도를 드리며, 그 눈물의 하소연을 듣는 나 여호와의 마음을 너는 정녕 알겠는가?
8 이것이 잘못 가지 아니하고 바르게 살아가는 육신의 자식을 바라보는 부모의 마음에 비하겠는가?
9 수천 수억의 나의 피조물 만백성을 구하기 위해 너를 하나 세상에 내려보내 나의 성령을 받아 기록하여 법전을 만들라 하였으니, 이는 네가 나의 뜻을 깨달아 네가 눈물로써 나에게 기도를 드리며 이 어버이의 마음을 헤아림이니,
10 그리하여 너를 따르는 제자들 또한 그 마음을 헤아림이 깊어지며, 나 여호와의 아픈 마음을 너의 제자들의 가슴속에 새길 수 있는 그와 같은 깨달음을

얻는 너의 제자들과 너를 바라보는 나
의 마음의 기쁨이 얼마나 크겠는가?
11 정녕 내가 너를 사랑하며, 너의 제자
들을 사랑하고 있음을 알라.
12 육신의 부모도 그 자식이 바르고 곧게
자랄 때 그를 바라보는 부모의 마음이
든든하며 그 행복감을 어디에다 비하
겠는가?
13 그리고 그 부모의 주름진 얼굴에, 노
고의 주름살의 값에 그는 기쁨이요,
영광을 얻지 아니하겠는가?
14 하물며 육신의 부모와 자식도 그렇거
늘, 내가 수십억 인구의 이 세상을 다
스릴 수 있는 그 법전을 세상에 내보
내 너를 통하여 그를 기록하여 전하도
록 하였으니,
15 이 나의 뜻과 나의 마음과 내가 행하
고자 하는 것을 네가 깨달으며 너의
제자들이 깨달아 너희들과 같이 눈물
의 기도를 나에게 드리는 그 음성을
들을 때, 이보다 더 아름다운 기도가
어디 있으며 이보다 더 아름다운 나
여호와를 기쁘게 하는 그 뜻이 이 세
상에 어디에 있는가?
16 육신의 부모보다 열배 백배 더 나 여
호와의 마음이 기쁨을 너희들은 알아
야 할 것이니라.
17 그리하여 너희들의 이름을 내가 낙원
에 걸어 놓았음이니, 그 걸어 놓은 이
름을 바라보는 나 여호와의 기쁨을 너
희들이 알라.
18 내가 낙원에 걸어 놓은 너희들의 이름
을 하나하나 기억하고 그를 바라볼 때
너희들이 그 앞에 설 수 있는 자식으
로서 성장하며 딸로서 또 변해 가는
그 모습을 바라보는 나 여호와의 이
기쁜 마음을 너희들이 헤아려야 할 것
이니라.
19 내 너희들을 사랑함이니라, 선지자야!

2,151 번째 하나님 말씀

2002년 4월 5일 07시 35분

1 사랑하는 선지자야!
2 "네, 여호와 하나님! 말씀하옵소서."
3 네가 무엇을 두려워하는가? 그리고
네가 무엇을 불안해하는가?
4 너는 오로지 나의 성령을 받아 법전을
만들며 네가 인간사에 살아가는 그 자
세를 바로 하고 살아갈 때, 그 모두는
다 나의 뜻에 의하여 주관됨이니, 너
는 너 자신을 다스려 나가면 될 것이
니라.
5 나 여호와가 존재함이며, 나 여호와가
나의 피조물 만백성을 구하기 위하여
내리는 나의 성령을 네가 받아 세상에
전함이니,
6 하늘에 나 여호와가 존재하며 지상에
나의 선지자 네가 있음이니, 무엇을
두려워하며 네가 그리 겁을 먹는가?
7 이 세상 모두를 다 덮는다 하였으며,
너희들이 세상에 눈을 감기 전에, 육
신의 삶이 끝나기 전에 그 모두를 다
볼 것이라 하였음이니, 두려워하지 말
라.
8 너를 도울 자들이 다 올 것이니라.
9 다만 네가 기도를 열심히 하며 네가
계명대로 살아가는 데 한 점의 부끄럼
없는 그와 같은 자세로 바로 서는 것
만이 네가 가야 할 길이며 네가 행하

여야 할 길임을 알라.
10 너의 제자들이 너를 따르고자 하는 그
마음을 네가 다스려 나가듯이 너 자신
이 다스려 나간다면 너는 조금도 두려
워할 것이 없음이니 그리 알라.
11 지금 수천 년에 걸쳐 하늘에 오르는
길로 나의 피조물 만백성을 인도한다
는 자들이 어찌 믿고 왔는가?
12 그리고 그 종교 지도자들이 지금 어떠
한 형태로 살아오고 있는가?
13 그것을 바로잡고자 함이니라.
14 하늘에는 이 세상을 창조한 나 여호와
가 존재하며, 그들을 바로잡기 위하여
나의 아들이 성령으로 세상에 태어나
너희들에게 내가 존재함을 부르짖었
으며, 나의 뜻에 따라, 계명에 따라 살
라 그리하였으나, 그를 또한 너희들이
버렸음이니라.
15 그리하여 나의 뜻을 전하는 목자는 나
의 예수요, 그리고 구약과 신약의 시
대가 지나 나의 성령을 받아 전하는
제3의 시대에 네가 이 세상에 존재하
여 나의 법전을 만들어 내고 있음이니,
16 지상에서 너희들을 하늘에 이끄는 종
교 지도자라 하며 정녕 저희들이 나로
부터 명을 받은 자라 말하는 자들은,
17 하늘에 내가 존재하며 모두를 창조한
나 여호와가 있으며 나의 아들 예수가
목자요, 또한 지금 나의 성령을 받아
전하는 네가 나의 목자이거늘,
18 그들은 그들의 세계에서 나의 아들 예
수가 전하고자 하는 그 뜻을 전하는
것에 저희들이 참여하는 것만으로도
이 세상에 더없는 영광을 얻은 자라
그리 깨달아야 될 것이며,
19 또한 나의 성령을 직접 들으며 나의
법전을 깨우쳐 공부하고 나 여호와의
뜻을 받아 전하는 너의 제자로서 그들
이 존재함이 그보다 더 큰 은혜와 영
광이 없음이니 그들이 무엇이더냐?
20 네가 가는 그 길을 도우며, 그 길을 인
도하며, 그 길을 안내하는 그곳에 참
여한 그것으로써도 그들이 세상에 더
없는 영광으로 알아야 될 것이거늘,
21 그들이 너보다 더 높고자, 그들이 너
보다 위대하고자, 그들이 네 앞에 가
고자 한다는 것은 있을 수 없는 것이
아니던가?
22 지금 나의 피조물 만백성을 인도한다
는 종교 지도자들이 과연 어찌하고 있
는가?
23 나의 아들 예수의 뜻과 나의 아들 예
수의 행한 것을 본받아 저희들이 행할
수 있는 선택된 자라면 예수가 이루지
못한 그 일을 따르는 그와 같은 겸손
하고 낮은 자로서 그 일을 수행함을
영광으로 알아야 될 것이며 나의 피조
물 만백성에 대한 종으로서 그 자리에
서야 될 것이거늘, 지금 그들은 어찌
하고 있는가?
24 그들이 나의 피조물 만백성 앞에 군림
하고 있으며, 나의 피조물 만백성, 나
의 사랑하는 백성을 저희들의 수족처
럼 마음대로 부리고 있는 그와 같은
형국이 되어 있음이니,
25 그들의 오만함과 자만함이 하늘을 찌
르고 있음이니라.
26 그들은 그와 같은 자격이 없음이니라.
27 그들은 그저 낮은 자로서 나의 아들
예수가 이루고자 하며 전하고자 한 나

의 성령을 그대로 전하는 것으로써 저
희들의 임무를 다하는 것이며,
28 목자는 오로지 나의 아들 예수뿐이며,
지금 제3의 시대의 나의 성령을 직접
받아 기록하는 선지자 너뿐이니라.
29 그들은 정녕 목자가 아니니라.
30 그들은 나를 따르는 나의 피조물 만백
성에게 가장 낮고 겸손한 자세로써 그
저 일깨워 주고 안내하는 것뿐이지 그
들이 주역이 아니니라.
31 그들은 안내자이거늘 저희들이 단상
에서 연설하는 연설자가 되고자 하며,
저희들이 모든 행사에 주역인 양 그리
살아가고 있음이니, 그게 잘못되었음
이라.
32 그 단상에 서서 연설하고 설교하는 자
는 나의 아들 예수뿐이며, 나의 성령
을 받아 기록하는 제3의 시대를 이끌
어 가는 너뿐이니라.
33 그들은 안내자들이니라.
34 그들은 그 광장에까지 안내하는 것이
저희들의 임무이거늘, 저희들이 연설
자요, 저희들이 목자라 그리 착각하고
있음이니,
35 아무것도 제대로 깨닫지 못하며 알지
못하는 자가 어찌 목자가 되고 연설자
가 될 수 있는가?
36 그냥 그들은 안내판을 가슴에 달고 안
내하는 임무이거늘, 저희들이 대장으
로서 지금 행세하며, 나 여호와를 능
가하고자 하는 그와 같은 부귀와 영화
를 누리고 있으며 권좌와 같은 그걸
누리고 있으며, 나의 피조물 만백성을
저희들의 소유물인 것처럼 그리 이끌
어 가고 있으니,
37 너희들은 반드시 그 내막과 그 뜻을
알아야 될 것이니라.
38 이 세상의 창조자는 나 여호와 하나뿐
이며, 목자는 나의 아들이요, 나의 성
령을 받아 나의 법전을 기록하여 천
년에 걸쳐 나의 피조물 만백성이 읽고
깨우치게 하는 너뿐이니, 그리하여 그
들은 너희들 앞에 인도하는 안내자일
뿐이니라.
39 안내자가 연설자가 되어 그 행사의 주
역이 되고자 하니 이가 잘못되었음이
라.
40 그 뜻이 무엇인지도 알지 못하며 그
연설의 내용이 뭔지도 모르는 자가 연
설을 하는 자처럼 그리 관중 앞에서
박수와 갈채를 받으려 하는 그와 같은
형국으로 가고 있음을 너희들은 이제
깨우쳐,
41 그들을 제자리에 세워 놓고 돌려놓는
임무가 너희들이 하여야 할 것이니,
이가 얼마나 어렵고 힘든 너희들이 가
야 할 길인가를 알라.

2,152 번째 하나님 말씀

2002년 4월 5일 08시 15분

1 사랑하는 선지자야!
2 "네, 여호와 하나님! 말씀하옵소서."
3 나의 피조물 만백성을 구하기 위하여
나의 성령을 가슴에 안고 나의 아들이
목자로서 세상에 나갔으니,
4 그리하여 나의 아들의 행사장으로 들
어서도록 많은 피조물 만백성을 안내
하는 그 안내자들이 나의 피조물 만백
성을 모아 나의 아들이 연설장에 서서

나의 성령을 만백성에게 전하는 그러
한 역사를 이루기도 전에,
5 그가 연설장에 들어서기도 전에 그를
가장 처참하고 비참한 방법으로 죽여
매장을 시켰음이니라.
6 그리하여 지금 그 안내를 스스로 자원
하여 맡은 안내자들이 저희가 연설자
라며 수천 년 동안 서로 아귀다툼을
하고 소리 지르고 싸우는 형국이 지금
종교 지도자들의 형태이니라.
7 그리하여 많은 사람들이 들어가 나의
성령의 뜻을 나의 목자로부터 들어야
할 그 행사장이 비어 있었음이니,
8 그것이 지금 2천 년의 역사가 흘렀음
이니라.
9 나의 아들 연설자가 연설장에 들어가
나의 메시지를 갖고 광장에 모인 나의
피조물 만백성을 깨우쳐야 했던 그 역
사를 이루지 못하게 한 것이 사악한
그들이니라.
10 그리하여 지금 2천 년 동안 나의 피조
물 만백성이 들어와 목자로부터 나의
성령을 들어야 할 그 광장의 문이 닫
혀 있음이니,
11 자원 봉사요, 안내자로 나섰다는 그들
이, 나의 아들 예수를 그리 숨지게 한
그들이, 지금까지도 수천수만의 안내
자들이 저희들만이 그 광장의 주인이
며 연설자라 하여 지금 나의 피조물
만백성 너희들을 이끌고 오고 있음이
니,
12 너희들은 나의 아들이 목자로서 광장
에 들어가 너희들에게 나의 성령을 전
하기도 전에 그의 목숨을 끊었듯이,
너희들이 지금 잘못 안내한 그 안내자
들의 세 치 혓바닥에 현혹되어,
13 너희들이 들어와 나의 성령을 들어야
할 그 광장의 입구에 오기도 전에 너
희 육신이 죽어 가서 나와 아무 관계
도 없는 지옥 불에 떨어지는 그와 같
은 형국의 살아감이 너희들이라 내가
말한 뜻이 여기 있음이니라.
14 내가 나의 광장에 나의 목자를 보내어
나의 아들 예수인 그 목자가 너희들을
깨우쳐 성령을 보급하기도 전에 그리
처참히 죽게 하였으며,
15 그리고 죽였던 그 안내자라 하는 자들
이 지금 저희들이 그 목자인 양, 그리
고 나의 성령을 들을 수 있는 그 광장
의 주인인 양 서로 아귀다툼을 하고
있음이니,
16 그리하여 그 광장의 문을 들어선 자가
아무도 없기에 너희들이 지금 수박 속
을 보지 못하고 겉도 제대로 보지 못
하는 그와 같은 형국이라 내가 하였음
이니라.
17 그리하여 내가 나의 목자를 내려보내
어, 그 목자 한 사람을 내려보냄으로
인하여 안내자인 너희들이 그리 사악
한 행위를 하여 너희들이 주인이요,
목자 노릇을 하고자 하기에,
18 지금 그 주인이 없는 광장을 비워 놓
은 채 2천 년의 역사가 흘렀음이니라.
19 이제 나의 선지자를 하나 다시 또 보
내어, 그가 그 광장에 가 나의 피조물
만백성에게 성령을 전하고자 너희들
의 목자 역할을 다하려고 하나,
20 안내자인 그들은 목자로서 지금 나의
피조물 만백성을 우롱하며 살아온 그
저희들의 꿀맛을 버릴 수가 없어서 더

처참한 방법으로 나의 선지자를 해할
것이라 하였느니라.
21 그리하여 내가 나의 성령을 나의 선지
자를 통하여 내려보내 법전이라 하는
것을 나의 선지자를 통하여 만들어,
내가 만든 광장에 들어와 나의 목자가
연설할 수 있는 그 연설문의 내용을
미리 나의 피조물 만백성에게 전하여,
22 그들이 그 내용을 보고 정녕 연설자가
따로 있으며 안내자가 연설자가 아니
라는 것을 구분하여 나의 광장에 들어
설 수 있도록 그와 같은 역사를 지금
이루고 있음이니,
23 바로 그 광장에 모일 때 무엇 때문에
모이며 어떠한 연설을 듣기 위하여 모
인다는 것을 미리 그 연설문의 주제를
배포하여 전하는 것이 나의 성령이요,
나의 법전임을 알라.
24 나의 목자인 나의 선지자가 내가 만든
그 광장에 나의 피조물 만백성을 모아
놓고 그들에게 바로 나의 성령을 전하
는 그 광장에 들어올 수 있으며 그 주
제가 무엇인가를 알려 주는 것이 바로
너희 제자들이며 나의 법전을 깨우쳐
읽은 백성이니,
25 그리하여 이제는 선지자의 제자 너희
들이 나의 법전을 세상에 전하는 것이
바로 내가 나의 목자를 통하여 나의
피조물 만백성에게 광장에서 연설하
고자 하는 그 연설문을 미리 전하는
것이니,
26 그게 바로 너희들이 나의 연설문을 얼
마나 많은 피조물 만백성에게 전하느
냐에 따라 너희들이 나의 피조물 만백
성을 그만큼 그 광장에 인도하는 것이
니라.
27 그리하여 나의 법전을 물불을 가리지
말고 전하라 함이니, 그게 바로 나의
목자요, 나의 아들 선지자를 살리는
길이며,
28 선지자가 많은 나의 피조물 만백성에
게 내가 만들어 놓은 끝이 없는 그 광
장에서 연설할 때 그들이 연설문을 듣
고 그 연설문의 취지와 뜻을 듣기 위
하여 모여들도록 하는 것이 너희들이
니,
29 너희들의 대명과 너희들의 해야 할 책
무를 확실히 구분하여 혼동하지 말라.
30 지금 너희들이 나의 성전에 들어와 나
의 목자로부터 나의 사랑하는 피조물
만백성이 그 연설문을 듣도록 하기 위
하여 그들을 안내하는 것이니,
31 바로 나의 법전, 즉 나의 연설문을 전
하는 것이 너희들의 대명이며, 너희들
은 안내자이니라.
32 너희 주인이 연설할 수 있도록 하기
위하여 광장의 문을 열어 놓고 그곳에
나의 피조물 만백성을 모이도록 안내
하는 너희들은 안내자일 뿐이니라.
33 너희가 주역이 되어서는 아니 되느니
라.
34 또한, 너희들이 모여 주역의 역할을
하고자 나의 선지자를 해하는 그러한
너희들이 되어서는 아니 됨을 알아야
될 것이니라.
35 바로 안내를 했으면 되는 것을 나의
그 안내자들이 나의 예수를 살해했듯
이, 지금 안내의 대명을 맡은 너희들
가운데 그 성전의, 광장의 주인이 되
기 위하여 나의 선지자를 살해하는 자

가 나온다 하면,
36 너희들은 또다시 죽어도 그 광장의 문
을 들어올 수 없으며 너희들은 지옥
불로 간다는 것을 알아야 할 것이니,
너희들은 안내자이니라.
37 나의 연설문인 나의 법전을 나의 피조
물 만백성의 한 사람에게 더 전하는
것이 너희들의 대명임을 잊지 말라.
38 그리하여 나의 이 성전에 나의 연설문
을 전할 수 있는 자 그득히 모으라 하
였거늘, 그들이 많은 연설문을 가지고
한번에 나의 피조물 만백성에게 전할
때,
39 정녕 연설자가 따로 있음을 나의 피조
물 만백성이 알아 지옥 불로 가는 그
길을 막고자 함이니 그리 알라.

2,153 번째 하나님 말씀

2002년 4월 5일 08시 31분

1 사랑하는 선지자야!
2 "네, 여호와 하나님! 말씀하옵소서."
3 이제는 너의 제자들에게 확실히 자리
를 잡아 줄 때가 왔음이니라.
4 너의 제자들은 나의 성령으로써 내가
너에게 내려 기록한 나의 연설문을 가
지고 네가 연설을 할 수 있도록 하기
위하여 나의 피조물 만백성을 그곳에
모으는 안내자임을 확실히 알라 하라.
5 저희들이 내가 만든 성전에 와 연설하
는 연설자라 착각할 때, 그들은 또한
나의 아들 예수를 해하였듯이 그와 같
은 마음의 생각을 가슴에 안은 자가
있을 것이니,
6 이는 정녕 용서될 수 없으며 용서할
수 없음이니, 오로지 그들은 나의 선
지자가 내가 써 내린 나의 연설문을
가지고 나의 성전에서 강론할 수 있도
록, 그 강론을 들을 수 있도록 나의 피
조물 만백성을 안내하는 나의 전사로
서 명을 받았음이니,
7 그 영광 또한 너희들이 더 이상 없음
을 알라 이르라.
8 그리하여 선지자의 제자 너희들이 안
내자로서 직분을 다해야 될 것이니,
안내자라 하는 자가 어떠한 것이더냐?
9 친절하며 자상하며, 항상 그 얼굴에
웃음의 빛을 지워서는 아니 됨이니,
나의 성전에 와 나 여호와가 직접 써
준 그 연설문을 가지고 나의 목자인
나의 선지자가 연설을 할 수 있도록,
10 그리고 그것을 들으러 오는 나의 피조
물 만백성이 편안한 마음으로 그곳에
올 수 있도록 하려면 어찌해야 되는가?
11 그것은 너희 안내자들의 모습을 보고
그들이 나의 목자를 분석할 것이며 나
여호와의 연설문이 얼마나 위대한 것
인가를 알게 될 것이니,
12 가장 친절하며 상냥하며 아름다운 모
습으로써 안내자가 되는 것이 너희들
의 전부임을 알라.
13 너희들이 주인인 양, 연설자인 양 너
희 가슴을 내보여서도 안 되며 너희
가슴을 펴서도 안 됨이니,
14 너희들이 따르고 받드는 너희 선지자
가 나 여호와가 직접 써 내린 그 연설
문을 개봉하여 그곳에서 강론할 수 있
도록 나의 피조물 만백성을 그곳으로
인도하고 안내하는 것이 너희들이니,
15 그 중책이 얼마나 중요한가를 깨달아

그를 너희들은 소홀히 다루지 말라.
16 그리고 너희들이 소홀히 행동하지 말
라.
17 그리하여 너희들은 정녕 연설자가 될
수 없음이니라.
18 목자는 오로지 내가 내린 나의 성령의
그 연설문을 개봉할 수 있는 자뿐임을
너희들이 명심하고 깨우쳐야 될 것이
며,
19 그를 직접 받아 너희들이 행하겠다 한
다 하면 이는 너희들이 모두를 파괴하
는 행위가 됨이요, 그 죄 또한 용서할
수 없음이니,
20 지금의 선지자의 제자 너희들이 그러
한 생각을 가진 자 있어서는 아니 될
것이며 또한 그러한 제자들이 있지도
아니할 것을 내가 알고 있음이니라.
21 그리하여 내가 직접 제자 너희들에게
명하는 이 흐름의 뜻을 깨우쳐 자신을
가지고 자신의 위치를 아는 그와 같은
현명한 나의 백성이 되어, 나의 전사
로서 너희들이 육의 삶을 마치고 하늘
에 오르는 그 영광의 길을 잊지 말도
록 그리하라.
22 너희들은 안내자로서 안내할 인원이
정해져 있으며, 그 모두를 통제하는
것은 나의 목자인 나의 선지자가 할
덕목이니,
23 너희들이 해야 할 부분과 선지자가 해
야 할 부분이 엄연히 구분되어 있음을
알아야 될 것이니,
24 이를 너희들이 알아 행한다 하면 너희
들에게 영원히 축복이 있을 것이며,
너희들로 하여금 나의 피조물 만백성
을 구원하는 그 아름다운 역사요, 너
희들의 이름 석 자가 길이 하늘과 땅
에 기록되어 남을 것이니라.
25 이를 잊지 말고 행하도록 그리 가르치
라, 선지자야!

2,154 번째 하나님 말씀

2002년 4월 5일 09시 13분

1 사랑하는 선지자야!
2 "네, 여호와 하나님! 말씀하옵소서."
3 이제 너의 제자들의 자세가 무엇이며,
너의 제자들의 위치가 무엇이며, 너의
제자들과 나 여호와와의 관계가 무엇
인가를 너의 제자들에게 일깨워 줘야
될 것이니라.
4 내가 너희들에게 말하였느니라.
5 인간이 세상에 나가 육의 영광과 은혜
를 나에게 받았음이니, 그리하여 그
점수 안에서 너희들이 살아갈 수 있는
모두를 다 주었다 하였음이니,
6 그 속에서 살아가는 것이 나의 피조물
만백성 너희들이며, 그 속에서 내가
명한 나의 뜻인 율법을 지키며 너희들
이 구원을 받도록 살아오고 노력하는
것이 너희들이 가야 할 길이니라.
7 그러나 너의 제자들에게 내가 명하여
일렀느니라.
8 너희들은 육의 영광을 받아 왔으며,
이제는 너희들이 영적인 나 여호와와
관계가 연결되어 있다는 것을 알아야
할 것이니라.
9 그리하여 내가 감히 누구도 넘을 수
없는 나 여호와의 고유의 권한이며,
나 여호와만이 구원할 수 있는 나의
낙원에 너희들의 이름을 기록하였다

하였음이니, 그것이 바로 무엇이더냐?
10 너희들의 육의 영광을 벗어나 이제 영
적인 나와의 관계가 정립되어 있으며,
그 관계가 그리 흘러가고 그리 정립된
것을 너의 제자들에게 알려 줘야 될
것이니 이 또한 너희들이 어떠한 영광
의 길인가를 알아야 할 것이니라.
11 너희들이 나로부터 선택되어 나의 선
지자를 통하여 내리는 나의 성령이요,
나의 법전을 읽고 깨우쳐 이미 너희들
의 마음의 자세가 어디에 와 있는가?
12 이제 너희들은 나로부터 육의 영광을
벗어나 영적인 그 세상에 들어와 있으
니, 나 여호와와 너희들은 영적인 관
계가 지금 정립되어 있음을 알라.
13 오늘의 나의 선지자를 통하여 이 모두
는 너희들의 노고요, 이는 너희들의
영광이라 그리 알며,
14 나의 선지자를 통하여, 나의 아들을
통하여 너희들의 육의 영광을 벗어나
나와 영적 관계가 정립되었으니,
15 그 선지자의 가는 길에 너희들이 흐트
러짐이 있어서는 아니 됨을 알아야 될
것이니라.
16 나의 사랑하는 선지자가 침체일로에
있으며, 그가 자신이 무엇인가를 돌아
다보며, 그가 오늘의 고통의 길을 가
는 것에 마음이 흔들려서는 아니 될
것이며,
17 너희들이 그와 같이 흔들리고 잘못 갈
때마다 너희들이 바로잡고 바로 보는
그와 같은 책무가 있음을 잊어서는 아
니 될 것이니라.
18 이제 너희들은 나와 영적인 관계로 연
결되어 있음이니, 영적인 구원의 길을
인도하며 그를 따라오는 너희 선지자
가 잘못 가고 흔들리며 침체일로에 쓰
러져 가는 그러한 역사가 이 세상에
있어서는 아니 될 것이니,
19 너희들이 항상 24시간 긴장 속에서
나의 선지자와 더불어 호흡을 같이하
며,
20 나 여호와가 새로운 시대를 이루며 새
로운 역사를 이루고자 하는, 천 년에
걸쳐 새로운 낙원을 이루는 데 선지자
가 앞에 가야 될 것이며 그를 따라감
이 너희들이니,
21 앞에 가는 선지자가 지치고 힘들 때
너희들이 그 모든 침체에서 벗어날 수
있도록 몸과 마음과 너희들의 그 아름
다운 눈빛으로써, 너희들이 그 아름다
운 눈빛 속에 나의 선지자의 흔들리는
마음이 용기로 변할 수 있도록 그리하
여야 할 것이니,
22 너희들이 선지자 앞에 와 하나의 언행
이요, 하나의 언사도 얼마만큼 조심하
고 얼마만큼 다스려서 해야 될 것인가
를 알아야 될 것이며,
23 너희들에게서 나오는 그 말 한 마디
한 마디가 아름다우며 너희들이 하는
행함이 하루하루가 다르게 변해 가는
그 모습과,
24 너희들의 모습이 천사처럼 변하며 너
희들이 나에게 오르는 간절한 그 사랑
의 눈빛만이 선지자가 견디고 읽을 수
있으며 어떠한 침체와 고통에서도 이
겨 나갈 수 있는 길이니,
25 너희들이 항상 선지자 앞에서 어찌 행
동해야 될 것인가를 오늘 이후로 너희
들이 깨우쳐야 할 것이니 이를 명심하

라.
26 그리하여 내가 나의 선지자를 통하여
너희들에게 직접 명하나니, 너희들의
자세에 따라 선지자가 구원의 길을 올
수도 있고 못 올 수도 있으며,
27 그 선지자가 쓰러질 때 너희들 또한
같이 쓰러짐이니, 선지자가 쓰러진 뒤
에 너희들이 올 수 있는 길이 없음을
알라.
28 그리하여 너희들이 어떠한 자세로 선
지자와 더불어 가야 하는 것인가를 깊
이 깨우쳐 행하는 현명한 나의 백성들
이 되어야 될 것이니, 바로잡아 가도
록 그리하라.

2,155 번째 하나님 말씀

2002년 4월 5일 13시 50분

1 사랑하는 선지자야!
2 "네, 여호와 하나님! 말씀하옵소서."
3 내가 너에게 일러 깨우쳐 주었노라.
4 너희들이 모든 생활을 하면서 나 여호
와가 너희와 같이하며, 모두를 다 나
에게 감사하며 살라 하였음이니라.
5 그리고 너희들이 한 끼의 식사를 하는
그 순간에도, 하나의 반찬을 집어 먹
는 그 순간마다 감사하는 마음을 지워
서는 아니 된다 내가 너희들에게 일렀
음이니라.
6 그러면 너희들은 어찌해야 하며 어찌
살아야 할 것인가?
7 그리하여 내가 너희들과 같이하기에
매사에 너희들은 변해야 된다 하였음
이니라.
8 너희들이 먹어서는 아니 되는, 먹어서
독이 되는 그와 같은 음식을 먹으면서
도 나에게 감사를 한다 하면, 이는 너
희들이 나 여호와를 얼마나 욕되게 하
는 것이던가?
9 너희들이 먹고 마셔서 실수할 수 있는
술을 계속 마시면서 나에게 감사의 기
도를 하며 감사하다 하면서 그 술을
계속 마신다 하면, 너희들이 먹어서는
안 되는 것을 먹고 취해서는 안 되는
것을 취하면서 나에게 감사를 한다 하
면 이는 어찌 되는가?
10 너희들의 몸이 죽어 가면서 나에게 감
사를 드리는 것이며, 너희들이 쓰러져
가면서 나에게 감사를 드리는 그와 같
은 형국이 됨이니, 이와 같은 이치를
너희들이 깨달아야 할 것이니라.
11 너희들이 나에게 욕되는 말을 하며,
나에게 부끄러운 행동을 하며, 나에게
추한 행동을 하면서 나에게 감사의 기
도를 드린다면 어찌하겠는가?
12 너희들이 십계명에 하지 말라는 도둑
질을 하면서 감사하다는 기도를 나에
게 드리며, 거짓 하며 나에게 감사를
드리며, 부모에게 불효하는 행위를 하
면서 나에게 감사를 드린다면, 남을
시기하고 질투하면서 나에게 감사하
며 기도드리며 그 행위를 한다 하면,
이웃의 여인을 탐하면서 너희들이 나
에게 감사하다는 기도를 드린다면 너
희들은 어찌 되겠는가?
13 내가 매사에 너희들이 움직이고 행하
는 그때마다 나에게 감사를 드리라 하
였음이니, 너희들이 이제는 옳고 그름
을 선별할 때가 되지 않았는가?
14 그리하여 너희들이라도 바르게 살며

바르게 잡아 가며, 모두가 정도의 길
이 아니면 가지 말라 함이 여기에 있
느니라.
15 너희들은 나 여호와를 위하여 기도해
야 될 것이며 그리고 나에게 감사해야
될 것이거늘,
16 너희들이 먹어서는 안 되는 그 모든
음식들을 취하면서, 너희들이 독소를
마셔 가면서 나에게 감사를 드리며 나
에게 감사하다는 기도를 한다면 이는
어찌 되겠는가?
17 너희들이 인간으로서 도리를 다 못 하
고 잘못 살아가는 그 생활을 하면서
나에게 감사한다는 기도를 드린다면
너희들은 어떤 인간으로서 살아가는
형태가 되는가?
18 그리하여 너희들이 지금에는 질서에
어긋나는 행위를 해서는 아니 됨이 거
기에 있음이니라.
19 한 끼의 식사에 한 점의 음식을 먹으
면서 나에게 감사를 드리라 하였음이
니, 그 음식이 독소가 되는 것을 너희
들이 먹고 마시면서 나에게 감사를 드
린다면 이는 되겠는가?
20 이와 같은 이치가 너희들이 지켜야 할
행위니라.
21 나의 성령을 직접 들으며 나의 법전을
읽고 깨우치는 나의 사랑하는 선지자
의 제자 너희들은 이와 같은 이치를
깨달아서 행하여야 됨이니라.
22 너희들이 나에게 항상 감사하며 기도
를 드리며 살라 하였음이니, 너희들이
이웃을 질투하며 시기하며 욕하면서
감사하다는 기도를 나에게 할 수 있는
가?
23 이와 같은 깨달음의 이치를 너희들이
알아 행하여야 될 때가 지금이 되었음
이니라.
24 이와 같은 넓고도 깊은 나의 뜻을 나
의 피조물 만백성에게 전하는 데 게을
리하지 말아야 할 것이 너희들의 대임
이니 그리 알라.

2,156 번째 하나님 말씀

2002년 4월 5일 14시 40분

1 사랑하는 선지자야!
2 "네, 여호와 하나님! 말씀하옵소서."
3 내가 너에게 말하기를 신약 시대에 한
사람, 나의 아들 예수가 목자로서 선
택되어 나의 피조물 만백성에게 나의
성령을 전하는 사람이며, 그리고 그를
보좌하는 자들이 그를 따르는 자들이
라 말하였음이니라.
4 그러나 그들이 나의 아들 예수가 성령
을 전하는 그것을 단절시켰으며, 나의
생수가 세상에 내려가 너희들을 구할
수 있는 그 길을 막았음이니, 2천 년
이란 그 역사 속은 그저 죽은 시대의
세월이었음이니라.
5 그 2천 년의 역사 속에서 나의 목자를
도와 일할 수 있으며 안내의 역할을
맡은 자들이 저희들이 하늘에 오르는
길의 인도자며 구원하는 자인 양 지금
잘못 깨우쳐 가는 그와 같은 시대가
열렸음이니,
6 2천 년의 역사의 세월은 죽음의 세월
이었음을 너희들이 알아야 할 것이니
라.
7 이제 내가 나의 선지자를 통하여 나의

목자를 세상에 내보내어 나의 피조물
만백성 너희들을 구원하고자 함이니
라.
8 정녕 너희들의 목자는 무엇이더냐?
9 나로부터 성령을 직접 들으며 직접 받
아 나의 피조물 만백성에게 전하며 그
들을 깨우치는 그가 나로부터 선택된
자이니라.
10 그러나 지금 너희 종교 지도자들은 무
엇이더냐?
11 구약과 신약을 연구하며 그를 깨달아
전달하는 그와 같은 임무를 너희들이
맡고 그를 행하고 있지 아니하는가?
12 너희들은 그 속에 있는 말의 뜻을 전
하는 것으로써 너희 대임을 하는 자이
니라.
13 그러나 그곳에 너희들의 생각과 너희
들의 주장을 삽입하여 나의 피조물 만
백성을 이끌고 가르친다 하면 이는 얼
마나 모순된 결과를 가져오는가?
14 그리하여 나로부터 선택된 목자는 나
로부터 성령을 직접 들으며 나로부터
터치를 받는 것이 너희들과 차별화되
어 있으며, 지금 그리하여 선지자의
제자 너희들 또한 목자가 아니라,
15 나의 목자요, 나의 선지자를 보필하며
그가 가는 길을 도우며 그가 이루는
역사에서 너희들이 부분의 책임을 맡
아 다 힘을 모아 같이 가는 것이 너희
들이며, 안내자의 역할을 하는 것이
너희들의 본분이라 내가 말하였음이
니,
16 이와 같은 이치를 너희들이 깨달아야
할 것이니라.
17 그리하여 지금 너희들이 정녕 목자가
되고자 하는 마음을 버려야 될 것이
며, 오로지 너희들은 나의 선지자를
보필하여 그가 가고 난 그 뒤를 너희
들이 다스리며 굳혀 가며 정리해 가는
것이 너희들의 임무라는 것을 잊지 말
라.
18 그러나 너희들이 정녕 나의 목자보다,
나의 선지자보다 앞에 가고자 하며,
더 높고자 하며, 너희들이 직접 나에
게 기도하며 나의 피조물 만백성을 구
하는 목자라 생각한다 하면,
19 이는 있을 수도 없으며, 그와 같은 역
사가 존재할 수도 없으며, 그와 같은
일은 일어날 수도 없음이니, 너희들
스스로 지옥 불에 떨어지는 그와 같은
악행을 하는 일이 없도록 그리해야 될
것이니라.
20 지금 바로 나의 피조물 만백성을 지도
하고 이끄는 자들은 예수요, 나의 아
들인 나의 목자를 뒷바라지하며 그를
보좌하는 것이 저희들의 뜻이거늘, 지
금 그들이 이와 같이 군림하고자 하는
것은 바로 무엇이더냐?
21 저희들이 신이 되고자 하는 것이며,
사악한 저희들이 구원자이며 목자가
되고 싶어하는 것이며, 그 착각 속에
그들이 살아가고 있기에 내가 이루는
그 성전에 들어와 나의 성령을 듣지도
못하였으며 그들은 안내할 자격까지
도 지금 상실하였음이니라.
22 나의 피조물 만백성을 어렵고 힘든 그
길로 인도할 때, 나의 피조물 만백성
이 침체되며 지치고 쓰러질 때 그들에
게 양보하는 것이 아니요,
23 그들을 바로 일으켜 세워서 나의 성령

의 뜻이 얼마나 무서우며 십계명을 지
키고 사는 것이 얼마나 무섭고 거룩한
것이며 나의 율법대로 살아 하늘에 오
르는 것이 얼마나 어렵고 힘든가를 그
들에게 가르쳐 깨우치고 그들이 주저
앉지 아니하도록 그리하는 것이 안내
자들의 임무이거늘,
24 그들은 오로지 물질 만능주의요, 저희
스스로 부귀와 영화를 위하여 그들 속
에 들어가 그들과 더불어 같이 가 쓰
러짐을 같이 했으며, 육신의 행복을
위하여 고통스럽고 힘든 그 길을 저희
자신이 포기하며 그들 속에 들어가서
그들을 저희들의 생각대로 인도하고
이끌어 가는 그와 같은 형국으로 왔기
에 지금의 2천 년 역사는 죽음의 세월
이며 죽어 있는 세월이라 내가 너희들
에게 말함이니,
25 너를 따르는 너의 제자들에게 깨우쳐
이르라.
26 너희들은 안내자로서 목자가 가는 길
을 수습하며 정리하며 뒤따라가는 자
들이라는 것을 잊지 말며, 그리고 친
절하며 웃음을 잃지 않는 것이 안내자
의 역할이며, 그리하여 너희들이 나의
큰 뜻을 이룰 수 있는 그와 같은 하나
가 되는 그 길을 선택함에 있어서 주
저하지 말라.
27 정녕 너희들은 목자가 아님을 알라.
28 사랑하는 선지자야!
29 "네, 여호와 하나님! 말씀하옵소서."
30 내가 너의 제자들에게 일렀느니라.
31 나의 아들 예수가 나의 성령을 받아
세상에 나의 피조물 만백성을 구하는
곳에 그를 내려보내지 못하게 나의 아
들 예수를 그리 죽게 한 그들이 가장
큰 죄를 지었음이니,
32 이는 곧 나의 성령을 전하지 못하여
나의 피조물 만백성에게 생명수를 단
절시키는 그와 같은 죄를 지었음이라
내가 말하였느니라.
33 지금 나로부터 선택된 나의 선지자가
나의 성령을 받아 나의 열여섯 권의
법전을 10부로 나눠 160권이라는 법
전을 세상에 내보내니,
34 그가 나의 음성을 받아 그를 기록하는
것을 방해하고 핍박하는 자, 그를 이
루지 못하게 하는 자, 그 죄가 얼마나
무섭고 너희들이 감내할 수 없는 것인
가를 알아야 할 것이니라.
35 너희들은 나의 선지자가 나의 음성을
받아 나의 뜻을 기록하는 것을 방해하
는 자는 그리 나의 선지자가 하는 일
을 방해하는 것이라 생각할 것이니라.
36 그러나 여기서 너희들이 좀 더 나가
생각하고 깨우침이 있다 하면 너희들
은 나 여호와의 존재를 믿지 아니하
며, 나 여호와조차도 핍박하고자 하는
것이며,
37 너희들이 좀 더 높이 깨닫고 좀 더 높
이 바라보아 생각한다면 나 여호와를
핍박하며 나를 공격하는 그와 같은 너
희들의 행동임을 알아야 할 것이니라.
38 그리하여 나의 선지자를 쓰러뜨리고
자 하는 자, 나의 성령을 받아 법전을
내는 나의 선지자를 침체시키는 자,
그리고 중단하게 하는 자, 그 죄를 용
서할 수 없음이라 내가 너희들에게 전
하는 것이니 그리 알아야 될 것이니라.
39 만일 나의 선지자가 쓰러지도록 그가

하고 있는 그 모두를 박해하며 그가
중단하도록 만드는 자 있다면 그 죄를
용서할 수 없음이니라.
40 나의 아들을 그와 같이 너희들이 핍박
하여 그를 죽게 하여 지금 나의 성령
이 너희들 세상에 전해지지 못함이니,
2천 년의 그 역사가 죽음의 세계며 잠
자는 세계의 시간이 흘렀다 하였음이
니,
41 이제 다시 내가 나의 선지자를 통하여
나의 음성을 듣게 하여 그가 나의 뜻
을 기록하여 법전을 만드는 것을 핍박
하는 자, 곧바로 너희들이 무엇이더냐?
42 나의 성령이 세상에 나가 나의 피조물
만백성을 구하고자 하는 것을 또 방해
하는 자들이니, 이는 곧 나 여호와를
핍박하는 것이며 나 여호와를 경멸하
는 너희들의 행동이라는 것을 이 법전
을 읽고 깨우쳐 알아야 될 것이니라.
43 그리하여 나의 선지자가 가는 길을,
나의 선지자가 이루고자 하는 것을 박
해하는 자를 용서할 수 없음을 알아야
할 것이니라.
44 사랑하는 선지자야!
45 "네, 여호와 하나님! 말씀하옵소서."
46 이제는 너의 제자들이 가야 할 길이
무엇이며 그들이 해야 할 일이 무엇인
지 그들의 마음속에 잘 정립되어 있음
이니, 이 모두는 나의 성전에서 아름
다운 웃음소리가 나고 아름다운 꽃이
필 수 있는 그 역사를 이루는 데 최선
을 다해야 할 것임을 그들에게 깨우쳐
주라.
47 이제는 나의 법전을 너희들이 전하는
곳, 나의 성전이 전국 방방곡곡에 이
루어질 것이며, 이곳저곳에 나의 성전
이 생겨 나의 법전을 전할 것이며,
48 너의 제자들 또한 그곳에 가서 나의
선지자, 나의 목자를 대신하여 전하며
깨우쳐 주는 그 역사를 이루어야 될
때가 되었음이니, 이를 대비하여 자신
을 갈고닦는 데 게을리해서는 아니 됨
을 그들에게 깨우쳐 줘야 될 것이니라.
49 너희들이 역사하는 곳에 내가 임하여
너희들의 입을 열어 줄 것이며, 너희
들에게 능력을 줄 것이며, 너희들에게
가르치는 그 지혜를 줄 것이니,
50 이 기초를 다듬는 것은 또한 너희들의
문제이니, 나의 법전을 읽고 또 읽고
선지자가 너희들에게 전하는 그 나의
성령의 뜻을 깊이 깨우쳐 기록하여,
너희들이 하나라도 놓치는 그와 같은
시간을 가져서는 아니 됨이니,
51 이는 곧 너희들이 안내자로서 목자인
나의 선지자를 대신하여 임무를 수행
할 때가 머지않았기 때문이니라.
52 그리하여 그들을 깨우쳐 나의 선지자
앞에 와 나의 성령을 직접 들을 수 있
는 그 길을 열어 주는 그 영광된 임무
를 너희들이 시작할 때가 되었음이니,
이를 명심하여 행하도록 그리하라.
53 또한 선지자의 제자 너희들은 진짜 선
지자의 가는 길이 무엇이며, 정녕 나
여호와로부터 직접 성령을 내려 듣는
그 음성이 어떠한 것이며, 그 행하고
자 하는 것이 무엇인가를 구분할 수
있는 능력을 가지고 있음이니라.
54 진정한 선지자로서 나 여호와로부터
선택된 자요, 나의 성령을 전하는 자
는, 또 그를 듣고 너희들이 깨우치는

것은 무궁한 아름다운 쪽으로 변화를
이루는 것이 성령의 나의 뜻이며 나
여호와가 주관하고자 하는 것이라는
것을 알며 나로부터 선택된 자라는 것
을 너희들이 알 수 있음이니,
55 그렇지 아니하며 변하지 아니하는 자
는 그들이 가르치는 뜻을 듣고 변할
수 없는 그와 같은 가르침을 가르치
며, 또한 그를 듣고 배워 가며 그들이
변하지 아니한다 하면 이건 정녕 진짜
선지자가 아니요, 진짜 나의 성령의
뜻이 아니라는 것을 너희들은 알고 있
음이니,
56 이제 너희들이 구분할 수 있는 능력이
있고 너희들의 눈과 귀가 열려 있지
아니한가?
57 그러기에 너희 스스로 지금 나의 160
권의 법전이 세상에 나가며 그 주옥같
은 나의 성령의 음성을 직접 들으며
나의 법전을 직접 읽는 너희들은 이가
진짜 선지자요, 정녕 나 여호와로부터
선택된 자이며 동방의 한 사람이란 걸
지금 깨닫고 있으면서 너희들이 무엇
을 주저하며 무엇을 무서워하는가, 그
리고 너희들이 무엇을 두려워하는가?
58 나의 성전에 아름다운 백합꽃 한 송이
를 갖다 놓기가 너희들이 무엇이 그리
두려우며 무엇이 무섭던가?
59 그리고 너희들이 그리도 용기가 없는
것이던가?
60 너희들은 스스로 구분할 줄 알며 이미
그와 같은 육의 세상을 떠나 있다 내
가 말하였음이니, 너희들은 육의 세상
을 떠나 지금 나로부터 영의 연결 선
상에 와 있다 말하였음이니,
61 너희들이 무엇을 더 갖고 무엇을 더
구하고자 하여 그리도 불안하고 겁을
먹으며 두려워하는가?
62 나의 선지자의 마음에 파장을 이루는
그 모두를 너희들이 거두어들일 것이
며, 선지자가 바로 서서 나의 음성을
들으며 나의 법전을 세상에 만들어 내
는 데 그를 받쳐 줘야 되며 그를 도와
야 함이 너희들의 일이니라.
63 선지자가 치고 나가는 그 뒤에 파생되
는 그 모든 것을 뒤처리하며 그를 정
리하고 수습하며 따라가는 것이 너희
들이거늘, 어찌하여 너희들이 그리도
용기가 없으며 자신이 없는가?
64 이제 나의 선지자를 따르는 너의 제자
들과 나의 법전을 읽고 깨우치는 너희
들은 나의 성전에 웃음꽃을 피워야 될
것이며, 선지자가 침체되지 아니하며,
지치지 아니하며, 그가 후회하지 아니
하며, 그가 모두를 저버리는 그와 같
은 일이 있어서는 아니 될 것이니, 이
것이 너희들이 이루어야 할 길이니라.
65 너희들은 깨우쳐야 될 것이니라.
66 나의 아들 예수를 그리 핍박하여 나의
성령이 세상에 전해지지 못하도록 그
를 죽인 자들과 그를 살린 자가 있다
하면 어떠한 형국으로써 이루어지겠
는가?
67 이제 나의 아들 예수, 나의 목자를 핍
박하여 너희들이 죽게 하여 2천 년이
란 역사의 죽음의 세월이 흘렀음이니
라.
68 그리하여 나의 성령을 전하여 나의 메
시지를 받아 법전을 만드는 이가 나의
목자이니라.

69 나의 선지자가 지금 세상에 나가 너희
앞에 우뚝 서 있으니, 그를 보는 너희
들은 어떤 길을 선택해야 되겠는가?
70 또 예수의 시대처럼 나의 선지자를 핍
박하여 그 숨통을 끊어 그를 처참히
죽도록 만드는 그 길에 너희들이 서야
될 것인가,
71 그렇지 않으면 그가 나의 성령을 들어
160권의 법전을 세상에 내며 그가 죽
을 때까지 나의 성령을 받아 나의 피
조물 만백성을 천 년의 역사에 걸쳐
구원하고자 하는 그 길에 너희들이 서
야 될 것인가?
72 나의 목자를 죽이는 자의 그 몫과 나
의 목자를 도와 살리는 자의 그 몫이
어떠한 것인가를 너희들은 깨닫지도
못하는가?
73 나의 목자의 마음에 파장과 침체 일로
가 있어서는 아니 될 것이니, 안내자
인 너희들이 힘을 합쳐 나의 목자가
갈 수 있도록, 그리고 내가 만든 성전
에 와 내가 그에게 내린 메시지요, 연
설문을 가지고 나의 피조물 만백성에
게 전하는 그날까지,
74 그 모두의 영광은 너희들 것이니, 너
희들은 잠시도 쉬지 말며, 잠시도 멈
추는 일이 있어서는 아니 될 것이니
그리 알라.
75 나 여호와가 사랑하는 나의 선지자의
제자요, 나의 법전을 깨우치는 나에게
선택된 나의 전사인 너희들에게 직접
선지자의 몸을 빌려 전함이니 그리 알
라.
76 내가 다만 너희들 가슴속에 지금 직접
심어 주고 있으며 너희들 가슴에 내가
직접 전하고 있음을 너희들은 알아야
할 것이니라.
77 오로지 내가 이 세상의 모두를 통제하
는 것은 나의 목자인 나의 선지자를
통해서만 이루어지며 거둬들임이니,
이를 내가 그를 통하여 너희 가슴에
전함이니 그리 알라, 사랑하는 나의
선택된 전사들아!

2,157 번째 하나님 말씀

2002년 4월 5일 17시 21분

1 사랑하는 선지자야!
2 **"네, 여호와 하나님! 말씀하옵소서."**
3 지금 나의 피조물 만백성을 하늘로 인
도하며 이끄는 소위 종교 지도자라 말
하는 그들이 잘못 가르치며 제대로 가
르치지 못하였기 때문에 오늘과 같이
이러한 험난한 형국이 이루어져 있음
이니, 그 책임이 그들에게 있는 것이
니라.
4 그러나 그것이 바로 그들에게만 있는
것은 또한 아니니라.
5 잘못된 것을 알면서도 그를 따르며 묵
인하는 너희 신도라는 자들의 잘못된
그 죄 또한 그들 못지않음을 알아야
될 것이니라.
6 나의 피조물 만백성을 하늘로 이끌어
깨우쳐 가르친다는 그 지도자들은 과
연 얼마나 알고 가르치는가?
7 그들이 예화를 들어 가면서 말을 한다
든가, 또는 저희들이 방언을 들으며
기적이라는 것을 체험했다고 하면서
나의 피조물 만백성을 이끌고 깨우쳐
간다 하면 그것은 잘못되었음이니라.

8 나의 성령이요, 나의 뜻을 전하는 그
종교 지도자가 찬송이요, 또는 예화를
가지고, 그리고 저희들이 살아가는 실
례를 들어 가며 저희 생각을 주입하여
그것들을 가지고 나의 피조물 만백성
을 일깨워 주며 하늘로 오르는 길이라
하여 인도한다 하면,
9 이것은 정녕 그들이 잘못되었으며 잘
못 가르치고 있음을 너희들이 알아야
될 것이니라.
10 이와 같은 형국으로써 그들이 배워 가
며 깨우쳐 하늘에 오르고자 하기 때문
에 지금 너희들이 말하는 종말의 이
사악한 시대가 도래하였음이니라.
11 지금 종교 지도자들이 정녕 무엇을 알
고 가르치는가?
12 그들이 알지 못하기 때문에 그러한 문
제가 생기느니라.
13 나의 피조물 만백성은 하늘에 오르는
그 길을 가기 위하여 십계명을 지키고
나의 뜻을 따르며 지키고 실행하고 살
아가는 것이 얼마나 힘들고 고통스러
운 길인가를 잘 알고 있느니라.
14 그리하여 나의 피조물 만백성은 힘들
고 어려운 그 길을 가려 하지 아니하
며, 나의 계명을 따르고 지키지 아니
하려고 그와 같이 생각을 하고 있음이
니라.
15 그러나 지금 종교 지도자들이 어렵고
힘든 그 길을 가지 아니하려는 나의
피조물 만백성을 똑바로 일깨워 바로
잡아 그 어렵고 힘든 길을 가는 것이
하늘에 오르는 길이라 가르치며, 나의
계명을 지키는 것이 하늘에 오르는 길
이라 이와 같이 다스려 깨우쳐야 하거
늘,
16 지금 어찌 나의 피조물 만백성을 이끌
어 가는가?
17 저희들이 바로잡고자 하여 어렵고 힘
든 나의 피조물 만백성을 정도로 가르
친다 하면 그들이 저희들을 따르지 아
니할 것이며, 저희들을 따르는 자 없
는 것이 두려우며,
18 그리하여 저희들의 종파요, 저희들의
그 집단을 운영할 수 없는 그와 같은
형국이 되기 때문에 지금 종교 지도자
들은 나의 백성들을 바로잡지 못하며
그 속에 빠져 들어가 그들이 원하는
방향으로 그리 흘러가기에 오늘과 같
이 마지막 종말을 고하는 이와 같은
시대가 되었음을 너희는 알아야 될 것
이니라.
19 하늘에 오르는 길이 얼마나 힘들고 어
려운 것인가를 나의 피조물 만백성이
깨우치고 오기가 힘들어 나태해지며,
또는 등 돌리려 하며, 떠나려 하며, 그
리고 그를 지키지 않으려 한다 하여도,
20 정녕 나로부터 메시지를 받으며 나로
부터 선택된 종교 지도자라면 그를 잃
고 버릴지언정 제가 가지고 있는 소신
을 꺾어서는 안 되는 것이며, 저의 사
상이나 저의 생각하고 있는 모든 것들
을 접어 두어서는 안 되는 것이니라.
21 나에게 직결되어 있는 것이며, 영을
구원하는 길이며, 하늘에 오르는 길이
무엇인가를 아는 그가, 아무리 나의
백성이 힘들고 어려워 저희들을 등지
고 떠난다 해도,
22 그들이 떠나는 것이 두려워서 저의 사
상을 꺾으며, 저의 생각을 꺾으며, 하

늘에 오르는 그 뜻을 저버리며, 그들
속에 들어가서 그들이 편안하게 그들
이 듣기 좋은 소리로, 그들이 즐거워
하는 소리로써 그들을 하늘에 오르도
록 인도한다 하는 그 종교 지도자들
때문에 오늘과 같은 그 형국이 이루어
져 있음이니,
23 이를 너의 제자들에게 깨우쳐 알려 주
어야 될 것이니라.
24 종교 지도자란 자들이 아는 것이 없으
며, 그 깊이를 모르며, 나의 뜻을 모르
기 때문에, 저희들 앞을 떠나는 그 백
성들이 두려워서 저희들의 그 백성들
이 원하는, 그 즐겨할 수 있는 쪽으로,
그들이 저희들을 찾아오는 그 빌미를
만들기 위하여 나에게 오르는 어렵고
힘든 그 자체를 집어던지며, 예화를
대며, 방언을 대며, 또한 기적을 대며,
저희들의 생각으로써 그들을 이끌어
가는 이와 같은 형국이 되어 있음이니,
25 어찌 그와 같은 형국에서 하늘에 오르
는 길을 볼 수 있다 할 수 있는가?
26 하늘에 오르는 길은 예외가 없다 내가
말하였음이니라. 그리고 '설마'가 없
다 말하지 아니하였는가?
27 너희들 스스로 말하지 아니하는가?
28 하늘에 오르는 길이 얼마나 힘든 길인
가를 너희가 알거늘, 그 힘들고 어려
운 길을 마다하는 그 백성들이 저희들
에게 등을 돌리고 떠나는 것이 무서워
나에게 오르는 모든 근본을 접어 둔
채 그들을 달래며, 그들을 즐겁게 하
며,
29 그들이 떠나지 못하도록 하여 저희들
이 군림하고자 하는 그 생각 때문에
나 여호와의 뜻과는 전혀 관계없는 그
와 같은 깨우침이요, 그와 같은 길로
인도하고 가고 있는 것이 지금 너희
종교 지도자이니,
30 그들이 과연 나의 대명을 수행하는 자
라 말할 수 있겠는가?
31 이 책임을 누가 져야 될 것인가?
32 이와 같이 지금 종교 지도자라 하여
많은 자들이 나오나, 그들이 또한 그
와 같은 방법으로써 그리 깨우치고 그
리 또 지도해 가며, 이 세상을 이끌어
가는 방법이 그와 같이 갈 것이니 이
를 어찌해야만 되겠는가?
33 어렵고 힘든 길이 하늘에 오르는 길이
거늘, 그 길을 그들이 가려 하지 아니
한다 하여 지도자라는 자가 그들과 같
이 딴 길로 가는 그 속에서 그들을 그
저 이끌어 가는 식으로 간다 하면,
34 지옥행으로 이끌고 가는 그와 같은 사
악한 무리가 지금의 종교 지도자가 아
니던가?
35 여기에 문제가 있음이니라.
36 사랑하는 선지자야!
37 "네, 여호와 하나님! 말씀하옵소서."
38 그러기에 내가 너에게 말했느니라.
39 하루하루 나의 성전에 오는 자, 변화
되지 아니하며 깨달음이 없는 자는 받
아들이지 말라 하였음이 여기에 있느
니라.
40 그리하여 가진 자 예우하지 않으며,
권력 있는 자 예우하지 않으며, 나의
피조물 만백성 누구나 똑같이 대우를
하며, 없는 자, 열심히 나오는 자, 소
중히 깨우치는 자의 소중함을 알아야
될 것이며, 깨달음이 높은 자 소중함

을 알아야 될 것이며,
41 그가 나로부터 선택받고 구원받는 그
백성이라는 것을 먼저 알아야 될 것이
니, 너는 그와 같은 차별을 두어서는
아니 될 것이니라.
42 그리하여 내가 그들로 하여금 헌금을
받지 못하게 하며, 각종 기부금이라든
지 너희들이 내는 감사 헌금이라든지
이러한 것을 받지 못하게 함이니라.
43 네가 만일 그와 같은 것을 받아들인다
하면 많이 내는 자, 그리고 보따리로
갖다 주는 자, 그리고 좋은 형태로써
오는 자, 좋은 집에 사는 자, 권력과
재물을 가진 자,
44 그 인간성이 어찌 되었든 그자의 말을
네가 듣지 아니할 수 없기에 나의 뜻
대로 네가 따라가지 못함이니, 누가
종교 지도자이며 나로부터 선택된 백
성이라 말할 수 있는가?
45 너희가 금화와 은화에 눈이 어둡다 하
면 그를 많이 바치는 자, 많이 갖다 주
는 자, 그 사람에게 너희가 하수인격
이 되어 있는 그와 같은 종교 지도자
가 될 것이니,
46 그리하여 내가 너에게 한 푼도 받지
말라 하며, 나의 법전으로써, 나의 성
령으로써 나의 피조물 만백성을 이끌
어 가며, 거기에서 내가 양식과 모두
를 다 너에게 주고자 하는 것이 나의
뜻이니,
47 이게 바로 나로부터 선택된 하나밖에
없는 선지자요, 목자라는 것이니라.
48 많은 재물을 걷어 주는 자의 말과 뜻
에 움직인다면 그는 누가 목자고 누가
나에게 오르는 진정한 길을 인도하는
안내자가 되는가?
49 그리고 선지자야!
50 "네, 여호와 하나님! 말씀하옵소서."
51 내가 너에게 너의 제자들에게 일러 일
깨워 주라 말하였음이니, 이 세상을
창조한 나 여호와가 있으며, 그리고
목자는 나의 아들 예수뿐이니라.
52 즉, 나의 성령을 받아서 전하는 사람
은 단 한 사람이기 때문에 그는 목자
요, 모든 지금의 종교 지도자라 하는
자들은 그 목자의 뒷바라지를 하며 그
뒤를 받쳐 주며 뒤를 정리하며 그와
같이 안내자의 역할을 하는 것이 그들
의 책무라 내가 말하였음이니라.
53 그러나 그들이 지금 연설자가 되고자
함이요, 목자가 되고자 함이니라.
54 그리하여 2천 년 전에 내가 목자를 하
나 보냈던 나의 아들 예수를 너희들이
그리 죽게 하였음이니, 2천 년 동안
내가 너희들을 깨우치고자 하는 그 성
전의 문이 닫혀 있으며 나의 성령이
닫혀 있었음이니라.
55 그리하여 2천 년이 흐른 지금에 나의
선지자를 통하여 나의 성령을 받는 정
녕 하나의 목자를 세상에 다시 내보냈
음이니, 이 세상에 목자는 한 사람뿐
이니라.
56 그가 나의 성령을 받아 세상에 전하며
그를 통하여 내가 거둬들이니, 너를
따르는 제자들은 그와 같이 예수를 배
반하는 자가 되어서는 아니 될 것이며,
57 2천 년 만에 이 세상에, 지구에 내려
보낸 나의 목자를 잘 받들고 깨달아
그가 가는 그 어렵고 힘든 길을 너희
들이 같이 힘을 합하여 도우며, 그가

바로 설 수 있도록,
58 침체의 늪에 빠지지 아니하며 그가 실
망하지 아니하며 그가 쓰러지지 아니
하도록 하는 것이 너희들의 길인 것이
니라.
59 너희들이 2천 년 전에 나의 아들 예수
를 핍박하여 죽였던 그와 같은 안내자
가 될 것인가, 그렇지 않으면 나의 선
지자를 바로 서게 할 수 있는 안내자
가 될 것인가?
60 이는 너희들의 판단에 달렸음이니, 그
리 알라.

2,158 번째 하나님 말씀

2002년 4월 5일 17시 48분

1 사랑하는 선지자야!
2 "네, 여호와 하나님! 말씀하옵소서."
3 지금의 종교 지도자들이 가는 형태와
형국이 어찌 흘러가고 있는가?
4 지금의 종교 지도자라 하여 나의 피조
물 만백성을 인도한다는 그들이 자신
의 사명감을 잊고 있음이니라.
5 그들이 사명감까지도 잊어버리고 방
향을 모르며 우왕좌왕하는 그러한 상
태에서 지금 나의 피조물 만백성을 구
원하여 하늘에 오르는 길로 인도한다
하고 있음이니, 그들이 나의 뜻이 무
엇이며 내가 원하는 것이 무엇인가 그
자체를 모르고 있음이니,
6 종교 지도자란 저희들이 하늘에 오르
게 하고자 하는 나의 피조물 만백성을
위하여 갖고 있는 그 사명으로써 저희
들이 목숨을 바쳐야 될 것이며, 저희
모두를 다 바칠 그와 같은 모든 마음
의 다짐이 되어 있으며,
7 구원의 길을 위하여 나의 피조물 만백
성을 인도함에 있어서 그들의 확고한
자신의 사명감이 있어야 될 것이니라.
8 그러나 지금의 종교 지도자들은 사명
감마저도 상실하였으며, 사명감마저
도 그들과는 먼 거리에 있는 것이 그
들이 서 있는 자리이니라.
9 그들 자체가 모르기 때문이니라.
10 그들 자신이 곧 신앙의 반성이요, 신
앙의 고백을 한다 할 때, 과연 그들이
어디에 서 있는가 그들 자신이 알아
봐야 될 것이니라.
11 저희 자신이 어디에 서 있는지도 모르
고 있는 자들이 나의 피조물 만백성을
어찌 구원하겠는가?
12 종교 지도자들에게 물어보라.
13 그들이 정녕 어두운 밤에 저 혼자 신
앙의 고백을 할 때, 제가 어디에 서 있
으며, 제가 누구이며, 제가 과연 나 여
호와에게 얼마만큼 연결되어 있으며,
제가 나와 어찌 정립되어 있는가를 한
번 그 종교 지도자들에게 물어보라.
14 그들 자신이 모르고 있음이니라.
15 그들 자신이 신앙 고백하는 자체가 부
끄러울 것이며, 저희들이 신앙 고백을
할 자신도 없을 것이며 그들은 할 자
리도 없을 것이니라.
16 저희들이 조용한 밤에 저희 스스로 신
앙의 고백을 한들, 저희들이 무엇으로
당당한 모습으로써 설 수 있겠는가?
17 저희들은 나로부터 직접 들은 것도 없
으며, 나로부터 저희들이 명을 받은
것도 없으며, 그렇다 하여 저희들이
성서의 깊이를 얼마만큼 알고 깨달았

느냐 하는 것도 저희들 자신이 모르고
있음이니라.
18 그저 앞에서 배운 것처럼, 그저 앵무
새처럼 나의 성서의 구약과 신약을 재
탕하고 또 그리 가르치는 그와 같은
세월 속에 그들이 흘러오기 때문에 그
들은 종교 지도자라 하여도 단상에서,
나의 피조물 만백성을 일깨우는 그 장
소에서 그들은 아는 지식이 없기에 예
화를 말하며, 남들의 간증을 말하며,
이와 같이 저희들이 지금 나의 피조물
만백성을 이끌어 가고 있는 형국에 있
음이니,
19 이를 어찌하여야 너희들을 다스려 나
갈 수 있다고 하겠는가?
20 오로지 나를 위하여, 나를 향하여, 구
원의 길을 위하여 나의 선지자처럼 나
의 음성을 들으며 성령을 받아 나의
법전을 세상에 내보내며 나의 뜻을 전
하는 자, 그는 확실한 사명감을 갖고
있으며 그가 가고자 하는 그 목표가
뚜렷함이니라.
21 그리하여 나의 선지자를 따르는 제자
들과 나의 성령을 직접 들어 배우고
깨우치는 그 백성들은 그들이 이뤄야
할 목적이 있으며, 그들의 사명이 확
고히 서 있으며, 저희들이 가야 할 길
과 저희들이 행하여야 할 것을 그들은
확실히 알고 있음이니라.
22 지금의 구원의 길을 인도한다는 종교
지도자들이 저 자신의 신앙 고백에서
제가 누구인지를 찾지 못하고 갈팡질
팡하는 그 상태에서 그들이 무슨 사명
감이 있으며 그 사명을 위하여 지키고
나갈 수 있겠는가?
23 그저 그들은 나의 피조물 만백성을 일
깨워 깨우친다 하다가 저희들이 힘들
고 지치면 그대로 그저 떠날 자들이며
문을 닫을 자들이니,
24 그리고 나의 피조물 만백성, 대중이
원하는 쪽으로, 대중이 편안한 쪽으로
그저 물이 흘러가듯이 흘러가고자 하
는 것이 지금의 종교 지도자라 내가
너희들에게 말하였으니,
25 이리하고도 나의 피조물 만백성을 하
늘에 오르는 길로 인도할 수 있다 하
겠는가?
26 사랑하는 선지자야!
27 "네, 여호와 하나님! 말씀하옵소서."
28 주옥같은 나의 성령을 직접 나의 선지
자를 통하여 들으며, 내가 나의 백성
들이 하늘에 오르는 길을 법전이라 하
여 내려보내는 것을 읽고 깨우치는 너
희들은 구원의 길을 위하여, 나에게
오르는 그 길을 위하여 너희들의 사명
이 무엇인가를 알고 있으니,
29 그 사명이 흔들려서는 아니 될 것이며
그 의지가 꺾이고 침체되어서는 아니
됨이니라.
30 그러한 것이 너희들이 가야 할 길이
며, 너희들이 지켜야 할 길인 것을 깊
이 깨우쳐 행하여야 할 것이니 그리
알라.

2,159 번째 하나님 말씀

2002년 4월 5일 18시 46분

1 사랑하는 선지자야!
2 "네, 여호와 하나님! 말씀하옵소서."
3 이 대자연의 나뭇가지에 푸릇푸릇 싹

이 돋아 오며 땅속에서 새싹들이 솟아
남이니, 너는 그것을 보고 무엇을 생
각하느냐?
4 자연이 아름다운 모습으로 변해 가는
것을 보며 너는 신기하다고 생각할 것
이며, 또한 네가 믿음이요, 나의 음성
을 들어 나의 법전을 기록하는 지금의
네가 자연을 보는 것은 나 여호와의
위대함을 느낄 것이니,
5 그러나 선지자야, 그 새로운 새싹들이
태어나는 것은 그냥 나옴이 아니니라.
6 하나의 생명이 태어나는 그 고통과 아
픔과 시련이 얼마나 어렵고 힘든 것인
지 아는가?
7 너는 어찌하여 너 자신의 어렵고 힘든
그 생활의 단면을 갖고 네가 고통스러
워하고 괴로워하는가?
8 그것이 무엇이기에, 그 길이 무엇이기
에 네가 그곳에서 고통스러워하며 번
뇌하며 너 자신이 흔들리려 하는가?
9 조금만 앞을 보고 조금만 노력하며 조
금만 미래를 바라볼 때 아무것도 아닌
것을, 지금 네 앞에 닥쳐 있는 작은 일
들에 네 마음이 침체되며 네가 흔들리
려 하니, 그렇다면 이게 어찌된 일이
던가?
10 그것 또한 아무것도 아닌 것을, 어찌
하여 네가 너 자신을 털고 일어서지
못하며 그리 불안해하는가?
11 너의 제자들에게 일깨워 주라.
12 육의 생활 속에 내가 너희들에게 모두
를 다 주었음이니, 너희가 남들보다
조금만 더 노력하며, 더 생각하며, 남
들보다 단잠을 덜 자며, 남들보다 좀
더 일찍 일어나며, 그리고 생각하며
노력하면 그 속에 다 답이 있게 되어
있거늘,
13 어찌하여 너희들은 지금의 생활에 그
리도 불안해하며 너 자신이 그리도 괴
로워하는가?
14 지금 네 눈에 보이는 새싹이, 그 새로
운 생명들이 푸릇푸릇 돋아나는 그 고
통이 얼마나 어렵고 힘든 것인가를 너
는 알고 있는가?
15 그들은 긴긴 겨울을 버티고 지켜, 봄
이 오니 그들이 나의 뜻에 의하여 지
금 새싹이 나고 새 생명이 태어남이
니, 그들이 그저 이루어진다 생각하는
가?
16 그들의 위대함과 그들의 방대함과 그
들이 이루어지는 그 역사에 너 자신을
비춰 보라.
17 네가 그보다 더 고통스러운 생활 속에
있는가?
18 네가 그보다 더 고통스런 육의 생활
속에 처해 있는가?
19 너희들 인간사에서 새로운 생명이 태
어나는 그 고충과 그 순간의 시련들,
그 모두보다도 네가 더 고통과 시련
속에서 정녕 앞이 보이지 아니하며 미
래가 보이지 아니하며 희망이 없는 너
의 육의 삶이라 너는 생각하는가?
20 너는 모두를 잊을 수 있음이니라.
21 그리고 모두를 접어 둘 수 있음이니라.
22 그리하여 또한 육의 생활에 힘들고 어
려운 너의 제자들에게 희망을 줄 수
있으며, 그들이 좀 더 노력하며 좀 더
깨우쳐 오늘의 육의 삶에서 벗어날 수
있는 지혜와 능력을 그들에게 너는 깨
우쳐 줘야 될 것이거늘, 너 스스로 침

묵하며 너 스스로 괴로워한다 하면
이는 아니 됨이니라.
23 새로운 생명이 태어나는 그것에 비할
수 없는 작은 것을 네가 생각하여 너
자신이 흔들리는 마음의 자세가 있다
하면 이는 용서할 수 없음이니라.
24 아무것도 아닌 그것에 네가 연연하는
사람이 되어서야 되겠는가?
25 오로지 너는 모두를 접어 두고 기도하
고 묵상하며 나의 성령을 받아 나의
법전을 세상에 빨리, 좀 더 일찍 많은
나의 피조물 만백성이 읽고 깨우치도
록 하는 그 어떤 것과도 바꿀 수 없는
대명 속에서, 네가 좌절하며 너 자신
의 어렵고 힘든 그것에 너 자신이 침
체 일로에 빠진다 하면 이는 아닌 것
이니라.
26 너는 아무것도 아닌 것에 연연하지 말
라.
27 나 여호와가 존재하며 내가 너를 다
주관하며 모든 역사를 다 이루어 주거
늘, 그와 같은 역사 속에서 나로부터
은혜를 직접 받지 못하며, 나의 음성
을 듣지 못하며, 모든 은혜를 직접 받
지 못하는 너의 사랑하는 제자들도 묵
묵히 자리를 지키며 지금 가고 있거
늘, 그들의 마음속과 그들의 눈동자를
네가 바라봐야 될 것이니라.
28 네가 나의 성령 한 마디를 어찌 전하
며 어찌 그들을 일깨워 주느냐에 따라
서 그들이 구원의 길을 갈 수도 있고
가지 못할 수도 있는 이와 같은 그들
의 살아가는 그 모습 속에서, 네가 당
당한 모습으로써 나 여호와가 존재함
을 알며, 나 여호와가 존재함을 그들
에게 심어 주며, 그들의 인성과 마음
을 다스릴 수 있는 네가 되어야 함을
잊지 말라.
29 믿음이란 무엇이더냐?
30 확고한 사명 속에서 확고한 구원을 받
겠다는, 그리고 나 여호와가 존재한다
는 것을 믿고 깨닫는 자도 때로는 스
스로 육의 삶에 의해 쓰러지고 넘어짐
이니, 시작하는 자, 그 마음이 어찌해
야 될 것인가?
31 그리고 나의 법전을 읽고 깨우쳐 눈과
귀가 뜨이며, 하늘에 나 여호와가 존
재함을 알며, 육의 세상을 벗어나 나
의 영의 세계에 돌입하여 나와 영적인
관계가 연결되어 있는 너의 제자들까
지도 무너지는 그와 같은 역사가 이루
어지는 이와 같은 일이 있어서는 아니
됨이니, 너는 너 자신의 작은 일을 날
려 보내도록 하라.
32 그리고 나 여호와가 존재함을 너는 알
고 있음이니, 그리고 내가 너를 통하
여 많은 기적을 역사하여 이루어 주었
음이니, 너는 조금도 불안해하지 말라.
33 어떠한 시련과 고충이 있다 하여도 그
모두는 나 여호와가 주관하며, 너의
갈 길이 있으며, 그를 감히 누구도 막
지 못하거늘, 어찌하여 네 마음이 그
리도 흔들려 가는가?
34 사랑하는 선지자야!
35 네 마음을 굳건히 해야 될 것이니라.
36 너 자신을 더 굳건히 다스려야 될 것
이니라.
37 작은 육의 생활에 연연한다 하면 이는
아니니라.
38 그저 그 생활은 네 생활 속에 부는 바

람이 스쳐 지나가는 것과 같으니, 미
래를 생각하여 네가 불안해하며 내일
을 생각해서 불안한 그와 같은 마음을
갖지 말라.
39 모두는 내가 너와 같이하고 있으며,
너의 육의 생활의 어떠한 고통과 시련
도 그는 다 그저 스쳐 가는 바람처럼
그리 생각하고 살라.
40 그리하면 모두가 다 이루어질 것이니
그리 알라, 선지자야!

2,160 번째 하나님 말씀

2002년 4월 5일 21시 20분

(강론을 마치며)

1 사랑하는 선지자야!
2 "네, 여호와 하나님! 말씀하옵소서."
3 너의 제자들은 사회 생활에서 힘들고
지치며 남으로부터 인정받지 못하고
남들 앞에 당당하지 못하며 어렵고 힘
든 생활을 하는 자들이 너의 제자들로
이곳에 와 있는 자들이 있으며,
4 또한 수십 년 동안 저희들이 믿고 따
랐던 그 종파 속에서 소외당하고 자기
목소리를 낼 수 없으며 자기 자신이
밀려나며 자기 자리를 잃어 가는 그와
같은 사람들이 나의 성전에 찾아온 너
의 제자들이 수없이 있음이니라.
5 또한 그와 같은 자들이 앞으로 밀려들
어 오는 것을 네가 알아야 될 것이며,
그리하여 종파 속에서 대우를 받지 못
하고 제자리를 지키지 못하며 소외된
그와 같은 사람들이 이곳에 몰려들 것
이니라.
6 그런가 하면 저희들이 깨달음을 얻었
다는 자들이요, 그리고 무엇인가 나의
음성을 들으며, 하늘에 오르는 길이
무엇인가를 깨닫고자 갈구하기에 저
희들의 모두를 다 바칠 수 있는 무섭
고 강인한 성격을 가지고 있으며 오로
지 한 길만을 향하여 달려가는 그와
같은 자들이 너의 앞에 제자로 와 있
는 자들이 있는가 하면,
7 무엇인가를 얻고자 하여 동분서주하
며 동서남북을 헤매며 무엇인가 구하
고자 하여 여기를 찾아오는 자들이 너
의 제자 중에 있으며,
8 하늘로부터 무엇인가 깨달음을 얻었
고 느낌을 얻었으며 그리고 메시지를
받았으며 사명을 받았다는 그와 같은
자들이 또한 너의 제자로서 이곳에 오
게 됨이니,
9 너의 제자들이 각계각층에서 각자의
그 뜻과 생활 속에서 모여드느니라.
10 세상사 너희들 세속에서 어렵고 힘들
며 남으로부터 힘든 인생을 살아가는
자 중에 이곳에 찾아오는 자가 있다
하였으며, 믿음 속에서 무엇인가를 얻
고자 하여 이곳에 찾아오는 자가 있으
며,
11 그리고 정녕 이가 여호와 하나님의 말
씀이며 이 성령이 나의 뜻이라 하여
정녕 깨우쳐서 이곳에 오는 자들이 있
으니,
12 이러한 나의 피조물 만백성이 여러 부
류와 여러 계층에서 이곳에 와 내가
너에게 내리는 나의 성령을 들어 그들
이 깨우치고자 하며 나의 법전을 읽고
깨우치고자 함이니,
13 나의 성전에는 각계각층의 특성과 개

성이 다 다른 사람들이 모여 있음이
니, 이들을 하나로 만드는 것이 네가
해야 할 일이며,
14 또한 그들이 하나가 되었을 때 그들이
발휘하는 그 능력은 가히 상상을 초월
할 것이니, 그리 선지자 너는 알아야
될 것이니라.
15 그들이 다 그 지역에서, 그 특성에서,
그 환경에서 나름대로 저희들이 깨우
치며 살다 온 자들이기에 네가 그들을
잘 관리하며 그들을 잘 다스리는 그와
같은 지혜로움으로써 그들을 하나로
만드는 데 역점을 두어,
16 그들을 나의 뜻에 따라, 나의 명령에
따라 소임을 다할 수 있는 그와 같은
전사로서 육성하는 데 네가 조금도 소
홀히 해서는 아니 될 것이며,
17 그들이 가지고 있는 특성과 개성을 네
가 잘 파악하고 다스리는 네 마음의
자리를 잘 잡아 그들을 깨우쳐야 할
것이니 그리 알라.

2,161 번째 하나님 말씀

2002년 4월 6일 01시 22분

1 사랑하는 선지자야!
2 "네, 여호와 하나님! 말씀하옵소서."
3 너희 인간사 사람의 뿌리가 어디며 누
구로부터 저희들이 이 세상에 태어났
는가 하는 그 자체를 모르고 살아가는
백성이 있다 하면 얼마나 그들이 불행
하고 가련한 사람이던가?
4 나의 피조물 만백성이 나로부터 생명
을 받아 세상에 나가 삶을 영위하며,
내가 저희들로 하여금 세상에 나가는
은혜를 주었으며, 또 저희들이 먹고살
수 있고 노력에 따라 그들이 이야기하
는 부귀와 영화를 얼마든지 누릴 수
있는 그 은혜를 다 주었거늘,
5 나의 은혜와 은총 속에서 살아가는 그
들이 나 여호와에 대한 감사함이나 내
가 존재함을 알지도 못하고 살아간다
면 그들이 얼마나 불행하고 가련한 사
람들인가?
6 너희들은 그와 같은 사람들에게 나 여
호와가 존재함을 일깨워 주는 것을 즐
거움으로 생각해야 될 것이며, 고통과
시련으로 생각하지 말라.
7 아무것도 모르고 살아가는 사람이 있
는가 하면, 정녕 하늘에 오르는 길이
요, 구원의 길에 들어섰다 하며 나로
부터 구원을 받았다 말하는 그 불쌍한
사람들도 있으니, 그들은 또한 무엇이
더냐?
8 빙점의 살얼음에 서 있는 자들이 아무
것도 모르고 사는 사람이라면 그들은
0점, 즉 빙점 아래 있는 자들이 아니
던가?
9 그리하여 그들이 가는 길이 무엇이라
말하였느냐?
10 저희들만이 똑똑하며 저희들만이 구
원을 받았으며 저희들의 집단만이 하
늘에 오르는 길이라 잘못 깨우치고 있
음이니, 그들이 0점 이하의 지옥으로
내려가는 삶을 살아가고 있으니,
11 그들 또한 얼마나 불쌍하고 가련한 나
의 백성이더냐?
12 이들까지도 다 구원해야 되며 이들까
지도 깨우침을 주어야 되는 것이 너희
들의 책무이니라.

13 이 세상 나의 피조물 만백성 중에 나
에게 욕하며 등 돌리며 나와는 전혀
관계없는 지옥 불로 가는 것이 구원의
길이라 하여 그리 달려가는 백성이 있
고,
14 어디서부터 왔으며 누구에게 은혜를
받으며 누구에게 감사를 드리며 저희
들이 살다 어느 곳으로 어떻게 가는
것인지도 모르며 저희들이 잘살고 못
삶에 대하여 너희들이 심판을 받는다
는 그 자체도 모르고 사는 사람들이
있는가 하면,
15 너희들같이 나 여호와로부터 선택되
어 나의 선지자의 제자라 하여 나의
성령을 들으며 내가 내리는 나의 법전
을 읽고 깨우쳐 하늘에 오르는 그 찬
란한 빛을 보며 그 빛을 위하여 살아
가는 자들이 있으니,
16 한평생을 너희들이 살아가면서 얼마
나 무섭고 무서운 서로의 거리를 두고
살아가는 형국이 되어 있는가?
17 너희들이야말로 나의 선지자로부터
선택된 자들이며, 나의 선지자를 따르
는 선지자의 제자들로서 너희들은 바
로 반석 위에 서서 하늘에 오르는 그
찬란한 빛과 영광을 볼 수 있는 그 길
에 서 있는 자들이니,
18 너희들이 무엇을 더 원하고 무엇을 얻
고자 하겠는가?
19 너희들은 오로지 아무것도 모르며 저
희들이 살아가는 목적이 무엇이며 목
표가 무엇이며 최종적으로 저희들이
심판을 받는 것이 어디인지도 모르고
살아가는 나의 피조물 만백성을 구원
해야 될 것이며,
20 나와는 정반대의 길로 가면서 구원의
길에 들어섰다 하여 달려가는 그들을
또한 너희들은 돌아서게 해야 될 것이
니,
21 이것이 너희들이 해야 할 대임이며 너
희들의 책무임을 알아야 할 것이니라.
22 얼마나 불행하고 가련한 나의 백성들
이던가?
23 너희들은 그들에게 충만한 사랑을 내
려 그들을 구원하는 길에 조금도 소홀
히 해서는 아니 됨을 깊이 명심하여
새기도록 그리하라.
24 나의 이 마음의 뜻을 너희들이 알겠는
가?
25 나는 다 똑같이 사랑하는 아들과 딸이
니, 너희들은 형제임이니라.
26 너희들이 유하고 부드러우며 아름다
운 모습으로 변해 가며, 그들이 스스
로 너희들을 보고 따라올 수 있도록
그리 너희들이 살아감을 바로잡아야
한다는 것을 잊지 말라.
27 그 속에서 나의 피조물 만백성을 구하
는 길이 있으며, 그들을 구원하는 빛
을 너희들이 보게 됨이니, 이를 잊지
말라.

2,162 번째 하나님 말씀

2002년 4월 6일 01시 40분

1 사랑하는 선지자야!
2 "네, 여호와 하나님! 말씀하옵소서."
3 너의 제자들에게 이르라.
4 나의 피조물 만백성은 육의 생활에 내
가 내린 60점이라는 그 속에서 모두
를 다 보며 그 속에서 영광을 얻는 삶

을 살아야 하며, 너희들이 그리 살도
록 되어 있음을 알라 이르라.
5 다만 그리하여 너희들이 그와 같이
60점이라는 그 세계에서 너희들의 육
의 영광된 삶을 살아갈 수 있는 모든
권한이 다 너희들에게 주어져 있으며,
너희들은 누리고 살 수 있음이니라.
6 그리하여 너희들이 그곳에서 모두를
다 누리고 살면서 너희 영혼을 성장시
키며, 또한 그 영혼의 세계의 모두를
다 알도록 너희들이 그리 깨달으며 살
아야 함을 너의 제자들에게 일깨워 줘
야 될 것이니라.
7 그리하여 내가 너희들에게 구원하고
자 하는 것은 너희들의 육의 삶의 그
찬란한 영광을 내가 바라보며 그를 관
리하고자 함이 아니니라.
8 그는 내가 너희들에게 다 내려 준 나
의 은혜와 은총 속에서 너희들이 얻는
영광이요, 축복이니라.
9 다만 너희들이 나에게 오르는 그 영의
세계에 모두를 다 깨우쳐 깨닫도록 하
고자 하는 것이 나 여호와의 바람이
요, 그 길을 너희들이 올 수 있도록 그
리하고자 하는 것이며, 그것이 너희들
이 가야 할 길이라는 것을 잊지 말라.
10 너의 제자들에게 다시 한 번 일러 주
라.
11 나 여호와는 육신의 너희들의 부귀와
영화를 위하여, 그리고 그 찬란한 삶
을 위하여 내가 관장함이 아니니라.
12 너희들 스스로 60점 안에 사는 모든
은혜와 영광을 너희들이 충분히 누릴
것이며, 그리고 영광된 삶을 사는 것
은 너희들의 노력 여하에 달렸음이니
라.
13 다만 너희들이 그 영광된 삶을 살고
영의 세계를 바라보며 그곳에 왔을 때
나 여호와가 너희들을 관장하며, 그때
부터 내가 너희들을 다스려 나간다는
것을 제자 너희들은 깨우치도록 그리
하라.

2,163 번째 하나님 말씀

2002년 4월 6일 09시 11분

1 사랑하는 선지자야!
2 "네, 여호와 하나님! 말씀하옵소서."
3 이제는 너희들이 하나의 뿌리를 내려
가기 시작함이니, 내가 너희들에게 명
하는 것을 잘 기록하여 하나의 오차도
없이 그리 행하도록 하여야 될 것이니
라.
4 나의 열여섯 권의 법전이 10부로 나
눠짐이니, 그 1부가 나갈 때마다 역사
의 변하는 것은 너희들이 감당키 어려
울 것이니라.
5 내가 너에게 일렀듯이, 나의 성전에
와 나의 법전을 세상에 나올 수 있도
록 만든 나의 아들과 딸들부터 네가
잘 관리하고 챙겨 주는 그 순서를 잊
지 말라.
6 너희 인간사에서도 한 가정에 맏아들
이나 맏딸을 너희들이 기둥으로 생각
하며, 그를 먼저 의지하고 생각하는
것이 너희 인간사의 삶의 흐름이듯이,
7 그들이 아니면 이 열여섯 권의 나의
성령이요, 나의 법전이 세상에 나올
수 없었음이니, 어찌하여 너희들은 그
공이 하늘에 닿는 은혜가 있다 함을

모르는가?
8 그리하여 그들이 먼저 편안한 마음으
로, 그리고 나 여호와가 존재함을 믿
으며 그들이 기쁜 마음으로 살아갈 수
있도록 그리 그들을 정리하라.
9 그리고 단계적으로 네가 끊어 나가라.
10 앞으로 다섯 명씩 그리 끊어 나가며,
3부가 나갔을 때 또 그 배의 숫자로
그리 끊어 나가도록 그리 할 것이니라.
11 그리하여 너희들은 한 형제며, 한몸이
며, 남남이 아니라는 것을 너희들 스
스로 체험해야 할 것이며,
12 그리고 나의 피조물 만백성 그들이 생
각하기를, '정녕 이곳은 여호와 하나
님의 성전이며, 하나님이 계시다.'고
그들이 믿을 것이니라.
13 내가 역사할 수 있는 사람을 보낼 것
이니 너는 주저하지 말며 그리 정리해
야 될 것이니, 그것이 네가 해야 할 급
선무임을 잊지 말라.
14 앞에 간 사람을 도와주며, 뒷사람을
앞사람이 또 도와주며 그리 가도록 하
라.
15 이를 너희 인간 사회에서 맏형이요,
맏누이가 살아갈 수 있도록 동생들이
도와 힘을 합치며, 또 그 형과 누나가
잘 되어 동생들을 도와주는 그와 같은
역사가 이루어질 것이니, 이를 잊지
말고 그리 행하라.
16 그것이 이제 급선무가 되어 있음이니
라.
17 선지자 너에 대한 모든 어려운 부분은
나 여호와가 다 챙길 것이며, 너의 제
자들 몫은 네가 또 그리 챙겨야 될 것
이니 그리하라, 선지자야!
18 주저하지 말라.
19 모든 역사가 나의 성전에서 이루어질
것이니, 천 년에 걸쳐서 모든 역사가
이루어져 모든 사악한 것들이 이 세상
에 존재하지 못하는 그 위대한 역사가
이루어지듯이 너희들은 그리 내려가
게 됨이니라.
20 이를 잊지 말라.

2,164 번째 하나님 말씀

2002년 4월 6일 21시 59분

1 사랑하는 선지자야!
2 "네, 여호와 하나님! 말씀하옵소서."
3 너희들이 말하여 이르기를, 나의 성서
는 일점일획도 고칠 수 없으며 틀린
게 없다 그리 말하느니라.
4 그러나 수천 년 동안 역사가 흘러오면
서 지금의 너희 종교 지도자들이 나의
성령이요, 나의 뜻을 가르치며 나의
피조물 만백성에게 하늘에 오르는 그
길을 가르치는 그 시간에 과연 나의
성령의 뜻을 제대로 알아 그것만을 가
르치는가?
5 너희들은 나의 성령을 가르치며 나의
뜻을 가르치는 그 시간에 찬송이라는
것을 부르며, 그 찬송의 구절구절마다
세상의 좋은 뜻과 아름다운 말은 그
속에 다 기록되어 있음이니,
6 그를 부르면서 너희들이 그와 같이 천
사가 된 양, 또 그와 같이 너희들이 사
는 양, 너희들이 그와 같이 축복을 받
는 양, 그저 누가 지은 곡인지 작사자
요, 작곡자도 모르는 그 찬송이라는
것을 그리 불러 대며,

7 너희 스스로 그 착각 속에서 흥분되어 가고 있으며, 또한 그 속에 빠져 너희들이 다 도취되어 있음이니라.

8 그러나 너희들이 여기서 하나 깨우쳐야 할 것이니라.

9 나의 성서의 뜻은 무엇이더냐?

10 내가 가르치고자 하는 것은 너희들이 변화되어 새로운 역사와 새로운 땅을 만들기 위한 것이며, 또한 너희들이 살아가면서 어찌 행하라, 어찌 지키라 하며 너희들이 순종하며 살아가는 그 지침서를 내린 것이 나의 성서요, 나의 성령이요, 나의 뜻이니라.

11 그리하여 너희들이 바르고 곱게 살다 하늘에 오르는 것이 나의 뜻이거늘, 너희들이 천사가 된 양, 또 너희들이 그와 같이 도취되어 찬송가의 구절처럼 너희들이 그 환상 속에 빠져 부르며, 너희들이 그리 젖어 들어가며, 그 흥분하여 부르는 찬송가에 과연 너희들에게 어찌 행하라는 지침서가 있는가?

12 그 무엇이 어찌하며 너희들의 아름다운 구상으로써 너희들을 자극하며 흥분시켜 너희들에게 천사의 날개가 달려 하늘에 오르는 것 같은 그와 같은 흥분의 도가니로 너희들을 몰고 갈 뿐이니,

13 내 성서에 그 뜻이 있듯이 그 찬송에 무엇을 너희들이 지키며 실행하며 깨우치며 본받아 살아오라는 그와 같은 가르침의 지침서가 있는가?

14 그 찬송이라는 것은 너희들이 그저 기분에 맞춰 부르고, 또 너희 스스로 도취되어 그것으로 끝나면 너희 마음의 후련함을 느끼며, 너희들이 구원받는 것같이 느끼며, 너희 가슴속에 답답했던 모든 것을 다 날려 보내며, 너희들이 자극과 흥분을 느끼는 그것이 바로 찬송이니라.

15 그러나 너희들의 그 찬송에는 너희들에게 어찌 살라, 어찌 지키라, 어찌 너희들이 하늘에 오르는 길이 있는 것이라, 조목조목 너희가 배우고 행하여 실천하는 그 대목이 없으며 너희들이 지표로 삼음이 없으니,

16 너희들이 그리 도취되어 부르고 난 다음에 그 성전이란 곳을 나왔을 때 남는 것이 없으며, 그 찬송을 부름으로 인해서 너희들의 생활에 바뀌는 것이 없으며, 너희들이 깨우쳐 감이 그곳에 없으니,

17 그리하여 이와 같은 것은 나와 아무런 관계가 없는 것이니라.

18 나의 성서를 가르친다 하여 나의 피조물 만백성을 집합시켜 놓고 너희들이 가르치는 그 성서에는 바로 나의 피조물 만백성이 변화될 수 있도록, 그들이 깨우쳐 오늘보다 내일에 더 아름다운 삶과 하늘을 향하여 오는 그 길을 알 수 있는 그 순종과 삶의 지표와 생활 방식을 이끌어 주고 가르치며 그들을 변화하도록 하는 것이 있으니, 그것이 나의 성령의 뜻이니라.

19 그러니 너희들이 부르고 소리 질러서 즐거우며, 너희들이 도취되어 끝나며, 생활의 지침서요, 하늘에 오르는, 그 지향하라 하고 명하며 살라 하는 그 가르침이 없는 찬송은 나의 뜻이 아니며, 너희들과는 아무런 관계가 없다는

것이 여기 있음이니라.
20 이와 같은 이치를 깨우쳐 너희들이 알
아야 할 것이니, 너희들을 자극하고
흥분시키는 그곳에 너희들이 빠져 젖
어들면 안 되는 것이니 이를 알라.
21 그리고 너희들이 집회요, 나의 성서를
가르치는 시간에는 나의 성서만을 가
르치는 것이니,
22 삶의 가르침과 행함의 가르침과 너희
들이 어찌 변하여 갈 것인가, 만백성
을 대하고 살아가는 너희들의 변하는
그것을 가르치는 그 가르침이 아닌 다
음에는 나의 뜻이 아님을 너희들이 알
라.
23 그리하여 너희들이 쓸데없는 시간과
잘못된 시간이 나의 피조물 만백성을
부르고자 하는 그 의도에서 이루어지
는 것임을 알아야 할 것이니라.

2,165 번째 하나님 말씀

2002년 4월 6일 22시 14분

1 사랑하는 선지자야!
2 "네, 여호와 하나님! 말씀하옵소서."
3 지금 나의 피조물 만백성, 잘못 가고
있는 종교 지도자들이요, 그 밑에서
잘못 배운 자들이 너를 이단이요, 사
탄이라 핍박할 것이며, 그들은 너를
사악한 무리라며 핍박할 것이니라.
4 그들은 말할 것이니라.
5 저희들이 직접 나 여호와로부터 음성
을 들었으며, 나로부터 뜻을 받았으
며, 나로부터 명을 받아 너를 이 세상
에 존재치 못하도록 그리하라 하였다
하며 그와 같은 사악한 소리를 할 것
이니라.
6 지금 내가 뭐라 말하였더냐?
7 나의 피조물 만백성이 저희들이 말하
기를 나 여호와의 가장 큰 고유의 권
한인, 너희들을 구원해 주고 못하는
것은 나의 뜻에 있건만, 저희들은 구
원을 받았다 말하는 자들이니,
8 너를 향하여 그들이 나 여호와로부터
지시를 받았으며 선택된 자의 메시지
를 받은 자로서 네가 가고 있는 길이
사탄이요, 사악한 무리요, 마지막 말
세에 하나의 거짓 선지자라 말하거든,
너는 그들에게 그리 물으라.
9 그들이 과연 십계명을 지키고 살고 있
는가, 그리고 나 여호와가 원하는 뜻
이 무엇인지 그것을 알고 있는가 물어
보라.
10 그리하여도 그리 그들이 갑론을박하
거든, 그럼 나 여호와의 피조물 만백
성을 어떤 방법으로써 구원하며 그들
을 일깨워 가야 하는가,
11 선지자 너처럼 나로부터 성령의 말씀
을 받아 대대손손 변하지 아니하고 전
할 수 있는 법전이라는 이 책과 같은
것을 그는 과연 만들어 나의 피조물
만백성을 가르치는가,
12 저 혼자 들었다 하여 제가 잘못 본 그
환상에 젖어, 그 잘못 비치는 그 빛에
빠져 있는 제가 저 스스로 말로써 그
무엇을 받았다며 행하는 자, 그들에게
너에게 내가 내리는 법전처럼 조목조
목 나의 뜻을 기록한 책이 있는가 물
어보라.
13 그리하여 무엇을 가지고 나의 피조물
만백성을 저는 이끌고 깨우친다 하는

가, 그리고 제가 얼마나 몇 년이라는
세월 속에 그 길을 갔다 하며, 나 여호
와로부터 음성이요, 나의 뜻을 받아
행하는 자라 하면 과연 그는 나의 피
조물 만백성을 얼마만큼 구원했는가
그리 물어보라.
14 저희들이 지금 나 여호와로부터 이 지
상의 모든 악과 선을 심판하는 그 지
휘봉을 들고 하늘에서 세상으로 내려
온 양 그리 말하는 오만방자한 자들,
나와는 관계없음이니라.
15 제가 무엇이기에 나 여호와가 성령으
로써 나의 선지자를 통하여 세상에 내
리는 그 법전을 내가 저희들에게 태워
버리라, 찢어 버리라고 언제 명하였는
가?
16 나의 뜻에 의하여 이 세상에 나오는
그 모두는 내가 필요하여 만든 것이
요, 생명을 존속하게 한다 하였거늘,
제가 무엇이기에 이 세상에 존재하는
나의 법전을 가지고 이단이요, 사탄이
요, 사악한 무리라 하며, 나 여호와가
그를 불태워 찢어 버리라고 내가 저에
게 명했다 하는가?
17 제가 무엇이기에 그와 같은 말을 할
수 있는가 물어보라.
18 나 여호와로부터 제가 어찌 선택되었
으며 무슨 권한을 받았으며 어떤 능력
을 받았기에, 제가 나의 법전을 태우
고 찢어 버리며 또 이 세상의 모두를
심판하는 양 그와 같이 말하는가?
19 그가 바로 무엇이더냐?
20 하늘의 문을 제가 열고 닫을 수 있다
는 그 오만방자함이니, 그가 죽어 내
앞에 와 그 모습을 볼 때 제가 얼마나
무서운 죄를 짓고 살았는가를 알 것이
니, 그때는 이미 그가 후회해도 늦음
이라는 것을 알게 될 것이니라.
21 그에게 물어보라.
22 정녕 그는 무엇으로써 나 여호와의 뜻
이라 하여 제가 선택된 자인가, 그리
고 내가 불로써 직접 내린 영혼의 양
식인 십계명을 그는 과연 얼마나 암송
하며 얼마나 지키고 있는가 물어보라.
23 그 십계명 자체를 한번 물어보라.
24 그리고 십계명 후에 내가 또 내린 그
소중한 나의 뜻인 계명이 있으니, 그
를 받았는가 물어보라.
25 너는 개의치 말라.
26 앞으로 수많은 각종 종파의 나의 피조
물들이 저희들이 잘못 가고 잘못 이끌
어 가는 것을 변호하고 저희들이 지속
하기 위하여 너를 핍박할 것이며,
27 너를 수없는 욕으로써, 또는 삿대질로
써 핍박하고 너를 메어치는 그와 같은
사악한 무리가 수없이 이를 것이니,
그때마다 네 마음에 동요가 있어서는
아니 됨이니라.
28 너는 그들을 보지 아니하는가?
29 너에게 사악한 자요, 말세의 거짓선지
자요, 내가 너에게 내리는 160권의 이
장대한 성서가 귀신의 장난이요, 사탄
의 장난이라 말하며, 그를 태워 버리
고 찢어 버리라는 대명을 받았다는 그
가 어떠한 형태의 사악한 무리인가를
너는 알지 않는가?
30 그가 사악한 무리이기에 어떠한 형태
로써 어떠한 형벌을 받을지 네가 알고
있지 않은가?
31 그렇거늘 네가 무엇 때문에 두려워하

며 네 마음이 흔들려야 되는 것이며,
그들에게 갑론을박을 하는가?
32 내가 지금 너에게 내린 그 뜻을 그에
게 물어보라.
33 그리고 그에게 네가 마지막으로 전하
라.
34 제가 나로부터 심판의 권한을 받은
양, 제가 와서 재판을 하는 재판관인
양 그리 말하거든, 나의 법전이 나 여
호와로부터 선택된 것이며 나의 성령
으로써 내려진 법전이 아니면 이 세상
에서 다 없어질 것이며, 나의 법전이
세상을 덮을 때 그것으로써 제 스스로
기준하고 판단하라,
35 그리고 제가 나를 보았다는 것이 허황
된 빛이며, 제 스스로 환상에 빠져 허
덕이는 그 형국이니, 제 몸에 들어 있
는 그 사악한 형국이라도 털어 버릴
수 있게 너에게 와 기도를 받는 그 영
광이라도 얻으라 그리 가르치라.

2,166 번째 하나님 말씀

2002년 4월 7일 0시 28분

1 모든 사람들이 너에게 와 네가 누구냐
물으며, 네가 무엇이기에 이와 같이
나 여호와를 빙자하며 세상에 마지막
시대에 사탄이 와 이 책을 만들어 냈
느냐 그리 말하거든,
2 '너희들은 과연 죄인에게 돌을 던질
수 있는 그와 같은 삶을 살았는가?'
물어보라.
3 너는 평범한 인간으로서 살아와 나로
부터 선택되어 나의 성령을 받아 열여
섯 권의 법전을 만들며, 10부에 걸쳐
나의 피조물 만백성을 구하는 주옥같
은 나의 성령을 기록하여 160권의 책
을 세상에 내니,
4 그들은 나 여호와를 경배하며 저희들
이 구원의 길에 인도하는 자라 말하면
서, 지금 네가 나 여호와 하나님으로
부터 받은 성령이요, 이 법전이 잘못
된 것이라 하니,
5 저희들이 하나의 죄라도 짓지 않았으
며 유리로 비춰 보아 한 점의 부끄럼
이 없는 종교 지도자로서 살아왔거든
너에게 돌을 던지라 말하라.
6 그들이 정녕 너에게 돌을 던질 수 없
다 하거든 그들에게 갑론을박하지 말
라 이르라.
7 그리고 그들에게 물어보라.
8 내가 직접 불로 쓴 십계명이란 것을
그들이 과연 얼마나 지키고 살며, 얼
마나 그들이 그를 시행하고 살아왔는
가를, 그리고 정녕 그들이 나의 선지
자 너처럼 나의 음성을 들었으며 나의
성령을 받은 그러한 역사가 있는가,
9 그리고 내가 이루고자 하는 것이 무엇
이며, 내가 어찌 이루고자 하는 것이
며, 내가 어찌 가고자 하는 것인가를,
그리고 나의 계획이 무엇인가를 그에
게 물어보라.
10 천 년이라는 새로운 역사 속에서 새
시대의 왕국을 이루고자 하는 그 뜻을
모르거든 그는 말하지 말라 이르라.
11 그리고 정녕 종교 지도자가 어찌 살아
가야 되며, 어떠한 길로 가야 하는 것
인가를 그들에게 물어보라.
12 나의 피조물 만백성을 하늘에서 이룬
것같이 이 땅에서 이루어지는 지상의

낙원을 이룸이니, 저희들이 하늘에서
이루어진 것같이 이 땅에서 이룬다 하
니,
13 과연 이 땅에서 이루는 형태가 어찌
이루어지는 것이며 그 계획이 어찌 가
는 것인가를, 어찌 행하여야 하는 것
인가를, 그걸 한번 물어보라.
14 나의 뜻을 아는가 그들에게 물어보라.
15 그리고 그들은 요한복음에 기록되어
있듯이, 나의 피조물 만백성의 과거와
현재와 미래를 증명할 수 있는 능력이
있는가 물어보라.
16 그리고 정녕 그들이 선택한 나의 피조
물 만백성의 정신과 육신의 세계에서
병든 자들을 구원할 수 있는가를 물어
보라.
17 과연 그들은 저희 신도들 앞에 한 점
의 부끄럼 없는 삶을 살아왔으며, 제
가 나 여호와에게 신앙의 고백을 할
수 있는가, 그리고 그 신앙의 고백을
하되 한 점의 부끄럼이 없이 고백할
수 있는가 그를 물어보라.
18 그리고 이 세상 모두는 누가 주관하
며, 이 세상 모두는 누가 필요로 하여
만들었는가?
19 그러면 이 세상에 존재하게 하는 것은
그를 창조한 자만이 알고 있으며 그
뜻을 알며 그 쓰임을 알며, 창조하여
이 세상에 만든 나 여호와만이 알거
늘, 그를 갑론을박하지 말라.
20 제가 누구이기에, 제가 무엇이기에 나
여호와 창조주가 필요하여 만든 것을
이단이요, 사탄이요, 그것이 잘못되었
다 잘되었다, 쓸모가 있다 없다는 그
와 같은 말들을 감히 하는가?
21 저 자신의 죄부터 용서를 빌라 그리
이르라.
22 저 자신이 용서받지 못하며, 제가 누
군지도 모르며, 제가 어찌 가야 하는
지도 모르는 주제에,
23 제 앞에 있는 그 죄를 빌며 제가 어찌
가는 것인가 그것부터 깨우치며 저 스
스로 먼저 구원을 받는 그 영광된 길
을 갈 때, 그리고 하늘에 오르는 그 빛
을 볼 줄 알거든, 그를 볼 수 있는 눈
이 뜨이거든 그때도 나의 법전이 과연
잘못되었는가 그때 읽어 보라 이르라.
24 그리고 저희들이 성서를 읽어 나의 피
조물 만백성을 수십 년 동안 가르쳐
오면서 그들이 서 있는 위치가 어디
며, 그들이 과연 나의 피조물 만백성,
저희 신도들에게 하늘에 오르는 길이
무엇인가를 확실히 가르쳐 준 역사가
있는가 물어보라.
25 그저 믿으면 된다고 소리 지르며, 그
저 순종하면 된다고 소리 지르며, 그
리고 십일조와 재물과 금화를 바치면
축복받고 은혜를 받는다 그리 철면피
같은 소리를 하고 있음이니, 그들은
뭐라 하느냐?
26 십일조를 내면 축복을 받고 은혜를 받
을 것이라 그리 말하느니라.
27 십일조를 낼 수 없는 자에게 그들은
강요하느니라.
28 남의 돈이라도 빌려서 바쳐야 된다 하
며, 남의 돈을 빌려서 바치면 그를 받
으며 그들은 뭐라 하느냐?
29 '그대는 하나님의 은혜와 은총이 있을
것이라.' 하고 말하는 것이니라.
30 재물을 거둬들일 때 그 신도가 어찌

되든, 그가 운영하는 그 사업장의 문
을 닫든, 그가 길거리로 쫓겨나든 그
들은 그를 분별하지 아니하고 그저 받
아들이니, 배고픈 뱀이 개구리를 잡아
먹는 형국이라 내가 표현하지 않았던
가?
31 그가 운영하는 곳이 어려우며 그 사업
이 어려우며 그가 경영하기가 어려워
쓰러져 간다 해도, 그에게 아무 돈이
든, 남의 돈을 빌려서라도 십일조를
바치라는 것이 너희 종교 지도자들이
아닌가?
32 어렵고 힘든 자에게 십일조를 바치라
하기 전에 그의 의식주를 해결하며 그
를 돕기 위하여 제가 가지고 있는 금
화와 은화를 과연 그 사람에게 줄 수
있는가?
33 저는 저의 어려운 신도들에게, 나의
사랑하는 백성들에게 제가 가지고 있
는 재물을 10의 1이 아니라 100의 1
도 주지 못하고 저희는 줄 줄도 모르
며 전해 줄 줄도 모르는 주제에,
34 그와 같이 사악한 자들이 저희 신도들
에게는 수십 명, 수백 명, 수천 명에게
십일조를 바치라, 바쳐야만 축복을 받
는다 하며 그리 거둬들이는 그와 같은
사기극을 하고 있음이니,
35 나의 사랑하는 피조물 만백성, 잘못
가르치는 그 지도자 밑에서 하늘에 오
르는 길이라 하여 지옥 불로 가고 있
는 너희들에게 물어보느니라.
36 너희들은 남의 돈을 얻어서라도, 소위
빚이라는 것을 얻어서라도 무조건 십
일조를 바치면 축복받고 하늘에 오른
다 하니, 그리 바친 너희가 어렵고 힘
들 때 그들이 제가 가지고 있는 것을
10의 1이라도, 100의 1이라도 너희에
게 갖다 주며 너희에게 의식주를 해결
할 수 있는 기반을 먼저 닦으라 그리
너희들을 깨우쳐 주는가?
37 저는 100의 1도 주지 못하는 주제에
어찌하여 남의 돈을 10의 1씩을 그저
거둬들이는가?
38 이와 같은 형국이 지금의 종교 지도자
들이 가는 길이라 하면, 이는 정녕 잘
못된 것이니라.
39 그들이 지옥 불로 가고 있음을 일깨워
주는 것이 나의 사랑하는 선지자를 따
르는 제자 너희들이 해야 할 일임을
알라.

2,167 번째 하나님 말씀

2002년 4월 7일 09시 19분

1 사랑하는 선지자야!
2 **"네, 여호와 하나님! 말씀하옵소서."**
3 어찌하여 네가 인간과의 살아가는 그
세속에 얽히고설킨 것을 그리도 떨치
지 못하며 던지지 못하는가?
4 너는 그와 같은 생각을 하지 말라 내
가 하였거늘, 나 여호와가 다 주관하
여 이루어질 것이며, 위로는 나 여호
와가 있으며, 아래로는 너의 제자들이
있으며 너를 따르는 자들이 있으니,
5 그들에게 모두를 다 털어놓고 그들에
게 던져 주면 그들이 알아서 정리해
나갈 것이거늘, 오로지 너는 기도와
묵상만으로써 모두를 다 잊어버리고
마음을 다스리면 되는 것을, 그리하지
못하고 있음이니,

6 네가 너 스스로 너의 제자들을 평가하
지 말며, 너의 제자들에 대한 것을 네
가 아는 것처럼 말하지 말라.
7 내가 너의 제자들을 선택하여 너에게
보냄은, 네가 오로지 기도와 묵상으로
써 모든 것을 일관하여 160권이라는
나의 법전을 세상에 내보내며,
8 그리고 나의 피조물 만백성을 깨우쳐
영원히 기록될 수 있는 나의 성령을
전해야 하는 너이기에, 너는 그 대명
이요, 그 대업 외에는 아무런 생각도
해서는 아니 되기 때문이니라.
9 이제 그를 맡을 자들, 그리고 운영할
자들을 보내고 있음이니 그를 알아야
할 것이니라.
10 너는 모두를 나에게 기도드리며 나의
성령을 받아 기록하여 법전을 만드는
일에만 전념하며, 네가 위로는 정신을
다 바쳐야 될 것이며, 아래로는 사랑
하는 너의 제자들에게 네가 모두를 다
던져 그들과 의논하면 그곳에서 답이
이루어지거늘,
11 어찌하여 네가 중간에서 이리 안고 저
리 안고 고민을 하는가? 그리하지 말
라.
12 우선 내가 하나가 되라 하지 않았는가?
13 그들이 다 깨우쳐 알고 있음이니라.
14 먼저 온 너의 제자들부터 자리를 잡아
주라 하였음이니, 그들이 또한 어찌해
야 될 것이며 어찌 가야 할 것인가를
그들이 다 알고 있음이니, 너는 모두
를 그들에게 다 전하여 주고 알려 주
라. 그리고 설명만 해 주라.
15 그러면 그들이 알아서 네가 기도하고
경배하며 나의 성령을 받아 기록할 수
있도록 모두를 다 준비해 줄 것을, 어
찌하여 네가 그리도 미련하고 어리석
은 육신의 생각으로써 네가 다 끌어안
고 발버둥치려 하는가?
16 오늘 이후부터 모두를 다 털어 버리
라.
17 그리고 무겁고도 무거운 그 짐을 지고
가려 하지 말라.
18 알겠는가, 선지자야! 혈혈단신으로 걸
어가면 되는 것을, 이제 그 무거운 짐
을 덜어 줌이니라.
19 그와 같은 생활로써 너 자신을 다스려
나가며, 모두를 다 너의 제자들에게
던져 주어 그들이 운영토록 그리하라.

2,168 번째 하나님 말씀

2002년 4월 7일 09시 40분

1 사랑하는 선지자야!
2 "네, 여호와 하나님! 말씀하옵소서."
3 너는 너의 제자들과 나의 법전을 읽고
깨우쳐 나를 따르며 네 앞에 찾아오는
자, 그들을 과연 어찌 생각하는가?
4 너는 나의 성령을 받아 그들에게 전하
며 나의 법전을 그들에게 전하여 그들
이 읽고 깨우침이니, 오로지 그들이
은혜를 받은 자들이며 축복받은 자들
이며 그리고 영광 속에 살아가는 사람
들이요, 너의 제자요, 나의 피조물 만
백성이라 너는 그리 생각하고 있었을
것이니라.
5 그리하여 그들은 정녕 위대한 영광 속
에서 이와 같은 나의 성령을 직접 듣
고 사는 자들이니, 항상 그들이 살아
가는 그 모습에 있어서 너에게 감사하

는 마음과 나 여호와에게 감사하는 마
음을 갖고 살아야 되는 그들이라 생각
하지는 아니하였는가?
6 그러나 선지자야,
7 그들이 나의 뜻을 따르며 나의 성령을
믿으며 나의 법전을 믿으며 하늘에 오
르고자 하는 그 마음과, 나를 향하여
그들이 살아가고자 하는 그 마음과,
계명을 지켜 만백성을 구하기 위하여
살아가는 그들의 그 마음 자세와,
8 나의 성령을 받아 그들의 가슴에 전해
주고 나의 법전을 만들어 세상에 전하
며 그들의 가슴에 들려주는 네가 그리
하여 소중하고 소중한 사람이라 하여
너를 사랑하고 아끼는 그들의 마음을,
너는 어찌 그를 보지 못하는가?
9 너의 제자들이요, 나에게 선택되어 나
의 법전을 읽고 오는 그 나의 백성들
이 위로는 나를 따르며 내가 존재함을
알고자 하며 나의 계명에 따르고자 하
며 나로부터 구원을 받고자 그들이 기
도하는 그 마음과,
10 그리고 천 가지, 만 가지 그 생활 속에
서 오로지 선을 선택하여 살아가고자
발버둥치는 이 세상에 가장 소중한 나
의 백성들이며, 나를 믿기에 그들은
또 너를 사랑함이니,
11 나의 성령을 받아 기록하는 네가 바로
서기를 바라며 바로 가기를 바라며 영
원히 네가 끝까지 아름다운 선지자로
서 존속하기를 바라는 그들의 애절한
눈빛과 그들의 마음을 너는 어찌 모르
는가?
12 그들이 나를 얼마나 사랑하며 그들이
너를 얼마나 사랑하는지, 그 고맙고
감사한 마음을 네가 어찌 볼 줄을 모
르는가?
13 "여호와 하나님! 이제야 깨달았사옵
나이다.
14 여호와 하나님이 계시기에 그 말씀을
들어 전하는 저를 그들이 사랑하며 저
를 아끼며 저를 따르며 같이 가고자
하는 그 아름다운 마음과 그 사랑하는
마음이 이 세상 무엇과도 바꿀 수 없
는 것을 알겠사오며, 그들이 힘들고
어렵게 살아가는 오늘에 서 있는 모습
만을 바라본 저의 죄를 용서하여 주옵
소서.
15 그 마음속에 저를 사랑하고 아끼는 그
마음은 세상에 무엇과도 바꿀 수 없는
그 애절한 마음을, 이는 곧 자식을 위
하여 부모가 모두를 다 버리는, 자식
을 대신하여 생명을 바치고자 하는 그
마음보다도 더 애절하고 소중한 사랑
의 마음이 거기에 있음을 여호와 하나
님의 말씀을 듣고 이제야 깨달았사옵
나이다.
16 저의 죄를 용서하여 주옵소서, 하나
님!"

2,169 번째 하나님 말씀

2002년 4월 7일 12시 38분

(강론을 마치며)

1 사랑하는 선지자야!
2 "네, 여호와 하나님! 말씀하옵소서."
3 내가 너에게 일러 말하기를, 나의 성
령이요, 나의 뜻은 너희들이 변화되는
것이며 새로운 시대로 그 길을 열어
가는 것이라 하였음이니,

4 나에게 오르고자 하는 길이 끝이 없듯
이 나의 뜻이요, 나의 진리를 너희들
이 깨우쳐 하나를 얻는 것이 끝이 없
음이니라.
5 그리하여 너희들이 이 세상에 태어나
육의 삶을 마치기 전까지, 너희들이
또 죽어 나에게 오르는 그 영광의 영
혼의 길에 들어서기까지 너희들은 잠
시도 쉴 새 없이 노력하고 또 연구하
고 깨우치며 변하여 삶을 개척하는 것
이 너희들이 가야 할 길이며 너희들의
근본인 것이니라.
6 즉, 나 여호와가 추구하는 것이며 내
가 너희들에게 내리고자 하는 뜻은
너희들이 계속 변화되며 전진하는 그
모습으로 살아가는 것이며,
7 나의 성령이요, 나의 뜻이라는 것은
너희들이 듣고 깨우쳐 너희들의 생활
이요, 삶이요, 너희들의 정신세계까지
도 변화시켜 너희 영혼을 구하는 영의
세계에 들어와 너희들이 하늘에 오르
는 그 영광된 길을 올 수 있다 내가 말
하였음이니라.
8 내가 오늘 나의 선지자를 통하여, 너
희들의 아름다운 모든 단어를 다 구상
하여 부르는 그 찬송가라 하는 것이
앞이 없으며 뒤가 없으며, 그리고 너
희들이 깨우쳐 살라 하는 그 가르침의
지침서가 거기에 없다 말하였음이니,
9 너희들은 여기서 하나를 더 깨우쳐 가
야 될 것이니라.
10 그들이 하는 그 찬송이요, 그들이 부
르는 노래는 그렇다 할지라도, 나의
피조물 만백성을 일깨워 하늘에 오르
게 한다는 종교 지도자들이 단상에 서
서 너희들에게 가르치는 그 내용을 너
희들은 다시 한 번 짚고 넘어가야 할
것이며, 너희들이 똑바로 그 내용을
들어 봐야 될 것이니라.
11 그들의 가르침에 미래가 있으며 변화
가 있으며 전진된 그 내용이 아니라면
그들 또한 나와는 관계없는 이야기이
니라.
12 그들이 너희들을 자극시키며 너희들
을 흥분시키며 너희들의 세속에 살아
가는 그 이야기와 더불어 너희들에게
무엇인가 일깨워 주고 가르친다 하여
도,
13 그들 속에서 가르치며 그들이 깨우쳐
주는 것이 너희들이 듣고 돌아섰을 때
너희 머릿속에 남는 것이 없다 하면,
이는 사탄이요, 사악한 무리의 음성이
라는 것을 알아야 될 것이니라.
14 나의 선지자로서, 또 나로부터 선택된
지도자요, 나로부터 선택된 목자가 가
르치는 그 뜻에는 너희들이 돌아서서
나왔을 때 너희 머릿속에 남음이 있으
며, 곧 이는 너희들이 행하며 살아가
는 데 지표가 되고 근본이 되며 기초
가 되는 것이니라.
15 이와 같은 가르침 속에서 너희들이 오
늘과 내일에 변화의 전진이 없다 하면
이는 아무것도 아님을 너희들은 알아
야 될 것이니라.
16 종교 지도자들이 너희들에게 가르치
는 그 내용이요, 그 설교 내용에 과연
무엇이 어찌 담겨 있는가 너희들은 한
번 잘 깨우쳐 봐야 될 것이니라.
17 그들이 가르치고 지도하는 것이 그곳
성전에 나의 피조물 만백성이 모여 금

화와 은화를 바치는 그와 같은 역사를
존속하기 위하여 그 방법 쪽으로 흘러
가는 내용이 과연 없는가?
18 이는 과연 어찌 되는 것이더냐?
19 나의 뜻과는 전혀 관계없는 그 시간을
너희들은 거기에 가서 무엇인가를 듣
고 하늘에 오르는 길을 보겠다 하여
모여듦이니라.
20 정녕 나로부터 선택된 나의 선지자요,
나의 목자가 가르치는 것은 무엇이더
냐?
21 너희들이 보이지 않는 미래로 통하는
그 길이 있으며, 미래를 통하여 그곳
에서 이루어지는 역사의 기초를 다져
주며 그 세계를 볼 수 있는 것이 나의
성령이요, 나의 가르침이란 것을 잊지
말라.
22 내가 너희들에게 내리는 성령이요, 내
가 너희들을 가르침이요, 그 뜻을 배
워 가르치는 자요, 또 들어서 지도하
는 종교 지도자요, 선지자요, 목자의
가르침에는 너희들의 미래를 통하는
그 길로 인도하는 가르침이 거기에 들
어 있어야 될 것이니라.
23 육의 삶에서 너희들의 지킴을 다 하나
하나 깨우쳐 주며, 그를 행하도록 하
며, 그 행하는 속에서 너희 영혼을 구
원받는 나의 나라에 올 수 있는 그 기
초를 다져 주는, 전진하며 변화되는
말씀의 가르침이 아니라면 이는 잘못
됨을 너희들이 알아야 될 것이니라.
24 여기서 너희들이 깊이 깨우쳐야 될 것
이니라.
25 내가 나의 선지자를 통하여 너희들에
게 전하는 그 뜻을 너희들이 깊이 깨
우쳐 행하여야 될 것이니라.
26 오늘의 육의 삶이 아니요, 너희들이
지은 성전을 역류하게 함이 아니요,
그 모두를 초월한 나의 나라에 오를
수 있는 영혼의 구원의 그 가르침을,
27 그리고 미래를 볼 수 있는 그와 같은
변화되는 가르침을 가르치지 아니하
는 종교 지도자는 잘못된 자임을 너희
들이 깊이 깨우쳐 행하여야 될 것이니
그리 알라.

2,170 번째 하나님 말씀

2002년 4월 7일

(강론을 마치며)

1 사랑하는 선지자야!
2 **"네, 여호와 하나님! 말씀하옵소서."**
3 너희들 인간은 세상에 나올 때 나로부
터 영의 생명을 받아 세상에 나감이
니, 육은 너희들의 부모의 육을 받아
세상에 나가며 또한 그 영혼은 나로부
터 받아 나가 육과 영이 같이 하나로
이 시대를 살아감이니라.
4 그러나 너희들은 모든 육의 소중함은
아나, 너희들의 정신을 지배하는 나의
영의 소중함은 모르고 있음이니라.
5 너희들이 육의 삶을 살아가는 이 세상
에서 나 여호와가 너희 한 사람을 세
상에 내보낼 때 그가 섭취하고 살아갈
수 있는 그 모두를 다 주었다고 나의
선지자를 통하여 너희들에게 일깨워
주었느니라.
6 그러나 너희들은 그 육의 삶으로 너희
들의 영혼이 구원의 길을 들어서게 됨
이니,

7 육의 삶이 얼마나 아름답고 깨끗하며
착하게 사느냐에 따라서, 그리고 얼마
나 선행을 하면서 사느냐에 따라서 너
희들이 영을 육성시키며 영을 키운 것
이며 영을 성장시킨 것이라 내가 너희
들에게 말하였느니라.
8 그러나 나 여호와가 존재하며 너희 생
각과 육을 지배하는 그 영혼이 있건
만, 너희들은 나 여호와가 존재하는
그 자체도 생각하지 아니하려 하며 살
아가고 있음이니라.
9 나의 사랑하는 아들 예수를 보내어 너
희들에게 일렀느니라.
10 나 여호와가 하늘에 존재하며, 너희들
이 죽어 나에게 와 심판을 받으며, 그
가 전하는 것은 여호와 창조주인 나의
뜻에 의하여 너희들에게 전한다 그리
그가 부르짖었으나 너희들은 그 말을
듣지 아니하였느니라.
11 그리하여 나의 아들 예수가 제가 죽음
으로써 나 여호와가 존재함을 나의 피
조물 만백성에게 일깨우고자 하여 그
가 그 어렵고 고통스런 죽음의 길을
선택하여 그 십자가에 생명을 바쳤음
이니라.
12 그러나 지금의 너희 피조물 만백성이
살아가는 형국은 어떠하던가?
13 그것은 너희들이 하나의 그림 속에 지
나쳐 가는 그와 같은 역사 속으로 접
어 두며, 육의 삶을 위해 지금같이 험
악하고 험악한 세상을 만든 것이 너희
들이니,
14 너희들의 그 사악한 마음을 어찌 다스
리고 잡아 갈 수 있겠는가?
15 이는 누구도 다스릴 수 없음이니라.
16 악은 악의 씨를 점점 낳게 됨이니, 그
악의 씨가 세상을 다 덮고 있느니라.
17 그리하여 선하고 아름다운 나의 계명
을 지키며 살라는 그 불씨는 지상에
없음이니, 이를 어찌 다스리겠는가?
18 그리하여 내가 나의 선지자를 통하여
너희들에게 기적을 이루어 그 역사를
되살리는 것도 아니며, 나의 아들 예
수처럼 피 흘려 죽는 그 역사를 이루
어서 너희들을 일깨워 주고자 함이 아
니니라.
19 나의 성령을 글로 표현하여 법전이라
는 책으로 만들어 너희들이 대대손손
이를 읽고 깨우쳐서 이 지상에 악의
뿌리를 제거하며, 오로지 에덴동산을
이루며, 내가 이루고자 하는 지상의
낙원을 천 년에 걸쳐 이루고자 하는
것이 나의 뜻이니,
20 이곳에 모여 나의 음성을 들으며 나의
법전을 읽는 너희들이 얼마나 소중하
고 귀한 나의 백성인가를 알아야 될
것이니라.
21 태산준령이요, 세상을 다 태우는 것도
작은 불씨에서부터 시작함이니, 너희
들이 곧 나로부터 선택되어 있음이니
라.
22 지금 나의 선지자가 너희들 앞에 와
기도하며 나의 법전을 전하며 나의 성
령의 뜻을 가르침이니, 너희들이 지금
앉아 있는 이곳이 이 지상의 기초가
되어 여기서부터 나의 법전이 세상으
로 뻗어나감을 너희들은 잊지 말아야
될 것이며,
23 오늘 참여하여 나의 법전을 전하고 읽
는 너희들이 바로 세상을 지배할 때

그들을 통제하며 그들을 이끌며 그들
을 지상의 낙원으로서 보여 줄 수 있
는 전사임을 알라.
24 너희들에게는 나 여호와가 항상 같이
하고 있으며, 너희들이 계획하고 이루
고자 하는 그 길에 너희들은 주저하지
말라.
25 나 여호와가 너희들과 항상 같이 있음
을 잊지 말며 그리 행하도록 하라.
26 지금 너희들이 이곳에서 나의 법전을
전하는 뿌리를 내렸으니, 너희들이 앉
아 있는 이 성전, 이곳에 많은 백성들
이 와 나의 음성을 들을 것이며 깨달
음을 얻을 것이니,
27 너희들은 주저하지 말며 두려워하지
말라. 그리고 조급히 서두르지 말라.
28 모두는 나의 계획에 의하여 지금 진행
되며 이루어 가고 있음을 조금도 의심
치 말라.
29 다만 나의 피조물 만백성이 이곳에 너
희들을 찾아왔을 때 너희들이 과연 변
한 모습이요, 아름다운 모습이요, 하
얀 마음으로써 대하는 그와 같은 훈련
과 그와 같은 깨달음을 너희들이 실천
해야 할 것이니 그리 알라.
30 나의 법전이 이곳에서 전해지며 나의
피조물 만백성이 모이는 것은 너희들
의 몫이 아니니라.
31 그는 나 여호와가 이루는 몫이니라.
32 너희들 몫으로서는 나의 법전을 읽고
나의 성령이요, 나의 음성을 선지자로
부터 들은 너희들이 그를 시행하고 지
키며 살아가는 그것만이 너희들이 해
야 할 몫이니 그리 알라.
33 너희들이 나의 선지자를 통하여 내가
내리는 성령이요, 내가 너희들에게 원
하는 그 삶을 살지 아니한다면 이곳에
서 그 불꽃은 지필 수가 없음이니라.
34 너희들의 덕목은 바로 무엇이더냐?
35 너희들이 나의 법전대로 살아가고자
노력하며 너희들이 변하는 그 모습으
로써 모든 역사는 이루어질 것이며 너
희들의 몫은 그것뿐이니, 그리 알라.

2,171 번째 하나님 말씀

2002년 4월 8일 05시 42분

1 사랑하는 선지자야!
2 "네, 여호와 하나님! 말씀하옵소서."
3 정녕 나의 성령을 세상에 내려보내 너
를 통하여 법전을 만들어 나의 피조물
만백성을 구하는 이 길이 어찌하여 이
리도 어렵고 힘든 길인가를 너는 알겠
느냐?
4 그러기에 나의 아들 예수를 직접 세상
에 나가도록 하여 그가 모든 기적과
역사를 이루면서 나의 백성들을 바로
잡으려 하였으나 그는 목숨을 잃었음
이니라.
5 그리고 지금에 와 그 피로써, 그 보혈
로써 은혜를 입었다 하여 나의 피조물
만백성을 잘못 깨우치고 잘못 인도하
는 자들로서 다 죽은 자가 되어 지옥
불을 향해 가고 있는 그들의 뿌리가
세상을 덮고 있으니,
6 그 역사를 바로잡는다는 것이 얼마나
힘들고 어렵겠느냐?
7 너는 나의 아들 예수를 나의 백성들이
살해하였으며, 그가 부르짖다 분하고
원통하게 죽어 간 '나 여호와가 존재

함'을 만백성에게 깨우쳐 주는 것이
첫째 대명이요,
8 그가 오죽하면 그 죽음의 길을 택하였
겠는가 하여 그 마음의 뜻을 이루는
것이 첫 번째이며, 두 번째는 그의 죽
음을 악용하여 잘못 가고 있는 나의
피조물 만백성을 바로 세우고 바로잡
는 것이 네가 해야 할 길이니,
9 두 가지를 네가 다 해야 함이니, 얼마
나 힘들고 어려운 이 역사를 이루는
것인가를 너는 알겠느냐?
10 예수는 나의 뜻을 세상에 전하여 만백
성을 바로잡는 것으로써 그 책무를 다
하며 그 책임을 다하는 것이었으니,
11 그의 주옥같은 나의 성령을 전하지 못
하도록 그를 죽인 자들, 그리하여 나
의 아들이 죽음으로써 모두를 항변하
고자 했던, 나 여호와가 존재함을 예
수가 부르짖고자 했던 것을 네가 2천
년이 지난 지금에 와서 그를 부르짖어
나의 피조물 만백성에게 전하여 그 예
수의 죽음이 헛되지 아니하였다는 것
을 네가 보여야 할 하나의 첫 번째 책
무가 있으며,
12 두 번째는 나의 아들 예수가 죽어 간
그의 붉은 피를 썩은 피로 만들어 지
금 세상을 덮고 있는 사악한 무리들의
그 뿌리를 뽑아내어 바로 세우는 것이
너의 두 번째 책무이니,
13 나의 아들 예수는 하나의 책무를 가지
고 세상에 나갔으나 너는 두 가지의
책무를 이루는 그 역사를 이루어야 하
는 지금의 시국이니, 얼마나 힘들고
어려운 길이겠느냐?
14 이와 같은 뜻을 너의 제자들에게 깨우
쳐, 오늘의 너희들이 선택됨을 영광으
로 알며 오늘의 너희들이 가는 길의
어렵고 힘듦을 알려 줘라.
15 그러나 선지자야, 두려워하지 말라.
16 이제 너는 시작함이니라.
17 이제 네가 정녕 나의 성령을 받아 기
록한 나의 선지자요, 나의 종이요, 나
의 아들임을,
18 그리고 나의 법전이 정녕 나의 피조물
만백성을 구하기 위하여 나 여호와가
나의 성령을 태워서 내려보내는 것이
라는 것을 나의 백성들이 깨우치고 모
여들 때가 되었음이니, 이제야 시작함
이니라.
19 사랑하는 선지자야!
20 "네, 여호와 하나님! 말씀하옵소서."
21 너의 제자들에게 이르라.
22 바로 서라, 바로 가라, 그리고 곧게 변
해 가라 그리 가르치라.
23 그것이 너희들이 나에게 바치는 마지
막 충절이요, 마지막 너희들이 구원의
길에 오를 수 있는 길이라는 것을 알
라.
24 그 바탕 위에 이제 시작됨이니, 대역
사가 이루어져 가고 있음을 알라.
25 너는 알고 있지 않으냐, 내가 너에게
명하며 네가 어찌 변하여 가며 어찌
갈 것인지를.
26 이제는 시작할 때가 되었음이니 그리
알라.
27 선지자야, 이제는 그 책무를 수행하며
네 뜻을 받들어 일할 사람들이 오고
있지 않으냐? 그를 너는 알지 않는가?
28 어찌하여 손을 내밀어 그들을 불러들
이려 하지 아니하고, 너는 그저 조용

히 더 시련과 역경을 겪고 가려고 하
느냐?
29 이제 끌어들여라. 그리고 손을 내밀어
그들에게 임무를 주라.
30 그리하여 지금까지 너를 따르는 그 제
자들의 노고에 상을 내리도록 하라,
선지자야! 이를 거역하지 말라.
31 더 이상 네가 사양하지 말며, 더 이상
네가 뿌리치려 하지 말며, 이제는 너
의 제자들을 도와줘도 될 때가 되었음
이니, 나의 뜻에 따라 기적을 행하고
이루도록 그리하라, 선지자야!

2,172 번째 하나님 말씀

2002년 4월 8일 06시 10분

1 사랑하는 선지자야!
2 "네, 여호와 하나님! 말씀하옵소서."
3 내가 너에게 일렀느니라.
4 나의 성령이요, 나의 법전의 중요함도
이루 다 말할 수 없으나,
5 자연의 아름다움과 자연 세계의 오묘
한 그 속에서 그를 깨닫고 돌아가는
그 형태의 방대함을 느낌으로써 나의
성령과 내가 만들어 이룬 자연의 그
위대함을 다 깨우칠 때,
6 너희들이 전지전능한 여호와 아버지
라 부르라 내가 그리하였으며, 전지전
능한 너희들의 아버지라 부르는 나의
권능이 어떠한 것인가를 같이 깨달을
때 유하고 부드러운 나의 백성이 될
수 있다 말하였느니라.
7 너희들이 그와 같이 나의 피조물 만백
성에게 일깨워 주고 가르침이니, 또한
너희들이 자연 속에서 기도를 하며 자
연 속에서 나에게 경배를 드리고자 그
리하였으니, 너희들이 그리 기획하고
그리 말한 그 뜻을 실천하도록,
8 그리하여 나의 성령이요, 나의 법전의
위대함과 내가 이루는 자연 속의 그
아름다움을 나의 아들이요, 딸인 너희
들이 직접 체험하고 깨닫는 그와 같은
역사의 시간을 갖도록 그리하라.
9 그리하여 너의 제자들과 더불어 자연
의 아름다움을 구경하며 그 속에서 나
에게 경배하고 기도하는 그와 같은 시
간을 갖도록 그리할 것이며,
10 그를 시발로 하여 나의 법전이 펴져
나가는 역사가 이룰 것이며, 너희들이
세상에 존재함이 얼마나 위대하고 무
서운 것인가를 나의 피조물 만백성이
눈을 뜨도록 하는 그와 같은 역사를
시작하게 나 여호와가 할 것이니,
11 너희들이 나 여호와가 이룬 자연의 그
아름다움 속에서 나에게 경배하고 기
도하는 그와 같은 역사의 시간을 갖도
록 그리하라.

2,173 번째 하나님 말씀

2002년 4월 8일 06시 45분

1 사랑하는 선지자야!
2 "네, 여호와 하나님! 말씀하옵소서."
3 나 여호와의 뜻이란 쓰러짐이 없으며,
흩어짐이 없으며, 침체됨이 없으며,
무너짐이 없는 것이니, 그것이 나의
성령의 뜻이니라.
4 그러나 많은 백성들이 나의 백성들을
인도한다 하여 저희 손으로 성전을 이
루고 그곳에서 나의 피조물 만백성을

깨우치는 길로 인도한다 하나, 그들이
침체되고 쓰러져 가는 자가 수없이 있
음이니라.
5 그리고 나 여호와의 뜻은 참진리요,
한 길이기에, 영구히 변함이 없는 것
이 나의 성령의 뜻인 것이니라.
6 그리고 또한 나의 성령이요, 나의 가
르침은 천년만년의 세월이 흘러도 그
것이 그 시대에 맞는 것이며, 그 시대
에 가르침이며 그 깨우침이 지속되는
것이 나의 뜻이니라.
7 그리고 영구히 지속되는 것이 나의 뜻
임을 너희는 알아야 할 것이니라.
8 지금 내가 제3의 시대를 열어 성서의
구약과 신약의 시대를 덮는다 하였으
니, 그 성서를 가지고 나의 피조물 만
백성을 하늘에 오르게 하겠다 하여 저
희들이 지금 가르치고 있으나, 그 길
이 잘못된 길이니 그들이 문을 닫는
것은 지금서부터 시작됨이니라.
9 더러는 몇 개의 종파들이 세상을 요란
스럽게 하며 세상을 뒤엎는 듯하나,
그들 또한 이제는 침체 일로에서 서서
히 시들어져 가기 시작함이니,
10 제3의 시대요, 천 년의 역사에 걸쳐
나의 피조물 만백성을 영원히 구하는
나의 성령이 지상에 내려가 있기 시작
함이니,
11 이제 그와 같은 역사가 이루어지며 서
서히 그들이 침체 일로에 빠지고 무너
지며 문을 닫게 되어 감이니라.
12 지금 몇몇의 종파가 이루어지며 요란
히 그들이 자리를 잡고 가나, 그는 다
나의 법전이 세상에 나가 그들을 제압
하고 통합하기 위한 그 역사를 그들이
앞에 나와 이룬 것이니,
13 이제는 그들이 쓰러져 가며 그 종파
요, 그 소속은 서서히 문을 닫게 됨이
니라.
14 그것은 진정한 진리가 아니었고, 그들
은 진정한 나의 뜻에 의하여 이 세상
에 저희들이 존재하며 나 여호와가 존
재하며 하늘에 오르는 길이라 깨우침
을 잘못 인도하였기 때문이니라.
15 그러나 그들이 나의 법전이 세상에 나
갈 수 있도록 길을 인도하였으며 앞길
을 열었으며, 그리고 나의 법전이 세
상에 나가 뿌리를 내릴 수 있도록 거
점을 만들며 터를 닦는 역사를 이룬
것이니라.
16 그리하여 이제 그들의 기초 위에 나의
성령이 세상을 통일하며, 내가 선택한
나의 선지자가 존재하는 이 땅의 언어
와 그 모든 풍습이 천 년에 걸쳐 그를
덮음이니, 그게 바로 무엇이더냐?
17 모두를 그와 같이 살아갈 수 있도록
기록되어 있는 나의 법전이 세상에 나
감이니, 이 법전이 영구히 지속되고
영원히 보존되며,
18 이는 나의 성령이기 때문에 모두를 다
그 앞에 끌어안아 이 세상을 하나로
통일하고, 기도하는 방법이요, 하늘에
오르는 길을 깨우치는 역사를 이루고
자 함이 여기 있음이니라.
19 그리하여 감히 누가 구약과 신약의 성
서를 덮는다 말할 수 있는가?
20 너희들이 한번 깨우쳐 말해 보라.
21 나의 선지자요, 나의 아들이요, 나의
종인 네가 사탄이며 사악한 무리라 하
면, 감히 나의 성령이요, 성서인 구약

과 신약의 그 모든 역사를 덮으며 제3
의 시대를 연다 말할 수 있는가?
22 지금까지 믿어 오는 너희들이 온 길이
바르고 곧다 하면, 사탄이요, 사악한
무리가 감히 그와 같은 제3의 시대를
연다 할 때 나 여호와가 그를 용납하
며 그를 덮어 두겠는가?
23 그리하여 내가 너희들에게 일렀음이
니라.
24 모든 종파들이 지금 자리를 잡고 이끌
고 가는 그 형태를 다 가슴에 안으며,
기초적인 자리를 잡기 위해 그들이 있
었기에,
25 오늘의 나의 법전이 세상에 전해지는
그 뿌리를 내리는 근본을 만들었다 하
여 그들을 가슴에 안으라 하였음이니
라.
26 정녕 네가 하는 것이 사탄이요, 나의
선지자가 기록하는 나의 성령의 그 법
전이 잘못된 것이라 하면, 어찌하여
구약 시대의 역사와 신약의 예수의 삶
을, 그를 다 다시 돌려놓는 그 뜻을 이
루는 사업을 이루라 감히 말할 수 있
는가?
27 사탄이요, 사악한 자는 그리 말할 수
없으며, 그 역사를 대를 이어 이룰 수
없음이니라.
28 너희들이 나의 아들 예수를 그와 같이
핍박하여 죽게 하지 아니하여 나의 성
령이요, 생명수가 세상에 전하여지고
역사를 이루는 그 세월이 흘렀다 하면,
29 지금처럼 잘못 가는 종교 지도자들이
세상에 나오지도 않았을 것이며, 종교
지도자라는 그들이 성전에 오는 자들
에게 지금의 나의 성령의 그 가르침을
안내하는 안내자의 역할을 충실히 하
였을 것이니라.
30 그러나 너희들은 나의 아들 예수를 숨
지게 하였으며, 그를 죽게 함으로 너
희들이 나의 메시지를 전하는 자라 우
후죽순처럼 세상에 나와 울부짖고 있
음이니,
31 이는 여름밤에 울부짖는 개구리보다
도 그 숫자가 더 많으며 그 음성이 더
요란한 지금의 형국에 와 있음이니라.
32 그리하여 그를 거부하며, 그가 잘못되
었기 때문에 예수의 죽음이 잘못되었
으며, 예수가 전하고자 한 그 메시지
를 이어받아 제3의 시대를 연다 함은
무엇이더냐?
33 그 뿌리를 찾아가고자 하는 것이 아니
던가?
34 그러한 나의 성령을 너희들이 이단이
다, 사탄이다 그리 욕하는 우를 범하
지 말며, 제3의 시대의 문을 여는 것
을 너희들이 알아야 할 것이니라.
35 지금 내가 나의 선지자를 통하여 제3
의 시대의 나의 성령이요, 나의 뜻을
법전이라 하여 만들어 기록하는 것은
구약의 시대의 역사가 잘못됨이라는
것을 말하는 것이 아니요, 예수가 나
의 뜻을 전하려다 죽어 간 그 역사를
잘못되었다 함이 아니니라.
36 그를 잘못 가르쳐, 깨우친 지도자라
하여 나선 너희들이 잘못 가르치고,
나의 뜻을 모르고 너희들이 나의 피조
물 만백성을 이 길로, 저 길로, 험악한
산길로 끌고 가기에 그것을 고치고자
한다는 그 뜻을 너희들은 확실히 여기
서 알아야 할 것이니라.

37 나는 나의 법전이요, 나의 성령을 세
상에 내보내는 뜻이 구약과 신약의 그
역사의 성서가 완벽하게 잘못되었다
말하는 것이 아니니라.
38 그를 가지고 가르치는 너희들이 잘못
되었으며, 거기에 너희들의 생각을 집
어넣은 그 부분이 잘못되었음을 지적
하며 그를 바로잡고자 하는 것이니라.
39 나의 뜻이 여기에 있음이니, 과연 이
것이 나의 역사를 이어, 예수의 대를
이어 그 뒤를 따라 나의 피조물 만백
성을 구하고자 하는, 내가 마지막 내
리는 성령이 아니던가?
40 나의 성령을 기록하여 내려가는 것이
나의 법전이 아니라 하면, 내가 구약
과 신약의 역사를 연계하여 제3의 시
대를 연다 하지 아니하였을 것이니라.
41 다만 안내자들이 잘못 가고 있기에,
그들을 따라가는 나의 피조물 만백성
을 바로잡고자 하며, 그들을 하늘에
오르는 길로 바로 보게 하고자 하는
것이며, 여기에 뜻이 있음이니,
42 너희들은 이와 같은 뜻을 깊이 깨우치
며, 너의 제자들은 이와 같은 뜻을 나
의 피조물 만백성에게 깨우쳐 주어 그
들이 눈을 뜨도록 그리하는 것이 너희
들의 대명임을 잊지 말라.
43 나의 법전에 나의 구약의 시대의 역사
와 예수의 살아옴을 잘못됐다고 지적
하며, 그를 바로잡고자 하며, 그 뜻이
잘못되었다는 부분이 있는가 물어보
라.
44 그 뜻은 영원히 지속되는 것이며, 그
뜻에 따르지 못하고 그 뜻을 받지 못
하고 그 뜻을 알지 못하여 잘못 가르
친 지금의 종교 지도자들이 가는 그
방법만을 바로잡고자 하는 것이 제3
의 시대의 역사가 이루어지는 것임이
니,
45 이를 분명히 그들에게 깨우쳐 주어야
할 것이니 그리 알라.

2,174 번째 하나님 말씀

2002년 4월 9일 08시 51분

1 사랑하는 선지자야!
2 "네, 여호와 하나님! 말씀하옵소서."
3 세상사 나의 피조물 만백성이 종말이
온다 말하며, 그리하여 너희들이 이
지상에서 나로부터 재앙을 받아 너희
자신들이 존재하지 못한다 그리 말들
을 하며,
4 그리고 이 지상에 너희들이 살 자격이
없어 이 세상에서 너희들의 모든 부귀
와 영화를 내가 다 박탈하며 너희들을
버린다 말함이니라.
5 그 또한 너희들이 나의 뜻의 일부는
알고 있는 것이나 나의 진정한 방법과
뜻을 모르고 있음이니, 그리하여 내가
너희들에게 수박 겉핥기와 같은 형국
으로 살아가고 있다 말함이니라.
6 너희들이 지금 말하는 대로 나의 아들
예수가 그리 비참하게 죽어 그가 나
여호와가 존재하고 있음을 말하였으
며, 너희들이 바르고 곱게 살아 이 세
상의 삶을 마치고 구원의 길에 오르도
록 하라 그리 외쳤건만,
7 너희들은 그 나의 아들 예수를 죽음으
로 몰아 살해하였으며 내가 지상에 너
희들을 깨우치고자 이루었던 그 모든

기적들을 믿으려 아니함이니,
8 이것이 바로 너희들의 사악한 마음이
니 나와는 아무런 관계도 없는 나의
백성들이 살아간다 말하였음이니, 너
희들은 그걸 알고 있음이니라.
9 지금 너희 종교 지도자들이요, 모든
종파들이 이끌고 가는 것이 잘못되어
있으며 잘못 가고 있음을 너희 스스로
시인하는 것이 바로 말세요, 종말이
온다 말하는 것이니라.
10 여기에서 너희 사악한 자들이 말하기
를, 너희들이 믿고 있는 종파만, 너희
들이 지은 성전이라는 곳에 와서 기도
하는 자만이 산다 그리 말함이니,
11 수천수만의 그 종파 속에서 헤아릴 수
없는 종교 지도자들이 나의 백성들을
하늘에 오르도록 인도한다 하여 일깨
워 준다 하는 자들이, 과연 너희들 쪽
에서 그들은 다 잘못된 자들이며,
12 너희 한 사람, 너희를 가르치는 그 종
교 지도자의 그 속에서 배우는 백성만
이 구원을 받는다 감히 너희들은 확신
할 수 있는가?
13 너희들은 정녕 나에게 그리 고백할 수
있는가? 다 잘못 가고 있음이니라.
14 수많은 종파 중에서 네가 가르치고 네
가 이끄는 그 종파만이, 너에게 와서
설법을 들으며 너에게 와서 나의 성령
의 뜻이요, 나의 뜻이라 하여 가르침
을 듣는 자만이 구원을 받는다 하여
네가 정녕 내 앞에 고백할 수 있으며
너 자신에게 그리 말할 수 있는가?
15 그저 더불어서 흘러가는 것이 너희들
이니라.
16 그러면 더불어 흘러가는 너희들이라
면, 정녕 너희들이 인도하고자 하는
그 길이 잘못된 것이 아니던가?
17 그러면 바로 무엇이더냐?
18 내가 재앙을 내리며 내가 모든 종파의
문을 닫게 한다 함은, 너희들이 잘못
가고 있는 것을 시인하기에 너희들이
나 여호와로부터 재앙으로써 벌을 받
는다는 것을 알고 있음이 아니더냐?
19 그러면서 너희들이 '우리가 다 잘못
가고 잘못 깨우쳤기에 다 같이 하나님
의 심판을 받는다.' 그리 생각하지 아
니하고, 거기에서 너희만이 구원의 길
에 오르는 자들이며, 세상의 멸망이
와도 너희는 구원을 받는다 그리 말함
이니라.
20 맞느니라. 너희들이 지금 세상의 멸망
이 오며, 내가 내려 준 이 지상의 아름
다운 낙원에서 너희들이 잘못 살아오
고 잘못 관리하기에 그걸 내가 너희들
로부터 회수한다는 말이니, 그 뜻 또
한 맞느니라.
21 그러나 너희들은 내가 일시에 세상에
재앙으로 나의 피조물 만백성이 존재
하지 아니하도록 하며, 너희가 따르는
그 종파만이 구원을 받는,
22 그리하여 너희만이 왕국을 이룬다는
그와 같은 생각을 하고 지금 너희들이
나의 피조물 만백성을 어리석게 유혹
하고 현혹하고 가고 있음이니,
23 여기서 너희들은 깨우쳐야 될 것이니
라.
24 내가 너희들로부터 모두를 거둬들임
이 틀림없느니라.
25 너희들이 잘못 가고 있고, 지금의 잘
못된 종교 지도자들이 너희들이 고개

를 들고 살 수 없는 그와 같은 죄의 길
로 인도하고 가고 있음이니라.
26 그리하여 너희들은 다 나의 아름다운
지상의 낙원을 오염시키기에, 사악한
너희들을 재앙으로써 물리치고자 하
는 것이나, 너희들은 그리 생각하며
그리 깨닫고 그리 느끼고 그리 가르치
고 있음이니,
27 그러한 너희들이 나의 뜻을 100분의
1을 알고 있음이니, 99퍼센트는 모르
고 너희들이 지금 가르치고 있음이니
라.
28 나는 정녕 너희들에게서 이 땅을 회수
하노라.
29 나의 이 아름다운 동산을 너희들에게
주어 먹고살라, 그리고 나의 계명을
지키고 아름답게 살다 하늘에 오르라
하였으나,
30 너희들은 그를 따르지 아니하고 지금
사악한 무리들이 나의 동산에서 우글
거리고 살고 있음이니, 내가 그를 그
리 두겠는가?
31 그를 다 제거하며 그로부터 나의 동산
을 회수함은 당연한 것이니라.
32 너희들 말이 맞느니라.
33 그리하여 너희들은 재앙으로써 너희
들이 이 세상에 존재치 못하도록 한다
그리 생각하나, 이것은 너희들이 나의
참뜻을 모르며 내가 이루고자 하는 길
을 모름이니라.
34 너희들이 제거당함은 마찬가지니라.
35 그리하여 내가 지금 제거하는 것을 나
의 선지자를 통하여 시행하고 있음이
니라.
36 내가 너희들에게 지금 재앙을 내리고
있음이니라. 그 재앙이 무엇이더냐?
37 잘못 가고 잘못 살아가는 너희들을 바
로잡기 위하여 나의 성령을 태워 나의
성령의 뜻을 나의 법전이라는 책에 기
록하여 세상에 내려보냄이니, 이게 참
진리요, 하늘에 오르는 길이니라.
38 이제 도둑들로 우글거렸으며 살인하
는 자들로 우글거렸으며, 나 여호와가
만든 이 낙원에서 살 자격이 없는 너
희들이었기에 심판을 내리는 자가 내
려가고 있음이니, 그게 바로 나의 성
령이니라.
39 그 벌이 재앙이 아니라, 너희들을 내
가 벌하는 것은 천 년의 역사에 걸쳐
서 너희 사악한 무리들이 내가 만든
이 지구의 낙원에서 존재하지 못함이
요, 그리하여 나의 낙원을 회수함이니,
40 그리하여 나의 선지자를 통하여 나의
법전을 읽고 깨우치는 그들의 씨들이
세상에 존재하도록 만들고자 함이 여
기에 있음이니라.
41 너희들이 정녕 구원을 받고자 한다면
나의 법전의 뚜껑을 열어 이 법전에
기록되어 있는 자상하고 세심한 너희
들의 삶을 지키고 살아가야 할 것이
며, 하늘에 오르는 길의 모든 것이 여
기 있음이니,
42 구약과 신약의 성서의 풀이는 물론이
요, 나의 아들 예수를 통하여 너희들
에게 전하고자 했던 나의 성령의 뜻
을, 예수를 살해하고 죽게 함으로써
전하지 못했던 것을 2천 년 역사 후에
지금 세세히 기록하여 너희들에게 내
리니,
43 너희들은 이와 같은 뜻을 깨우쳐 하늘

에 오르는 길을 바로 가야 될 것이니
라.
44 너희들이 재앙이요, 말세가 오며 이
세상이 깨지고 부서지는 그와 같은 종
말이 온다는 것은 너희들이 죄짓고 삶
이 두렵고 더 이상 너희들이 죄의 극
한 상황에서 견딜 수 없기 때문에 너
희 머리 위에 벌을 내릴 것이라는 그
생각에서 스스로 너희들이 지껄이고
있음이니,
45 이건 나의 뜻과는 관계없으며 방법론
이 나와 다름을 알라.
46 정녕 나의 방법이 무엇인지 알겠는가?
47 너희들에게 재앙을 내리며 너희들의
씨를 말리고자 하는 것은 당연한 사실
이며, 이 지상의 낙원의 모두의 그 영
예와 내가 내렸던 영광과 그 모든 은
혜의 축복을 다 거두어들이고자 함이
니,
48 일순간에 너희들을 다 죽도록 하여 잘
못 살아온 너희들을 벌하며 너희들에
게서 회수함이 아니니라.
49 나의 성령을 내려보내 나의 법전으로
써 영원히 기록되는 나의 성령을 가지
고 하나하나 깨우쳐 이 세상에 뿌리를
내리고자 하는 것이 나의 재앙이요,
너희들에게 내리는 벌이요, 바로 심판
이 시작되었음을 명백히 알아야 할 것
이니라.

2,175 번째 하나님 말씀

2002년 4월 9일 09시 23분

1 사랑하는 선지자야!
2 "네, 여호와 하나님! 말씀하옵소서."
3 내가 너에게 말하였느니라.
4 이 세상 모두가 다 너의 것이라, 그리
고 내가 다 주관한다고 하지 않았더냐?
5 그리고 이 세상 모두는 다 너의 제자
들 것이며 나의 법전을 읽고 깨우치는
자들 것이라 내가 너에게 일렀으니 네
가 그 뜻을 이제야 깨우쳤는가?
6 지금 나의 아름다운 에덴동산에 나의
피조물 만백성 너희들에게 나의 영혼
을 넣어 내려보내 살게 하였으며 모두
를 취하고 먹고살도록 다 하였으나,
7 너희들은 나의 뜻을 따르고 그리 가꾸
고 길러 온 것이 아니라 내가 만든 아
름다운 이 동산을 오염시켰으며, 너희
들이 지금 사악한 무리 속에 다 젖어
나의 동산을 죽음의 동산으로 만들었
으며, 나의 아름다운 이 동산에 거주
하는 너희들이 지금 다 사악한 무리들
의 집단을 내렸음이니라.
8 그리고 내가 아름답게 만든 나의 낙원
에 너희들이 지금 십자가라는 것을,
나의 아들이 그리 고통스럽게 죽어 간
그것을 너희들 손으로 만들고 그 성전
이라는 것을 지을 때마다 나의 아름다
운 동산의 심장부에 못을 박는 그와
같은 사악한 역사가 이루어지고 있음
이니라.
9 너희들은 나의 아름다운 이 동산에 그
와 같이 너희들이 편하고 너희 육신의
부귀영화를 위하여 나의 피조물 만백
성의 고혈을 짜 너희 손으로 지은 성
전이라는 곳에 와 경배하고 재물을 바
치는 자만이 구원을 받는다 하여 그
성전을 짓고 또 지음이니,
10 그게 바로 나의 심장부에 못을 하나씩

박는 그와 같은 아픔이 나 여호와에게
있다면 너희들은 그를 인정하겠는가?
11 그리하여 너희 사악한 무리들이 나의
십계명을 지키고 살라고 나의 피조물
만백성을 일깨워 왔다면 오늘과 같은
역사의 변화는 없었을 것이니라.
12 그러나 너희들은 그 속에서 나의 뜻을
가르치며 나의 뜻의 깊이를 모름이니,
그리하여 지금 잘못 가는 자들이 이
지상을 다 덮어 썩은 냄새가 난다 하
였으며, 그리고 이 세상에 사악한 무
리들이 득실거리며 이 나의 지구의 아
름다운 동산이 그리되었음이니라.
13 그리하여 내가 너희들로부터 그 모두
를 다 회수하고 그를 내가 다 거둬들
임이니, 그리하여 너희들은 재앙이 온
다 말하며, 그 재앙이 물이요, 불로써,
그와 같이 부서지고 깨지는 형국으로
온다 말함이니라.
14 내가 아름답게 만든 이 지상의 낙원을
어찌하여 깨고 파괴하고 태우며 물로
써 적시는 그와 같은 재앙을 내리겠는
가?
15 그러한 재앙이 없다 함이니라.
16 너희 사악한 무리들만을 이 세상에서
내가 제거하면 될 것이며, 사악한 무
리들이 뿌리를 내리고 살 수 없도록
한다면 이 지상이 바로 나의 뜻대로
낙원이 될 것이니,
17 이는 곧 하늘에서 이루어진 것같이 이
땅에서 이루어지는 지상의 낙원이 됨
이니라.
18 그리하여 내가 오늘 나의 성령을 태워
이 지상에 재앙을 시작하였으며 심판
을 지금 시작하였음이니, 이 법전이
바로 나의 기준이라 하였으며,
19 이 법전을 읽고 깨우치는 자만이 이
낙원에 그 자손 대대로 뿌리를 내려
천사와 같은 자들만이 살게 됨이니,
그게 바로 나의 재앙이 시작되었음이
니라.
20 그리하여 나의 성령을 받는 이곳에,
네가 있는 이 성전에 나의 선지자요,
너의 제자들이 바로 내가 이루고자 하
는 새로운 역사를 이루며 악의 씨를
제거하고 천사와 같은 뿌리를 내리고
자 하여 너희들로 시작하였으며,
21 너희들이 나의 뜻에 따라 그리 살아와
행하고 있음이니, 바로 무엇이더냐?
22 그들은 이 세상에서 천 년에 걸쳐 모
두가 다 날려 갈 자들이며, 이 세상을
지배하고 다스릴 자들은 너와 너의 제
자들이며 너희들이 뿌리일 것이니,
23 그리하여 이 세상의 모두는 다 너희들
것이라 말하였음을, 이제야 선지자 네
가 그 뜻을 깨우쳤으니, 이제는 알겠
는가?
24 바로 그 뜻이 여기에 있음이니라.
25 그러니 너희들이 얼마나 곱고 바르고
아름답게 살아가야 되겠는가?
26 그리하여 너희들이 살아가는 방법과
너희들의 마음의 변화를 내가 다 일깨
워 주지 아니하였는가?
27 부모에게 효도하여 부모가 즐거움이
아니라 너희 자신이 스스로 즐거움을
얻는 그 행복이 뿌리 깊은 효도라 말
하였으며,
28 남에게 베풀어 줄 때 아쉬움이 아니라
그 베풀어 주는 속에서 너희들이 기쁨
을 얻는 그것이 나의 뜻이요, 사랑이

라 말하였느니라.
29 그리고 너희들이 노력하고자 하여 얻
는 것도 소중하나, 너희들이 스스로
변화되어 가며 스스로 행동하며 너희
들이 스스로 기쁜 행동을 할 수 있는
속에서 너희들이 기쁨을 얻는 그것이
너희들이 깨우치고자 노력하는 그것
보다도 더 위대하다 하였음이니 그리
살라.
30 그리 변해 가는 것이 나의 백성들이
요, 나로부터 선택된 너희들이 해야
할 길이며 가야 할 길이니라.
31 이제 네가 이 세상의 모든 것은 너희
것이며 너의 제자들 것이라는 뜻을 알
았음이니, 썩어져 가고 잘못 간 그들
을 다 이 지상에서 천 년에 걸쳐 그 씨
앗까지 씻어 버리고 제거함이며, 오로
지 천사와 같은 너희 세대가 이루어짐
이니,
32 바로 내가 하나의 역사를 이루는 점을
찍었음이니, 그게 바로 나의 성령을
받아 기록하는 나의 성전이요, 나의
법전을 만드는 나의 성전이니,
33 그를 전하는 나의 아들이요, 나의 선
지자가 있으며 그를 보고 깨우치는 너
희들이 있음이니, 새로운 역사는 너희
들 것이라 말함이니, 바로 이것이 너
희들 것이 아니고 무엇이더냐?
34 너희들은 이 뜻을 깨우쳤으면 너희 등
골에 식은땀이 나는 그와 같은 무서움
을 알아야 될 것이며, 너희들이 얼마
나 중대한 자들이며 너희들의 사명과
너희들이 이루고자 하는 나의 명령의
뜻이 얼마나 위대한 것인가를 깨우쳐,
너희 자신이 한 발 한 발 떼어 움직이
는 그 모두를 내가 같이하고 있다는
것을 잊지 말라 함이 여기에 있음이니
라.
35 너희들이 말하는 것은 나를 대신하여
너희들의 입을 통하여 말하는 것이요,
너희들의 생각은 나의 생각을 전하는
것이며, 너희들의 형체요, 얼굴은 바
로 나를 대신하는 나의 형체요, 나의
얼굴이니, 너희들 몸속에 나의 성령이
임하고 그득히 차 있음이니라.
36 그러하니 너희들이 너희에게 임하여
있는 나의 성령이 바로 온전히 견딜
수 있도록 너희들의 자세를 다스리라
함이니라.
37 마음을 깨끗하게 비운 자 속에 나의
성령을 넣어 줌이니, 너희들은 이미
나의 성령을 너희들 몸에 그득히 넣어
주었음이니, 너희들이 얼마나 소중한
가를 깨우쳐 너희 자신이 성령이 존재
할 수 있도록 그리 변하라 함이니라.
38 그리하여 너희 모든 죄를 용서하여 주
며 너희 이름을 낙원에 걸었듯이, 남
들은 그 무섭고 험악한 불바다요, 지
옥의 길을 거쳐 나에게 와 심판을 받
게 되어 있으나, 너희들은 이미 내가
낙원에 갖다 놓았음이니,
39 갖다 놓은 자격을 갖출 수 있는 자로
서 너희들의 행실과 살아감의 모두를
변하고 변하는 속에 살아가도록 하라
명함이 여기에 있음이니, 이를 너희들
이 잊어서는 아니 될 것이니라.
40 사랑하는 선지자야!
41 "네, 여호와 하나님! 말씀하옵소서."
42 이제 네가 이 세상 모든 것은 너희 것
이라는 것을 알았으니, 그들이 저희

것으로써 소유할 수 있도록 너희 자식
이요, 너희 후손들이 얼마나 바르게
살아가야 하는 것인가를 너희들이 깨
우쳐 주어야 함이니,
43 너희들은 천 년의 역사에 걸쳐 이루고
자 하는 나의 뜻에 너희들이 잠깐 살
다 떠나감이니, 너희들이 떠나간 다음
에 남는 것은 무엇이더냐?
44 너희들의 이름과 너희들의 행적과 너
희들이 오늘 선지자를 따라 역사를 이
룬 그것만이 기록되어 남게 됨이니,
45 그와 같은 기록을 보는 너희 후손들이
하나의 부끄러움이 없으며, 또한 당당
한 모습으로써 그들이 너희들을 보고
살아갈 수 있도록 그리하는 것만이 이
지상에 낙원이 이루어짐이니, 너희들
이 얼마나 소중한가?
46 너희들이 남을 사랑하며, 이웃과 같이
하며, 한 형제같이 사랑하며, 어려운
자 먼저 도와주어 그가 기반을 닦을
수 있는 사랑을 실천하며 살아가는 그
아름다운 마음이 나의 성전에 모여 있
는 너희들만이 이루어지는 역사이며
너희들만이 행할 수 있을 것이니,
47 그보다 더 큰 역사와 그보다 더 위대
한 뜻을 이루어 너희 후손들이 그를
보고 깨우쳐 하늘에 오르는 그 역사
를, 내가 이루고자 하는 새로운 시대
를 이루는 그것을 그들이 받쳐 나가,
그 후손이 또 뿌리를 내리며 그 후손
이 또 뿌리를 내려 천 년에 걸쳐서 너
희들의 뿌리가 이 세상을 덮도록 하고
자 하며,
48 지금의 잘못 가는 사악한 그 뿌리들을
다 제거하는 것이 나의 뜻이니, 이 역
사를 선지자를 받들어 너희들이 이루
는 데 한 점의 소홀함이 없이 그리하
라, 사랑하는 나의 백성들아!

2,176 번째 하나님 말씀

2002년 4월 9일 12시 50분

1 사랑하는 선지자야!
2 "네, 여호와 하나님! 말씀하옵소서."
3 나 여호와의 아픈 가슴과 내 마음의
찢어짐을 너희들은 어찌 알겠는가?
4 너희 인간들도 부모가 평생 모은 물질
을 그 자식이 잘 관리하며 그리고 그
이름을 잘 빛내 주기를 바라는 것이
부모의 생각이 아니던가?
5 그런데 그 자식이 재물을 잘못 쓰며,
평생 동안 손발이 저리도록 모아 놓은
가업을 그 자식이 무너뜨리며 그를 파
산으로 이끈다 하면, 그 부모가 죽지
아니하고 힘이 있다 하면 그 자식으로
부터 모든 재물의 영광을 아비로서 거
둬들여 다시 재정비하고 관리하지 아
니하겠는가?
6 그러나 육신의 너희 부모는 숨을 거두
며 육신이 모두 쇠진하여 다시 살아날
수 없고 다시 살아올 수 없으니, 그 잘
못 가는 자식의 형태를 보고도 쇠진한
그는 말리지 못하고 눈을 감는다 하
면, 과연 그는 어떠한 슬픔의 마음을
가지고 죽어 가겠는가?
7 그리고 그가 죽어 내 앞에 와 내가 그
에게 기회를 주어 저의 아들이 잘못
쓰고 방탕한 모습을 보고 있다 하면
그 부모의 가슴이 얼마나 찢어지며,
8 아름답게 가꾸도록 평생 그 재산을 모

은 자의 고통을 아는지 모르는지 자식
이 그저 그 재산을 흥청망청 잘못 가
는 길에 탕진하며 제 몸을 버리는 그
와 같은 삶을 사는 것을 본다면 그 부
모의 마음이 어떠하겠는가?
9 나 여호와는 너희 육신의 형태와 다르
니, 나 여호와는 불변함이 아니더냐?
10 내가 사랑하는 나의 피조물 만백성 너
희들을 만들어 지상의 낙원에서 고이
고이 아름다운 모습으로 살다 나의 계
명을 지켜 하늘에 오르라 하여 하늘에
서 이루어진 것같이 이 땅에도 내가
지상의 낙원을 만들어 주지 아니하였
더냐?
11 너희들은 생각해 보라.
12 이게 지상의 낙원이니라.
13 자연의 모두를 다 주었으며, 그 자연
의 아름다움과, 너희들과 사는 미물이
요, 동식물들이 살아가는 그 모습이
같이 아름답게 어울린다 하면 그것이
지상의 낙원이 아니고 무엇이더냐?
14 그러나 과연 지금 너희들의 삶이 정녕
아름답고 이것이 하늘에서 이룬 것 같
은 지상의 낙원이라 말할 수 있는가?
15 그를 너희들은 썩게 만들었으며 잘못
가르친 종교 지도자들이, 지금의 사악
한 무리들이 세상을 썩게 만들었으니,
이게 바로 내가 선지자에게 말했듯이,
너희들에게 재앙이요, 마지막 심판을
내림이니라.
16 그 심판과 재앙은 있음이니라.
17 그러나 그것이 너희들이 말하는 물리
적인 것이 아니요, 나의 법전으로써
세상을 다스려 나가는 것이며 나의 법
전으로써 변하게 함이니, 이게 지금
바로 재앙의 시대라 하느니라.
18 '정학길'과 '김정태' 너희 둘은 들으라.
19 너희는 믿음이 아니요, 그저 선지자를
따라오는 그 과정에서 선지자의 마음
씀씀이가 좋았고 인간관계의 정이 들
며 그가 가는 길을 돕고자 하는 그 인
간의 마음이 싹트기 시작하여 너희들
이 믿음이라는 그 뿌리가 점점 내려졌
음이니,
20 너희는 오늘 반드시 나의 이 뜻을 들
어야 될 것이니, 너희들은 정확히 듣
고 정확히 행함을 잊지 말라.
21 이 세상에 하나밖에 없는 나의 선지자
를 통하여 나 여호와요, 창조주인 너
희들이 말하는 하나님이라는 내가 너
희들의 이름을 불러 오늘 여기에 올림
이니, 너희들은 목숨이 다할 때까지
오늘의 그 마음이 변해서는 아니 될
것이니라.
22 이를 잘 들으라.
23 썩어져 가는 이 세상을 바로잡기 위함
이니라.
24 다 썩어져 갔고, 나의 피조물 만백성,
사악한 것들이 이 지구를 덮었으니,
그들은 저희들이 잘못 살아온 죄요,
더럽고 추한 모습을 알기 때문에 말세
가 오며, 물의 재앙이요, 불의 재앙이
며, 화산의 재앙이며, 바다가 갈라지
고 땅이 꺼지는 그와 같은 흉악하고
무서운 재앙이 이곳에 내릴 것이라 말
함이니,
25 그들은 당연히 저희들이 살아온 그 죄
에 따라서 그것은 반드시 있을 것이라
는 저희들의 생각이니, 그들은 성서의
깊이요, 나의 뜻을 모름이니라.

26 내가 지금 재앙을 내렸음이니라.
27 이 재앙이 무엇이더냐?
28 나의 성령을 가슴에 태워 법전을 만들
어 세상에 내보냈으니, 이것이 천 년
에 걸쳐서 이 더러운 것들을 다 쓸어
버리며 너희들의 후손만이 이 세상에
존재할 수 있도록 만드는 것이 나의
뜻이니, 그게 무엇이더냐?
29 바로 천 년에 걸쳐 이루는 역사를 그
들은 모르고 그저 하루아침에 바다가
갈라지며 땅이 부서지며 남들이 다 죽
어 가며 저희들이 믿는 그 종파만이
살 수 있다 하여 이 수많은 지도자 중
에서 저희들만이 살 수 있다고 부르짖
는 그와 같은 가련한 형국의 형태를
하고 있음이니, 너희들은 이 이치를
알아야 될 것이니라.
30 지금 내가 수십억 인구들을 다 버리
며, 너희들의 씨앗이 또 그 씨를 낳았
음이니, 너희들의 아름답고 곱게 따라
가는 그 마음의 씨앗이 또 곱게 자라
며, 다음의 그 씨앗이 또 곱게 자라는
그와 같은 역사를 이루기 위하여 지금
이루어짐이니라.
31 이제 나의 법전을 이루기 위하여 많은
사람이 모여들 것이며 걷잡을 수 없이
사람들이 형성되어 퍼져 나감이니, 너
희는 선지자의 손과 발이 되어 그 사
업을 추진할 자들이니,
32 오늘서부터 너희들이 하늘을 보며 넓
게 마음을 가지고 세상을 넓게 보며
너희들이 이 세상의 모두를 다 관리하
는 자라는 생각을 가져야 할 것이니라.
33 이는 즉 무엇이더냐?
34 모든 사악한 무리를 내가 만든 이 지
구상에서 다 없애며 다시 시작함이니,
그리하여 너희들이 지금 이루는 것이
내가 이루는 역사이니라.
35 지금 그들이 십자가라는 것을 세운 저
희들의 성전을 세워 놓았음이니, 그
성전이 나의 아름다운 에덴동산을 지
금 그리 파고들어가 자리를 잡으니,
그것이 바로 선지자에게 말했듯이 나
의 심장부를 못으로 찌르는 그와 같은
것이니,
36 이제는 그와 같은 것의 문을 닫을 것
이며, 너희들이 이루는 아름다운 이
궁전이 세상에 이루어지는 것을 너희
두 사람에게 내가 오늘 임무를 주니,
너희들은 그 임무가 있음을 알아야 될
것이니 잊지 말고 명심하라.
37 삶을 바로잡아야 할 것이니라.

2,177 번째 하나님 말씀

2002년 4월 9일 21시 32분

1 사랑하는 선지자야!
2 "네, 여호와 하나님! 말씀하옵소서."
3 수천 년 동안 흘러오면서 그 많은 종
교 지도자들이 하늘에 오르는 길이 저
희들만이 가르치는 길이라 그리 떠들
어 왔으며,
4 그리고 이 세상에서 사랑을 베풀며 사
랑을 나누며 나 여호와가 원하는 그
사랑을 실천하고 사는 자는 저희들이
라 말하느니라.
5 그러나 그 많은 세월 동안에 흘러온
종교 지도자들이 지금 어찌 가고 있는
가?
6 사랑이란 무엇이냐, 선지자야!

7 어렵고 힘든 자, 네가 그의 입장이 되
어 그를 돕고 위로하는 것이 사랑이
아니더냐?
8 그러나 지금 잘못 가는 종교 지도자들
의 그 대표적인 것이 무엇이던가?
9 저희 신도들이 집을 팔아 바치든, 단
칸방에 사는 그 셋돈을 빼서 바치든,
도적질을 해서 바치든, 그리고 더 어
렵고 힘들게 모아서 바치든,
10 그 돈을 받으면서 그들은 그 어렵고
힘든 자에게 그를 돌려주는 것이 아니
라 그에게 이리 말하지 아니하는가?
11 그는 정녕 어려움 속에서도 전셋집을
빼서 나의 성전에 바쳤으니 그 믿음을
따라갈 사람 없으며, 그 믿음 위에 다
른 사람이 그를 본받아야 될 것이며,
12 그리하여 그에게는 열배 백배 하나님
의 은혜와 은총이 있을 것이며 영광이
있을 것이라 하여 그를 기도해 주느니
라.
13 그리하며 그를 침이 마르도록 격려하
고 칭찬해 주느니라.
14 정녕 자기의 전셋집을 빼서 그 돈을
바치는 자보다 더 믿음이 위대한 자가
없으며, 더 영광된 자가 없으며, 더 축
복받는 자가 없으며, 믿음의 길을 가
는 자는 그와 같이 가야 할 것이며, 그
는 열배 백배 하나님의 축복이 있을
것이라고 제가 그를 칭찬하며 입에 침
이 마르도록 그를 공중에 띄워 놓는
것이니라.
15 그와 같이 가는 것이 지금 종교 지도
자들이 행하는 것이 아니던가?
16 어떠한 재물이 되었든 저희들의 성전
을 위해서 쓸 수 있는 재물을 갖다 바
치는 자에게 거절함이 없이 그저 거둬
들이며, 그저 있는 말, 없는 말 다 갖
다 그를 칭찬하여 자극시키고 격려하
니,
17 그 격려하는 소리를 듣고 가는 자가
전세방의 돈을 빼서 오갈 곳이 없거
늘, 그가 길거리에 쓰러져 그 가정이
파탄이 된다 하여도 그들은 그에게 쌀
한 됫박을 가지고 찾아가지 아니함이
니,
18 이것이 지금 종교 지도자들이 가는 형
국이라 하면, 너희들은 과연 그것이
사랑을 베풀며 나 여호와의 뜻을 실천
하는 곳이라 말할 수 있겠는가?
19 그리고 겉으로는 모든 사람에게 은혜
를 베푼다 하나 저희 신도끼리만 한
형제요, 한 자식들이라 그리 말하는
그들이 과연 겉과 속이 같은가?
20 그리 말하는 자, 돌려놓고 욕하는 것
은 없는가?
21 그리고 가난한 자, 그를 비방하는 자
는 없는가?
22 너희들의 종교 집단에서 그와 같은 행
위를 하며 그와 같이 간다 하면 너희
들은 짐승만도 못한 집단이니라.
23 이는 나 여호와의 사랑을 베풀며 지상
에서 가장 먼저 구원을 받을 자들이니
너희들이 나에게 가장 가까운 자식들
이라 하면서, 너희 동료를 앞에서는
칭찬하나 뒤에서 욕하는 자 있다 하면
이는 차라리 믿지 않는 자만 못하니,
24 너희는 짐승만도 못한 행위를 하고 있
는 자들이라 해야 할 것이니라.
25 정녕 그러한 행위를 한다 하면 너희들
이 얼마나 추한 인간들인가 알아야 될

것이니라.
26 그러나 나의 성전에서 나의 법전을 공
부하는 나의 백성들을 돌아다보라.
27 아무리 어려워 성전의 문을 닫는다 하
여도, 저희들의 처자식과 사는 집세를
빼어 돈을 바치며 남의 돈을 얻어 이
자를 내며 바치는 돈을 그들이 받아들
이는가?
28 가정이 우선이요, 가정이 소중하기 때
문에 그것을 받아들이지 않는 것이 나
의 법전을 읽고 깨우친 나의 백성들이
가는 길이며 행하는 것이며, 그들은
어찌하는가?
29 속과 겉이 같음이니라.
30 남의 아픔을 진심으로 제 아픔으로 알
며, '어찌하면 그를 도와줄 수 있을
까?' 하여 안절부절못하는 그 마음으
로 살아감이니, 비록 그들은 가진 것
은 없고 쥔 것은 없으나 그 마음이 따
뜻하고 온화함이니,
31 이것이 수천 년 동안 믿어 온 지금의
종파들이 가는 행위와 지금 나의 법전
을 들어 365일이라는 세월을 넘기지
도 않았으나 그를 지켜 가는 백성들의
행위의 차이이니, 정녕 누가 나로부터
선택된 백성들인가?
32 이것 하나를 봐도 너희들이 누가 사탄
이요, 사악한 자며, 누가 나의 백성인
가를 알 것이니라.
33 너의 제자들에게 이르라.
34 이것이 바로 너희들이 나로부터 선택
된 자들이며, 그러하기에 너희들에게
는 무궁한 영광이 있음을 알라 그리
전하라.

2,178 번째 하나님 말씀

2002년 4월 10일 07시 46분

1 사랑하는 선지자야!
2 "네, 여호와 하나님! 말씀하옵소서."
3 내가 너에게 일러 나의 피조물 만백성
이 '일식 삼찬'이라 하여 그것으로써
식생활을 개선하도록 그리하였음이
니, 거기에 너희들은 아낙네들의 편안
함과 그의 수고로움을 덜어 주며, 가
정에 소위 경제적인 부담을 덜어 주며,
4 그리고 너희들이 말하는 내가 만든 이
낙원에 오염을 방지하는 그와 같은 뜻
이 있다 생각하며, 또한 그와 같은 역
할을 너희들이 할 수 있음이 당연한
것이니라.
5 그러나 내가 너희들에게 '일식 삼찬'
이라 하여 그리 음식을 먹도록 하는
것은 지금 나의 아름다운 지구의 동산
에서 이루어지는 모든 너희들이 취하
고 있는 식탁 위의 찬이라는 것이 너
희들의 건강을 위하여 소요되는 것들
이 있는가 하면,
6 너희들의 몸과 마음을 다 무너뜨리는
그와 같은 것이 식탁에 많이 오르고
있음이니,
7 너희 육신을 흐리게 하며 정신을 망가
뜨리는 그와 같은 역할을 하는 음식들
을 너희들이 마구잡이로 지금 섭취하
고 있음이니라.
8 너희들의 아름다운 양식이 되며 아름
다운 반찬으로써 너희들을 즐겁게 하
며 육의 건강과 또 그 속에서 영혼을
살리는 그와 같은 역할을 할 수 있는
그 음식의 식탁이 이제는 모두를 망가

뜨리는 그와 같은 식탁의 반찬으로써
둔갑하여 너희들이 그것을 모르고 취
하고 있음이니,
9 그 가짓수를 줄이고자 하는 것에, 나
의 큰 뜻이 거기에 있음이니라.
10 그런가 하면 너희들이 '일식 삼찬'으
로써 정성스럽게 너희 식탁을 준비하
고 가꾸는 여인들의 마음을, 그와 같
은 것을 돌볼 수 있는 생각이 또 있게
되며 그를 그들이 깨닫게 됨이니,
11 그리하여 너희들의 식탁에 너희들이
정녕 건강에 필요한, 그리고 자연에서
얻어지는 그 소중함들을 그대로 섭취
하는 그 식탁의 방향으로 바꿀 수 있
음이 여기에 있는 것이니라.
12 많은 경비요, 많은 시간을 낭비하며
너희들이 지상을 많이 오염시키는 그
와 같은 식탁으로써 갖추어 먹는 것이
몸에 좋지 아니하며,
13 나의 영혼을 너희들이 받치는 그 힘을
죽이는 역할을 한다 하면, 이것은 당
연히 시정해야 함이 아니던가?
14 그리하여 내가 너희들에게 '일식 삼
찬'의 그 운동을 시키는 근본이 거기
에 있음이니라.
15 그리하여 선택된 자를 네가 만났으니
그를 불러 깊이 쓸 것이며, 모든 것은
나의 뜻을 받아 네가 주관하여 행하도
록 할 것이며,
16 그리하여 그 운동을 너희 동족서부터
번져 나가도록 하며 그 행사를 이루도
록 그리하라.
17 그리하여 너희들이 먹어서 잘못되는
음식들, 그리고 몸에 해로운 음식들을
통제하고자 함이며 그를 내가 추려 주
고자 함이니라.
18 그리하여 너희들이 말하는 그 식단이
라는 것을 짜는 여인들의 생각이 달라
질 것이며, 너희들이 섭취하는 것이
너희들의 육신의 건강과 그 건전한 육
신 속에 나의 영혼을 받쳐 주는 그와
같은 깨끗한 음식으로써 여인들이 식
단을 짜게 될 것이니,
19 이것이 내가 가장 원하고 바라는 방법
이며, 또한 나의 아름다운 지상을 오
염시키는 그를 너희 스스로 절제하며
그를 예방하도록 하고자 함이 거기 있
음이니, 그와 같은 운동을 전개하도록
그리하라.
20 그가 너의 뜻을 따를 것이니, 그를 네
가 써서 이 역사를 이루는 데 또한 한
부분을 차지해야 될 것이며, 그곳에
참석하는 모든 나의 선택된 자들이 나
의 법전을 읽고 깨우칠 것이니,
21 그들이 아름답게 살아가는 그 생활과
식단을 아름답게 짜는 지혜와 나의 법
전을 그 식탁에서 읽을 수 있는 그 시
간을 더불어 그들에게 벌어 주고자 함
이며, 그들에게 시간을 내가 내리는
깊은 뜻을 너는 알아, 너의 제자들에
게 일깨워 줄 것이며 그에게 가르쳐
주도록 그리하라.

2,179 번째 하나님 말씀

2002년 4월 10일 08시 03분

1 사랑하는 선지자야!
2 "네, 여호와 하나님! 말씀하옵소서."
3 내 사랑하는 너의 제자들과, 나의 법
전을 읽고 깨우친 백성과, 그리고 지

금 잘못 가고 있는 나의 피조물 만백
성에게 너는 전하라.
4 너희들의 원초적인 사랑하는 마음의
그 보석을 찾으라 그리 이르라.
5 너희들은 세상에 나갈 때 사랑하는 마
음, 그 아름다운 보석을 갖고 세상에
나가 있거늘, 어찌하여 너희들이 그
원초적인 마음을 찾지 못하고 그를 버
리고 이리도 사악한 삶을 살아가는 것
인가를 나의 피조물 만백성에게 너희
들은 일깨워 줘야 될 것이니라.
6 아무리 험악한 짓을 하고 아무리 사악
한 짓을 하며 남들로부터 저주를 받는
그와 같은 행위를 하는 자라 하여도
나로부터 받아 가지고 나간 사랑의 근
본의 원천이 있음을 그들은 알아야 될
것이니,
7 그 순수하고 고귀한 사랑의 원천의 샘
을 찾도록 그리 너는 깨우쳐 줘야 될
것이니라.
8 남을 살해한 자, 남을 모함하는 자, 남
을 핍박하는 자, 도저히 용서받을 수
없는 그와 같은 행위를 하는 잔혹한
자도 불쌍하고 가련한 자를 보면 그
마음의 아픔이 있는 것이니,
9 이것이 너희들이 나 여호와로부터 받
아 나간 근본의 마음이요, 사랑하는
마음인 것이니라.
10 어찌하여 그와 같이 너희들이 사랑하
는, 보석보다도 더 소중하고 귀한 마
음의 씨앗을 너희들은 찾지 못하고 그
를 버려두고 살려 하는 것인가?
11 너희들이 가난한 자를 보며, 불쌍한
자를 보며 스치고 느껴 가는 그 너희
들의 마음의 샘이 무엇이던가?
12 그게 바로 나로부터 받아 나간 너희들
의 사랑의 근본이요, 사랑의 원천의
힘이니, 그 위대한 너희들의 근본의
자세이니라.
13 어찌하여 너희들은 그를 버리고, 찾지
않으려 하는 것인가?
14 그리고 내가 선지자를 통하여 너희들
에게 명하여 말하였느니라.
15 너희들이 수천수만 가지를 살아가며
부딪치는 생활 속에서 그 모두의 정답
을 다 너희들의 머릿속에 기억시켜 주
었음이니,
16 너희들이 생각하고 노력하는 그 속에
서 모두를 얻는다 하였으며, 그리고
너희들이 나로부터 영혼을 받아 세상
에 나가 너희 자신을 지탱하고 살아가
는 것을 너희는 어찌 모르고 있는가?
17 너희들의 생활 속에서 부닥치는 속에
서 너희들이 선한 것을 보고 기뻐하
며, 아름다운 것을 보고 기뻐하며, 남
의 슬프고 고통스러운 것을 보면서 같
이 눈물을 흘리며 같이 괴로워하며,
18 그리고 너희들이 일상 생활에서 어렵
고 힘든 자를 돕고자 하는 그 스쳐 가
는 순간의 모든 마음들이 나의 영혼이
있으며 나의 영혼이 너희들을 지배하
는 것임을 알아야 할 것이니라.
19 내가 너희들과 같이하고 있거늘, 너희
들이 나를 보지 못하며 나를 찾지 못
하며 나의 뜻을 너희들이 행하지 못함
이니,
20 무거운 짐을 들고 가는 자 들어 주고
싶은 순간에 그 너희들에게 일어나는
마음이 나의 영혼의 마음이요, 나의
뜻의 마음이니라.

21 그것이 나의 영혼이 존재하고 있음이
니, 나의 영혼이 존재하며 내 영혼이
너희들에게 지시하고 명하는 것을 너
희들이 그대로 행하면 그것이 바로 나
에게 오르는 길이며, 그것이 나의 영
혼을 너희들의 뜻에 따라 움직이는 것
이니라.
22 그러나 너희들은 육의 삶과 편안함을
위하여 나의 영혼의 지시를 듣지 아니
하며, 영혼의 가르침과 영혼의 깨달음
을 듣지 아니하고 역으로 행하여 너희
들이 죽음의 길로 가고 있는 것이며
지옥 불로 떨어지는 그 길을 가고 있
다 하는 것이니라.
23 너희들은 깨우쳐 보라.
24 모두의 아픈 마음을 볼 때 너희가 아
픔을 느끼며, 병들어 허덕이는 자를
볼 때 마음 아파하며, 아무리 사악한
자라도 죽어 가는 자 앞에서 마음 아
파하지 아니하는 자가 어디 있는가?
25 짐승의 죽어 감을 보고도 너희들이 마
음 아파하며 슬퍼함을 느끼는 그 스쳐
가는 순간의 생각이 나의 영혼이 너희
들에게 존재하고 있음이며 나의 영혼
이 너희들에게 있음을 알아야 될 것이
니라.
26 그게 다 나의 영이 너희들의 육신을
지배하게 하기 위하여 그 뜻을 전하건
만 너희들이 그를 받지 아니하고 그를
듣지 아니하려 함이니,
27 너희들 마음 자체가 순수하지 못한 그
사악한 무리가 너희들의 가슴속에 있
기 때문이니라.
28 그 사악하고 더럽고 추한 생각의 마음
이 너희들을 더 돌덩이처럼 굳혀 가며
너희들을 점점 싸 가고 있음이니, 나
의 아름다운 스쳐 가는 생각의 그 영
을 너희들이 볼 수 없으며, 그 영이 그
사악한 덩어리를 깰 수 없는 그와 같
은 형국으로 가고 있음이니,
29 너희들이 점점 쓰러져 가며 잘못 가고
있음이니라.
30 이제는 너희들이 나의 뜻을 알아야 될
것이니라.
31 너희들이 보고 아름답게 느끼는 그 순
간, 너희들이 행하지 아니하며 느끼고
지나가는 그 순간들이 나의 영이 너희
들의 육에게 지시하는 것이니라.
32 그리 슬퍼하며 아름답게 살아가라 지
시하는 것이거늘, 그를 듣지 아니하며
그를 무시하며 그를 버리고 살아가는
것이 지금의 너희 삶이니,
33 이제는 나의 영의 지시를 바라보며 영
의 지시를 따라서 행하여 너희들이 하
늘에 오르는 구원의 길을 받는 삶을
살도록 너의 제자들과 나의 법전을 읽
고 깨우친 나의 피조물 만백성은 그리
전해야 할 것이며, '일식 삼찬'이라 하
여 나의 뜻을 따르는 모든 사랑하는
여인네들에게 나의 이 뜻을 전하여 바
로 살아가는 그 길을 열도록 그리하
라, 선지자야!

2,180 번째 하나님 말씀

2002년 4월 10일 08시 07분

1 사랑하는 선지자야!
2 "네, 여호와 하나님! 말씀하옵소서."
3 내가 너희들을 사랑하는 마음의 순수
한 사랑의 그 근본인 보석을 너희들의

가슴에 다 주었거늘 너희들이 이를 저
버리고 살아감이니, 이를 너희들의 마
음속으로 찾으라 함이니,
4 그리하면 너희들은 누구를 위하여 좋
은 일을 하고 은혜를 베풀며 사랑을
베풀고자 하는 그와 같은 생각이 떠오
를 때 그것이 너희들의 영혼이 말하는
것이거늘, 너희들은 어찌하여 이와 같
은 뜻을 듣지 못하는가?
5 수시로 너희들의 영이 너희들에게 제
발 좀 착하고 아름다운 삶을 살라고
그리 재촉하고 부탁하나, 너희들은 그
것을 모르고 그것을 저버리고 살아감
이니,
6 이는 너희들이 지고 있는 그 죄의 벽
이 너무나 두껍고 두껍기 때문이라 내
가 말하였느니라.
7 다만 너희들이 너무나 혼탁하여 나의
그 영혼의 가르침을 받지 못하고 있음
이니,
8 너희들은 이제 나의 영혼의 그 지시를
따라 행하고 움직이는 삶을 살아가기
위하여 오늘부터 너희들이 지고 있는
모든 잘못된 죄의 그 뿌리를 버리며,
선하고 착하고 아름다운 삶을 살아가
는 그와 같은 방향으로 너희들이 변하
여 갈 때,
9 너희들은 나의 영이 너희들에게 내리
는 모든 지시의 뜻에 따라 행할 수 있
으며, 그 아름답고 소중한 원초적인
너희들의 마음으로 돌아가 이 세상에
영원히 사는 이 동산, 아름다운 하늘
과 같은 이 동산을 이루는 데 너희들
이 기초를 다져야 될 것이며,
10 그와 같은 마음으로써 너희들의 육신
을 다스리고 너희들의 삶을 추구하는
자, 그리고 행하며 순종하는 자, 하늘
에 와 영혼의 세계에서 그 아름다움을
누리며 나와 더불어 너희들이 영원히
존속하고 살 수 있는 그 영광이 거기
에 있음을 잊지 말라 이르라.

2,181 번째 하나님 말씀

2002년 4월 10일 08시 24분

1 사랑하는 선지자야!
2 "네, 여호와 하나님! 말씀하옵소서."
3 나의 성서요, 나의 뜻을 내려 기록한
성서를 가지고 깨우치며 하늘에 오르
는 길이라 인도하는 그들이 가야 할
길은, 성서라는 것은 구약과 신약의
흐름을 그저 그들에게 깨우쳐 주며 그
속에서 행하고 실천해야 될 덕목들을
추려 그리 행하고 사는 것이 하늘에
오르는 길이라 그리 가르친다면,
4 이것이 바로 그들이 구원을 받을 수
있는 길이며 정녕 나의 뜻에 따라 하
늘에 인도하는 자가 하는 대명이라 하
였음이니라.
5 나의 성서에 기록되어 말하기를, '오
른손이 행위를 잘못하면 그 손을 자르
라.' 하는 말이 있으며 가르침이 있음
이니,
6 너희들의 지금의 종교 지도자들이 그
와 같은 뜻이 있을 때, 그 뜻을 가지고
나의 피조물 만백성에게 그와 같이 행
하여 살아야 될 것이며,
7 너희들의 오른손이 잘못하면 그 손을
잘라 그 죄를 용서받는 그와 같은 방
법으로 살아가라 하였으니 그리 행하

고 살아야만 된다고 가르친다면 그 오
른손이 과연 나쁜 짓을 할 수 있겠는
가?
8 내가 너희들에게 그리 강하게 말하며
그리 강하게 가르쳤느니라.
9 너희 육신에 붙어 있는 오른손이 나쁜
짓을 하며 잘못된 것을 행할 때, 도적
질을 하고자 할 때 그 손을 자르라 하
였음이니, 너희들은 그리 가르치고 있
는가?
10 그와 같이 가르쳐 나의 피조물 만백성
을 천사로 만들어 하늘에 오르도록 내
가 너희들에게 내렸으나,
11 너희들은 그것을 잊어버리고 그걸 저
버리며 그것은 너희들이 행하지 아니
하며 뭐라 말하느냐?
12 인간이기 때문에 오른손이 도적질하
는 것을 그저 묵과할 수 있으며 말로
써 그저 용서를 빌면 용서될 수 있다
함이니,
13 너희들이 나의 성서의 나의 뜻을 가르
치는 자들이며 종교 지도자라 말할 수
있는 것이냐?
14 그러기 때문에 너희들이 잘못 가르치
며 너희들은 나와 아무런 관계가 없다
말함이니라.
15 나의 성서에 오른손이 잘못할 때 그
손을 잘라 바로잡으며 나에게 용서를
빌 수 있는 그와 같은 굳건하고 무서
운 믿음으로써 행하여야만 하늘에 오
른다는 그 뜻이 거기에 있거늘,
16 너희들은 인간이기 때문에 잘못할 수
있다 말하며 광란의 짓을 하면서 나의
피조물 만백성을 이끌어 가고 있음이
니, 이게 너희들이 나의 뜻에 따라 하
고 있는 짓이던가?
17 이와 같이 강하게 가르치며, 이와 같
이 하지 않는 자는 너희들이 만든 성
전에 올 수 없으며 너희들의 설교요,
가르침을 들을 수 없다 말할 때, 너희
들은 굶어 죽을까 봐 두려워서 그리
못 하느니라.
18 추운 겨울날 남보다 더 따뜻한 것을
걸치기 위하여, 너희들이 남들보다 더
편안한 생활을 하기 위하여, 육신의
안일과 부귀와 영화를 누리기 위하여
그들이 떠나는 것이 두려워 너희들은
나의 뜻대로 가르치지 아니하며,
19 나의 피조물 만백성이 편하게 가고자
하는 그것만을 연구하여 너희들이 그
들에게 주입하는 그와 같은 형국이니,
너희들이 지금 어떠한 믿음을 가고 있
는지 알고 있는가?
20 너희들이 어찌 그들의 믿음을 가르치
는지 알고 있는가?
21 너희들은 병든 자에게 마약이라는 것
을 투입하는 것과 같은 자이니라.
22 그리고 너희들이 지금 '오른팔이 잘못
했을 때 그 팔을 자르며, 오른 눈이 잘
못했을 때 그 눈을 빼라.' 하는 이와
같은 무서운 나의 가르침의 성서의 내
용을 역행함이며 그를 버려둠이니,
23 그는 너희들의 편안과 육신의 안일함
을 위하여 그리 행하며, 너희들은 인
간이기 때문에 죄를 지을 수 있으며
그 죄를 빌고 용서받으며,
24 너희들에게 와서 그 추하고 더럽게 번
금화와 은화를 바쳐 기도하고 경배하
며 너희들에게 많이 바치면 구원을 받
는다 너희들이 그리 말하고 있음이니,

이는 무엇이더냐?
25 너희들이 바로 건강하고 성한 사람들
에게 도저히 돌이킬 수 없는 마약을
투입하는 자들이며, 주정뱅이로 만들
어 알코올 중독자로 만들어 가고 있는
행위를 하고 있는 것이 너희들이 지금
가고 있는 행위라는 것을 알아야 될
것이니,
26 이를 너희들은 죽어 내 앞에 왔을 때
변명할 여지가 없을 것임을 알라.
27 지금 알코올 중독자가 되어 있으며 마
약 중독자가 되어 있는 그들을 바로잡
기 위하여 나의 성령이요, 나의 법전
을 세상에 내려보내는 나의 이 고충을
너희들이 나로부터 하게 만든 자들이
며,
28 그리고 너희들이 지금 끌고 가는 정신
을 잃은 알코올 중독자요, 마약 중독
자들을 고치겠다고 나서는 나의 선지
자가 가고 있는 그 길을 너희들은 사
탄이요, 이단이요, 사악한 자라 부르
짖고 있음이니,
29 이것이 정녕 너희들이 살아서 깨달을
수 있는 길이 아니던가?
30 나의 십계명을 지키라 명하고, 그 십
계명을 지키지 아니하는 자는 구원받
을 수 없으며 하늘에 오를 수 없다 가
르치며,
31 그리고 성서에 기록된 내가 너희들에
게 어찌 살아야 된다 하는 그 내용들
을 그대로 실천하고 사는 자만이 구원
을 받을 수 있다 하여 그들에게 매질
하고 그들을 혹독하게 다스려 바로 서
도록 하는 것이 종교 지도자가 가는
길이며 해야 하는 길이 아닌가?
32 너희들은 나에게 내 성서의 나의 뜻이
요, 나의 음성이 기록되어 있는 그 성
서에 적혀 있는 그 내용까지도 접어
두고 위배하며 너희 육신의 편안과 부
귀영화를 위하여 너희들은 죄를 지어
도 된다 하며,
33 그 신선하고 아름다운 나의 피조물 만
백성에게 너희들은 알코올을 먹이며
마약을 투입하여 그들이 이성을 잃도
록 하였음이니, 그리고 그들을 광란의
소리로써 부르짖게 만드니,
34 그 알코올 중독자가 알코올이 떨어지
고 마약 중독자가 그 마약이 떨어졌을
때 과연 견딜 수 있으며, 그를 영원히
마시며 맞으며 살 수 있다 생각하는가?
35 그들이 그를 중단했을 때는 바로 지옥
불에 떨어지느니라.
36 너희들은 그들을 지옥 불로 인도하면
서 광란자요, 미친 자요, 그리고 이성
을 잃은 자와 같이 광란의 소리를 지
르며 그들을 그쪽으로 밀고 감이니,
37 그들이 지옥 불에 떨어져 그 뜨거운
불 속에 들어갈 때 그들은 잘못됨을
알게 되어 있음이니, 이 불쌍한 나의
피조물 만백성을 구하고자 하는 것이
나의 성령이요, 나의 뜻이니라.
38 너희들의 육신을 가지고 여기서 점검
해 보라.
39 나의 성전에서 가르치는 나의 선지자
는 어찌 가르치느냐?
40 나의 성령을 들어 나의 피조물 만백성
을 구하고자 하는 그는 어찌 부르짖느
냐?
41 그는 나 여호와 하나님이 내린 십계명
만이 너희들이 지킬 수 있는 가장, 보

석보다 소중한 나의 뜻이니,
42 이를 지키는 자만이 영혼을 구원할 수
있으며 이것이 하늘에 오르는 영의 양
식이라 그리 말하며, 성경에 적혀 있
는 대로 오른손이 잘못했을 때 그를
절단하여야 될 것이니,
43 오른손이 잘못하면 정녕 절단하는 그
와 같은 행위로써 너희들이 나 여호와
하나님의 뜻을 따르고 행하라 그리 가
르치는 자들과 너희들과 이를 비추어
볼 때 정녕 누가 나에게 선택된 백성
이며, 하늘에 오르는 길이 어느 길이
정녕 바른길인가를 지금 깨우치고 있
는가?
44 이것 하나를 보아도 너희들이 지금 구
분할 수 있거늘, 어찌하여 이를 깨우
치지 못하고 어리석고 우매한 그 믿음
의 생활을 그대로 가고자 하며, 광란
의 그 대열 속에 너희 자신도 모르게
몸과 발을 흔들고 춤추는 그 행위의
길을 가는가?
45 이제 너희들은 깨우치라.
46 성서의 한 구절만을 너희들이 봐도 알
것이니라.
47 내가 나의 성서에 기록하지 않았던가?
48 오른손이 행위를 잘못할 때 그 손을
절단하여 너희들이 바로잡으라 하였
거늘, 어찌하여 그것을 지키지 못하는
가?
49 그를 지키지 못하는 자는 구원할 수
없다 그리 가르쳐야 되지 않겠는가?
50 그러나 너희들은 어찌 가르치고 있느
냐?
51 '인간이기 때문에 하나님이 그리 말씀
하셔도 그 말씀을 지키지 아니하면 나
에게 와 금화와 은화를 바치면 내가
너희들을 용서해 주며 하늘에 오를 수
있다.' 그리 가르치니, 저희들이 무엇
이냐?
52 사탄이요, 사악한 마왕들이니라.
53 그리하기 때문에 내가 지키라는 것을
지키지 아니하고 살면 하늘에 오를 수
있다 하여 너희들이 금화와 은화를 거
둬들이는 행위를 지금 엄연히 하고 있
지 않은가?
54 그리하여 그것이 잘못 가기에 그를 바
로잡기 위하여 '성서에 기록된 말씀은
그대로 지키고 살아야 되는 것이다,
오른팔이 잘못했을 때 그 팔을 자르지
는 못할망정 그 팔을 칼로 찔러 피를
흘려 그 행위를 다시는 못하도록 하는
것이 너희들이 하늘에 오르는 길이
다.' 그리 가르치는 나의 선지자요, 그
를 따르는 제자들이 부르짖는 것이 정
녕 잘못된 길이더냐?
55 어떠한 것이 사탄이요, 사악한 길로
가는 것이며, 나의 뜻을 역행하는 것
이며, 나의 뜻에 의하여 가르치는 것
이더냐?
56 나보다 더 높고자 사악한 마왕의, 사
탄의 역할을 하는, 왕사탄의 행위를
하는 것이 너희들이니, 나의 아들이
와서 다시 너희들을 구원할 때 너희들
은 그를 왕사탄이 왔다 할 것이며,
57 나 여호와가 직접 세상에 내려가 너희
들을 구원하고자 내가 선지자에게 전
한 이 뜻을 내가 설법하고 가르칠 때
너희들은 왕사탄이 왔다고 하여 나를
더 처참하게 죽이지 않겠는가?
58 지금 바로 나의 성령을 내가 내려가

전하지 아니하며, 육을 가진 나의 선지자, 나의 아들이 전하는 것이니, 너희들은 깨우쳐 이를 보라.

59 성서에 내가 지키라는 그 내용들을 하나하나 지키라 가르치며, 그를 지키지 못하는 자, 목숨을 내던져서라도 그를 지키라 가르치는 자가 나로부터 선택된 나의 백성이며 나로부터 선택된 지도자이니라.

60 정녕 너희들 앞에 한 사람의 신도가 남지 아니하더라도 그리 강하게 가르치는 자, 지금 나의 선지자가 나의 법전을 읽고 나의 성령을 들어 그 제자들에게 '죄를 용서 빌며, 너희들이 오늘보다 내일에 더 아름답게 살며, 여호와 하나님의 성령대로 살지 아니하며 간음하는 자는 간음하지 말며, 도둑질하는 자 도적질하지 말라.' 가르치니, 그들의 잘못된 습성을 고쳐 가면서 선지자를 통하여 내가 내리는 그 음성을 듣기 위하여 그들이 나의 성전을 찾아오지 아니하는가?

61 선지자가 매질을 하고 욕을 해도 진정한 나의 성령의 뜻이 있기 때문에 그를 찾아오는 것이 나의 백성이거늘, 너희들은 어찌하여 그 두려움을 모르는가?

62 그리하여 너희들이 똑바로 가르치며 옳게 가르쳤을 때 너희들은 나의 피조물 만백성이 너희들에게서 등을 돌리리라 생각하나,

63 너희들이 똑바로 옳게 나의 선지자처럼 가르친다면 그 역사는 내가 이룸이며 내가 그 역사에 임하여 있으니, 그는 세상을 다 덮을 것이라는 걸 어찌 모르는가?

64 그리고 그 길을 가고자 하여 그리 부르짖으며, 나의 진리요, 나의 성령의 뜻을 그대로, 나 여호와의 심성을 그대로 받아 가르친다 하면 오늘의 너희들이 배고픔과 어려움이 있으나 그는 영광과 축복이 너희들에게 있는 것을 어찌하여 모르고 이와 같이 우매한 자로서 나에게 구원을 받도록 가르치는 지도자라 하는가?

65 내 사랑하는 선지자야!

66 "네, 여호와 하나님! 말씀하옵소서."

67 이와 같은 나의 애절한 뜻과 너희들이 살아서 세상에 옳고 그름을 볼 수 있음이 나의 성령 속에 다 있음이니, 너의 제자들에게 이 뜻을 가르치라.

부 록

【하나님께서 가르쳐 주신 운동】

천재지변이 일어날 때, 동물이나 미물들은 미리 알고 대피하지만, 인간은 알지 못하고 큰 화를 당합니다. 하나님께서 인간에게 가장 높은 지혜를 주시고 완벽하게 창조해 주셨기에 동물들보다 더 잘 알 수 있지만, 욕심으로 마음이 혼탁해져서 한 치 앞을 보지 못하는 것입니다.

마찬가지로, 인간은 누구나 스스로 필요한 운동을 해서 건강을 지킬 수 있도록 하나님께서 만들어 주셨습니다. 우리의 머리에서 우리 몸에 필요한 동작을 해 달라고 끊임없이 신호를 보내지만, 인간이 혼탁하게 살아서 그 신호를 알아채지 못합니다. 그러니 자연스럽게 자기 몸이 원하는 그 신호를 따라서 운동하는 것이 하나님께서 가르쳐 주신 운동 방법입니다. 바로, 우리의 영이 육을 이끄는 운동입니다.

▶ 하나님 운동법

1. 눈을 감고, 발을 어깨너비로 벌리고 바르게 선다.
2. 몸에 힘을 풀고, 허리를 숙이면서 손과 머리를 아래로 내린다.
3. 허리를 펴고 싶을 때, 천천히 펴면서 하고 싶은 동작을 하면 운동이 시작된다. (사람마다 다르다.)
4. 멈추지 말고, 어떤 동작이든지 자기 몸의 느낌대로 계속 이어서 한다.

▶ 참고 사항

① 눈을 감은 상태로 아무 생각 하지 않고, 자기 몸의 느낌대로 움직입니다.

② 마음을 비우고, 욕심을 버리고, 지난날의 잘못을 반성하면서 몇 차례 시도하다 보면, 자기도 모르게 하고 싶은 동작이 끊임없이 생깁니다.

③ 운동 장소는 방 안이든 운동장이든 관계없으며, 걷거나 달리고 싶을 때는 눈을 떠도 됩니다.

④ 매일 40분 이상, 주 4회 이상, 3개월 이상 하면 음식 조절에 들어갑니다.
- 음식으로 생긴 병은 음식으로 치료하게 되며, 어떤 음식을 먹어야 하는지 스스로 알게 됩니다.
(자기 몸에 필요한 음식만 먹고 싶어집니다.)

⑤ 사랑하는 사람과 함께 운동하면 서로 치료해 주기도 합니다.

⑥ 운동을 하다가 몸의 어느 한 부분을 계속 손으로 자극한다면 그쪽에 이상이 있는 것이니, 의사에게 상담을 받고 적절한 치료를 받으면 됩니다.

⑦ 다이어트 및 기타 건강관리에 효과적입니다.

⑧ 꾸준히 운동하여 영이 맑아지면, 자신의 과거와 미래를 스스로 보게 됩니다.

누구나 스스로 하실 수 있습니다.

간행사

《새로운 성경》은:

· 새로운 성경은, 하나님께서 선량하고 선한 자를 선택하여 십계명을 암송하도록 하시고, 십계명을 암송한 다음에 음성으로써 들려주시는 말씀을 듣고 그대로 카세트테이프에 녹음해서 받아쓴 책입니다.

· 90분짜리 녹음테이프 700여 개에 달하는 말씀으로, 1999년 8월부터 2004년 7월까지 총 160권(권당 288쪽)을 완성하였으며, 그 이후에도 현재까지 계속 말씀을 내려 주고 계십니다.

· 새로운 성경은 "하늘을 두루마리 삼고 바닷물을 먹물 삼아 쓰고 써도 다 못 쓴다"는, 끝없이 방대한 하나님의 말씀이 두루마리로 직접 내려오는 것입니다. 이러한 새로운 성경은 구약과 신약을 폐하려는 것이 아니라 "인봉된 성서의 비유의 뜻"을 상세히 설명하여 완성하고자 하나님께서 직접 내려 주신 말씀입니다.

《새로운 성경》의 구성:

· 제 목: 2013년, 160권 모음집을 발간하면서, 본 도서의 제목을 "하나님! 말씀하옵소서"에서 《새로운 성경》으로 명해 주셨습니다.

· 단행본: 각 권당 288쪽(신국판) 책이 160권까지 시리즈로 출판됩니다.
(모음집은 단행본을 16권씩 묶어서, 총 10부로 구성됩니다.)

《새로운 성경》의 성경적 근거:

· 신약 성경 [요한복음] 16장 13절에 "진리의 성령이 오시면 그가 너희를 모든 진리 가운데로 인도하시리니 그가 자의로 말하지 않고, 오직 듣는 것만을 말하며" 하신 말씀처럼 하나님의 음성을 들은 것만 기록하였으며,

· "장래 일을 너희에게 알리시리라" 하신 말씀과 같이 개인, 나라, 인류의 "장래"일을 하나님께서 알려 주시는 것만 기록하여 책으로 만들었습니다.

《새로운 성경》의 기록 방법:

· 1999년 8월부터 하나님께서 저에게 들려주시는 음성을 기록하였습니다. 처음에는 제가 들은 말씀을 불러 주면 저의 아내가 기록하여, 2000년 1월 29일에 1권 초판이 세상에 나왔습니다. 2000년 4월부터는 주시는 말씀을 받아 녹음기에 기록하기 시작하였습니다.

· 녹음을 시작하면서 하나님의 말씀을 받는 데 가속도가 붙었고, 2001년 5월 3일에 1부(1~16권까지)를 인쇄하여 출판하였으며, 2004년 7월까지 총 160권 분량의 말씀을 받아 기록하였습니다.

하나님께서 저에게 주신 것은:

· 첫째, 만백성을 상대로 내려 주시는 "기도", 둘째, 수시로 내려 주시는 "묵상", 셋째, 개인의 과거, 현재, 미래를 알려 주시는 "개인 기도", 넷째, 개인의 건강을 위해서 내려 주시는 "음식 처방", 다섯째, 하나님께서 가르쳐 주신 "운동"등이 있습니다. 이 중에 첫 번째, "기도"를 책으로 편찬하였습니다. 사람의 생사, 개인의 미래에 관한 천기는 수록하지 말라 하셨습니다.

강론 안내:

· 하나님께서는 지금도 매일 저에게 새로운 하늘의 비밀의 말씀을 내려 주고 계십니다. 수시로 내려 주시는 말씀을 정리해서 제자를 육성하라는 말씀에 따라 매주 강론을 하고 있습니다. 누구나 무료로 들으실 수 있습니다. (book160.com)

《새로운 성경》을 읽는 분들에게 드리는 선물:

· 개인 기도: 개인의 과거, 현재, 미래에 관하여 말씀을 내려 주십니다.

· 음식 처방: 사람은 음식을 먹고살다가 건강을 잃으니, 음식과 운동으로 건강을 되찾는 방법을 알려 드립니다. 단, 하나님이 계심을 믿고, 십계명을 지키겠다고 진실로 서약하는 분들께 알려드립니다.

《새로운 성경》의 은혜와 기적:

· 새로운 성경 전160권은 16권씩 묶어서 총 10부의 모음집으로 구성됩니다. 모음집 한 부를 읽고 깨우치는 자에게 하나님께서 다음과 같은 기적이 있다고 하셨습니다.

· "첫째, 그가 죽어 하늘에 갔을 때 그의 죄를 묻지 아니하며, 구원을 받는 위대한 은혜가 있으며, 둘째, 그의 소원과 소망이 이루어지고, 셋째, 죽은 자(부모, 형제, 자식, 사랑하고 은혜 입은 분)의 이름으로 구입한 책을 읽고 누군가 한 사람이 깨우칠 때, 그 죽은 자가 지옥에서 천국으로 구원을 받게 되며, 넷째, 유산, 중절 수술 등으로 태어나지 못한 아이를 위하여 구입한 책을 보고 한 명이 깨우쳤을 때, 그 아이가 사람으로 다시 한 번 태어나는 은혜를 받는다."

· "새로운 성경"을 3회 이상 정성을 다해 정독하는 자, 성서의 비밀을 알게 되고, 세상의 이치를 알게 되며, 세상을 지배하고 통제할 수 있는 지혜를 다 얻게 된다고 하셨습니다. 이 책은 만백성이 정독하고 이웃에게 전하여, 평생 가슴에 묻은 슬픔과 고통의 짐을 벗고 미래를 위한 힘찬 삶을 살아가도록 하는 책입니다.

끝으로

· 하나님께서는 흰 눈이 세상을 덮듯이 새로운 성경을 온 세상에 전하라고 하셨습니다. 《새로운 성경》을 각국어로 번역해서 온 인류에게 구원의 길을 깨우쳐 주고, 그 수익으로 가난하고 어려운 백성을 구제하여, 만백성의 영과 육을 함께 구원하는 선지자의 임무를 수행하라고 저에게 명하셨습니다.

· 하늘에서 내려 주신 말씀의 보화를 만백성에게 나누어 주는 것이 선지자의 임무라고 하셨습니다. 새로운 성경을 통해서 얻는 재물을 사용할 곳도 하나님께서 일일이 명해 주십니다. 모든 재물은 저의 자의로 쓸 수 없고, 하나님께서 명하시는 대로만 쓰여집니다.

· 어떤 명분으로든 십일조나 각종 헌금을 거두어들이지 말라 하셨으며, 국내뿐 아니라 각국에 성전과 단독 서점을 운영하며, 한국의 많은 젊은이들을 전 세계에 지도자로 내보내라고 하셨습니다.

· 우리는 세계적으로 새로운 성경을 보급하며 어려운 이들을 돕는 역사를 해 나갈 것입니다. 지금까지 비록 몇 명 안 되는 제자들과 함께 이러한 일을 역사했지만, 앞으로도 계속 하나님께서 기뻐하시는 일들을 해 나갈 것입니다. 부족한 저희에게 여러분들의 지혜와 성원을 보내 주시기를 바랍니다. 많은 분들의 참여와 도움을 간절히 기다립니다. 감사합니다.

한국어로 내려온 《새로운 성경》 단행본을 출간하며
2016년 4월 10일

발행인 **김 용 철**

한국어로 내려온

새로운 **성 경** · 2부 · 제28권

지은이 하나님 말씀
대역자 김용철

ⓒ 김용철, 2006. Printed in Korea
저자와의 협약으로 인지는 붙이지 않습니다.

초판인쇄 1쇄 2006년 12월 12일
재판인쇄 1쇄 2017년 4월 3일

펴낸 곳 도서출판 하얀마음
등록번호 제 10-2107호 (2001년 2월 14일)
주소 서울시 노원구 덕릉로86길 5, 2층
전화번호 02) 313-1114
팩스 02) 393-5554
전자우편 book160@hanmail.net
편집위원 조나영 김미향 이석교
제작지원 민평기 양영아 민대웅 민영주 김도윤 민지영 이현종

도서상담 1600-7527
ISBN 978-89-5875-128-1 (04230)
978-89-5875-100-7 (세 트)

값 10,000원
잘못된 책은 구입하신 곳에서 바꾸어 드립니다.

※이 책은 10부로 제작되며, 각 부 16권씩 총160권으로 구성됩니다.※

1부	**2부**	3부	4부	5부	6부	7부	8부	9부	10부
1권	17권	33권	49권	65권	81권	97권	113권	129권	145권
2권	18권	34권	50권	66권	82권	98권	114권	130권	146권
3권	19권	35권	51권	67권	83권	99권	115권	131권	147권
4권	20권	36권	52권	68권	84권	100권	116권	132권	148권
5권	21권	37권	53권	69권	85권	101권	117권	133권	149권
6권	22권	38권	54권	70권	86권	102권	118권	134권	150권
7권	23권	39권	55권	71권	87권	103권	119권	135권	151권
8권	24권	40권	56권	72권	88권	104권	120권	136권	152권
9권	25권	41권	57권	73권	89권	105권	121권	137권	153권
10권	26권	42권	58권	74권	90권	106권	122권	138권	154권
11권	27권	43권	59권	75권	91권	107권	123권	139권	155권
12권	28권	44권	60권	76권	92권	108권	124권	140권	156권
13권	29권	45권	61권	77권	93권	109권	125권	141권	157권
14권	30권	46권	62권	78권	94권	110권	126권	142권	158권
15권	31권	47권	63권	79권	95권	111권	127권	143권	159권
16권	32권	48권	64권	80권	96권	112권	128권	144권	160권